袁世凱

的開場與收場

THE BEGINNING AND ENDING OF YUAN SHIKAI

蔡登山——編
薛觀瀾——等著

【導讀】一代梟雄袁世凱

蔡登山

說到袁世凱，稱他是一代梟雄，應該是沒有異議的。他一生充滿傳奇，在晚清末年聲勢喧赫，風雲際會，扶搖直上，曾與張之洞同入軍機。到溥儀繼位後，醇親王載灃為攝政王，載灃及隆裕后因戊戌政變舊怨都主張殺袁世凱，後以張之洞力請而罷，始命其以足疾之藉口開缺回籍。袁世凱此次被黜，實乃其生平之最大挫折。到宣統三年，他東山再起，任內閣總理大臣，重攬大權。當時愛新覺羅之孤兒（溥儀）寡婦（隆裕），只有任其擺佈了。到了民國成立，他一變為中華民國之大總統，再變為只有八十三天的「洪憲皇帝」！他就任民國總統後，內政外交，本有可為，但他不知民主政制為何物，又受其子袁克定之慫恿，因此有民國五年的稱帝之荒謬舉措，弄到後來護國討袁，眾叛親離，及身而敗，他也憂憤而死！

袁世凱（一八五九至一九一九），字慰庭，號容庵主人，河南項城人。父親袁保中官至候補同知。袁世凱自幼過繼給叔父袁保慶為嗣子，袁保慶病故後，復隨堂叔袁保恆至燕京念書。早年科舉失意，乃棄文從軍，投身淮軍。一八八一年五月，袁世凱至山東登州，投靠袁保慶的結拜兄弟吳長慶（淮軍名將），任「慶軍」營務處會辦。次年，隨吳長慶率師渡海援朝鮮，以援韓之役有功，奉旨以同知用。及至一八八四年春，中法戰起，海疆多故，吳軍奉命調防金州，而以袁世凱任留後，吳長慶為之請於直隸總督李鴻章，而有「總理慶軍營務處，會辦朝鮮防務」之命。直至一八九四年中日甲午戰爭前始奉調回國。

甲午戰敗後，清廷認為淮軍不足恃，欲改練新軍。一八九五年十月袁世凱奉命於小站練兵，所用將校人員，一部份為淮軍宿將，一部份是天津武備學堂畢業生。如王士珍、段祺瑞、馮國璋、陳光遠、王占元、張懷芝、雷震春、田中玉、孟恩遠、陸建章、曹錕、段芝貴等，當時都屬副將，而徐世昌當時亦在幕中，贊襄營務，民國以來的「北洋軍閥」，大抵孕育於此時。

一八九九年（光緒二十四年）光緒帝銳意變法，新黨譚嗣同建議利用袁世凱，奪舊黨直隸總督榮祿兵柄，袁世凱卻告知榮祿，榮祿遂據以上呈，謂新黨不利慈禧太后，太后大怒，引致戊戌政變，袁世凱以告密有功，升任山東巡撫。綜觀袁世凱在清朝時，其所以風雲際會官運亨通者，始則由於吳長慶之提攜，繼則由於李鴻章之識拔，及翁同龢、李鴻藻之庇護，最後則得力於榮祿之汲引。

一九〇〇年庚子之亂，袁世凱加入東南自保。一九〇一年袁世凱於李鴻章死後接掌直隸總督。翌年，實授直隸總督兼北洋大臣，一時成為清廷唯一之幾輔重臣。朝有大政，每由軍機處詢諸於他，以資取決。其聲勢之喧赫，事權之繁重，實駕各省督都之上，也因權勢過重，又手握重兵，引起清廷皇族親貴不安，光緒三十四年（一九〇八年）被迫以足疾開缺返回河南。

宣統三年（一九一一）武昌起義後，獲清廷重新起用，九月任內閣總理大臣，袁世凱組閣後，暗示前方將領段祺瑞等通電主張共和。民國元年（一九一二）孫中山就任中華民國臨時政府大總統，袁世凱頗感不悅。一月十五日孫中山與袁世凱協議，若清帝退位，即推其為臨時大總統。因此，袁對清廷軟硬兼施，造成溥儀下詔退位。二月十五日，南京參議院選袁為臨時大總統，並促其南下就職。袁世凱卻藉故北京兵變，三月十日於北京繼任臨時大總統。

民國二年國會選舉，宋教仁為實現政黨政治，聯合諸黨同組國民黨，選孫中山為理事長，由宋代理，準備以國會優勢對抗袁世凱。三月二十日宋教仁遭暗殺；七月十二日，爆發二次革命，討袁軍興，但不久孫中山與黃興分別敗走日本、南洋。二次革命後，袁世凱先利用軍警脅迫國會，選舉其為正式總統；當選後，又解散國會，廢止民元「臨時約法」，另訂「中華民國約法」，規定總統總攬治灌，並改任期為十年，且得連任。總之，袁世凱不但是獨裁元首，且是終身總統。民國三年第一次世界大戰爆發，日軍攻占青島，奪取德國在華利益，更乘機提出二十一條要求，袁世凱為得到日本的外交支持，民國四年五月九日接受其中第一號至第四號。稍後楊度等人發起「籌安會」，鼓吹君主立憲，十二月十二日袁世凱正式接受，且改民國五年為「洪憲元年」，元旦行登極大典。袁世凱謀帝制自為，引起舉國反彈，蔡鍔乃於民國四年十二月二十五日在雲南起兵反袁。袁世凱因軍事失利，加以眾叛親離，先將登極之期押後，復於民國五年三月二十二日，下令撤銷帝制，仍欲自居總統。但各省先後獨立，袁世凱羞憤成疾，於六月六日尿毒併發逝世，享年五十八歲。

有關袁世凱的傳記，坊間已出版不少，本書所蒐集者乃有關袁世凱從小站練兵到後來當總統到稱帝之間的種種過程，包括他與與段祺瑞有其不可分之密切關係，至於袁段之間有無磨擦？有無裂痕？段氏如何事袁？袁又如何待段？其中種種隱秘，實非局外人所可得而知。其中薛觀瀾為晚清名臣薛福成之文孫，又為袁世凱之東床快婿，與段氏為姻婭，故對當年政海內幕，知之獨詳，凡所記述者，無一而非彼時所身親目擊之珍貴事實。

孫中山為履行其諾言，向臨時參議院提出辭職，推薦袁世凱繼任臨時大總統，而以就職南京為條件，蔡元培、宋教仁等人甚至奉命北上迎袁，但袁世凱這個老狐狸仍然有其藉口，而在北京就職。〈中山先生讓總統・袁世凱不肯南來〉、〈袁世凱不敢南來就總統職憶述〉兩篇文章有詳細的探討。

一九一五年十二月二十五日蔡鍔、唐繼堯等人聯名通電全國，宣布雲南獨立，舉行護國運動，西南爆發反袁運動。名報人黃天石少時參與雲南戎幕，歷掌簿書，曾代表唐繼堯報聘湘粵。值雲南起義五十七周年紀念，特撰〈雲南起義的史實解剖〉一文，公正平允，堪稱傳世之作。

另外林熙為香港著名掌故大家高伯雨，他從從香港大學圖書館中找到美國薩培醫生（Dr. William Sharpe）的自傳，其中第八章有〈為中國一個貴族動手術〉（Operation on Chinese Royalty）一文，高伯雨因此譯寫了〈袁克定治病記〉，袁世凱怎樣請到這個大夫，他怎樣到洹上養壽園為「太子」袁克定腦部開刀治療腿疾，可說是第一手資料。

袁世凱的次子袁克文（寒雲），自幼聰慧異常，六歲學識字，七歲讀經史，十歲習文章。「讀書博聞強記，十五歲作賦填詞，已經斐然可觀。」其詩文在當時被譽為「高超清曠，古豔不群」。除此之外，他很早就表現出與眾不同的藝術天賦，在一九〇六至一九〇八年間隨父居津沽時，便從老一輩羅癭公、吳保初、方地山等名士交遊，與古器物、書畫詞翰結下不了緣。他為人風流曠達，被稱為「民國四公子」之一。更被少數史家比作「近代曹子建」。〈自命為「風月盟主」的袁寒雲〉一文有詳盡的敘述。

本書蒐集許多當事者的親歷親聞之作，對於「擁袁」與「倒袁」的種種細節經過，多有不同已往的看法，此正可補正史之缺，為研究者提供不同的解讀。

目次

袁世凱與北洋三傑

薛觀瀾

張謇的公允之論

回憶昔年在上海寫稿之時。寫到袁項城（世凱）段合肥（祺瑞）二人之事蹟，最易受到讀者歡迎，此因民國開國時期之人物，大眾屬望至殷。袁氏逝世之後，張南通（謇）曾歎息而言曰：「三十年更事之才，三千年未有之會，可以成華盛頓，而卒敗於群小之手。」張氏此言，可謂公允之論。至於段合肥三造共和，三任閣揆，卒因醉心武力，實自取敗亡之災。按袁氏與革命黨有深仇，故袁常為昔年革命黨人攻擊之目標，以往報籍所載，難信者居多，類皆深文羅織而言之。例如世人以為袁氏無中文根柢，又謂袁氏與張謇有師生之誼，皆離事實甚遠。蓋袁氏在吳武壯（長慶）幕府時，張謇與周家祿二人為袁氏改卷，事誠有之，未聞袁氏曾拜二人為師。張謇果為袁師，又焉能躋於以後「嵩山四友」之列！袁氏於光緒七年投入吳長慶幕，早已中了秀才，將赴鄉試，故有倩張謇改卷之舉，適於此時吳長慶奉命征韓，袁世凱被派為隨營同知，與吳同赴高麗，以袁氏詩文底子，可中舉人，但欲如徐世昌之考入翰苑則甚難矣。因袁書法似孫中山，不合清華之選也。

擬取韓王以自代

世人談及袁世凱時，或誤信馮國璋之言，馮曾云：「公府僕役某失手，打碎古玩，恐得咎，諉稱袁之帳中現一大蝦蟆，而袁信之不疑。」據觀瀾所知，此實無稽讕言。惟有一事則係事實。袁氏在韓時，某日袁突走訪張謇，放下帳子，向張耳語曰：「李王懦庸，不足扶持，筱帥（吳長慶）胆小，難圖大事，吾擬取韓王以自代，請公主謀。」張氏聆罷是言，極力告誡，力主不能妄動，並面允不將此「密語」洩之第三者。此時袁氏在韓固兵權在握，其勢力確已滲透韓國宮廷，然以一軍中司馬（同知尊稱）而思染指他國帝王之位，可稱駭人聽聞之事。此因袁氏係中州河南人，魄力較大，帝王思想較為濃厚，若易吾輩太湖區域之江浙人，決無此種胆量矣。須知袁氏是十九世紀人物，對於古籍圖讖之說，深信不疑，記得袁氏稱帝之頃，曾有直隸省長朱家寶告密。謂江蘇都督馮國璋曾以密電徵詢各省同意，實與西南陸榮廷暗通款曲，而欲假手護國軍以倒袁也。袁氏掐指一算，自己五十八歲，不覺黯然傷神，悽然謂內史夏壽田曰：「完了，一切都完了！我昨晚觀天象，見巨星隕落，此屬生平第二次，首次即李文忠（鴻章）逝世，這次要輪到我了。」總之，袁於洪憲之事，不無深自尅責，以速其死，非天下可悲可憤之事耶！

山東投靠吳長慶

袁公生於咸豐九年，祖樹三；叔祖甲三，甲三由侍郎升雲貴總督，因征捻匪有功，謚端敏；袁公父保中，母程氏；嗣父保慶字篤臣，曾任江寧鹽法道；叔父保恒字小午，庚戌翰林，官至刑部左侍郎，毓慶宮經筵講官，謚文誠。袁公嫡室于氏，勤儉達理，闔家無誶詬之聲。袁公本人行四，其三兄世廉與五弟世顯皆任道員，世顯曾知無錫縣（按：袁甲三袁保恒皆居官清廉，獲朝廷旌表，建坊城南——項城）。同治十二年袁之嗣父保慶歿於江寧鹽法道任所，袁公年僅十三，以襲蔭生。乃由先祖叔耘公引袁至兩江督署，謁見曾文正公（國藩），當時吳武壯公（長慶）駐節清江浦。因吳長慶與袁之嗣父保慶曾義結金蘭，保慶歿後，由吳經紀其喪事，且資送遺孤回籍。袁年十七已中秀才，名列前茅，翌年入泮（生員十分之一入府學，謂之入泮），睥睨一鄉，惟袁重武輕文，好讀兵法。當時國勢陵替，青年皆喜「峨眉」「武當」之劍術，袁公家境非裕，當時仍能資助好友徐世昌入京應禮部試，其有用世之志，可想而知。至光緒七年，袁公年二十三歲時，為了自己前程，決心離鄉圖發展，乃率淮軍舊部四十餘人，逕至山東登州投靠吳長慶。吳公好文學，幕中皆知名之士。袁既投奔而來，吳命袁公在慶軍營中好好讀書，但此非袁公之志也。

李鴻章遺摺保薦

袁雖好勇，然在鄉黨有孝悌之稱，吳長慶曾云：「慰亭（世凱字）敏捷而心細，本來五六天辦好的事，他卻於三日內能辦妥。」翁文恭公（同龢）日記亦云：「袁慰亭來辭，談兵事，吃點心而去，此人不滑，可任也。」日記又云：「光緒廿一年十月三日，我與恭王議定三事：（一）胡燏棻造蘆漢鐵路；（二）袁世凱練洋隊；（三）蔭昌辦武備學堂。」（瀾按：此時翁同龢任戶部尚書。）此一議定，實為肇建中華民國之契機豈翁氏始料所及哉！翌年翁之日記又載：「直隸臬司袁慰亭來見，長談兵事，此人究竟直爽可取，他說米價日貴，他在小站墊不起了。」後來，袁既駸駸大用，乃與盛宣懷合作，反對李合肥（鴻章）當時的聯俄政策，袁盛二人，實皆為李之親信。光緒廿七年李鴻章任直隸總督，薨於天津，遺摺保袁氏繼任，摺內且謂「環顧宇內，人才無出袁世凱右者」。當時北洋宿將聶士成、馬玉崑、董福祥等皆已潰不成軍，僅袁氏一軍尚保持完整，直督一席捨彼其誰？

勿以成敗論英雄

袁氏在小站練兵之時，賠錢真的不少。直至任直隸總督之後，一身兼十八個大臣職務，而且連任六年，始積資二百餘萬元，此筆公款，袁於卸任時，亦掃數留給後任楊士驤，俾獲辦理建設事宜，楊氏因而頓成鉅富焉。袁既顯達，大受當時清室一班親貴之猜忌，袁處此環境，若無自衛之術！勢必早歸淘汰，故其結納奕劻，誠有難言之隱。至其反對革命黨，亦為當時潮流所趨，平心而論，袁對戊戌政變所以要報告榮祿，對庚子義和團之役，所以要聯省自保，乃至於辛亥逼清帝退位，癸丑又取締革命，其所作所為，實皆屬勢所必至，智者豈能以成敗論英雄而遂抹煞一切事實哉！近世人云亦云，對袁已無絲毫認識，作者以為袁之真正弱點，在處新時代而無新知識，智力有餘而認識不足，當年既得汪兆銘（精衛）為助手，即應與孫中山開誠合作，孫袁若能合作，全國必能長久統一，孫袁不能合作，國人遂遭厄運到如今。夫袁足跡不出總統府，高高在上，既與民眾隔閡，又與僚屬脫節，故為群小所包圍。突然變更國體，卒致自斃以謝國人，不亦大可哀乎！

擊敗過日韓聯軍

回憶袁昔年從朝鮮被調歸國，並不得志，但何以袁竟獲派往小站建立新軍？據觀瀾所知，其原因如次：（一）袁乃淮軍領袖袁甲三之姪孫，吳長慶之慶軍即屬淮軍支系，淮軍曾以屯田之法駐小站二十年之久。（二）李鴻章亦淮軍領袖，自始即賞識袁氏，袁在小站練兵之前任胡燏棻，為泗州進士，甲午年胡氏佐李鴻章治糈臺，胡在小站先練了「定武軍」十營，亦係由於李鴻章所推薦。（三）袁之叔父保恒，嘗為同治帝師，與李鴻藻、翁同龢共事，故翁李二人在樞廷亦力保袁氏。（四）袁著有《兵書》一部，闡述德國訓練法，樞廷大臣讀此著作後，咸以袁為知兵。

（五）最重要者，是袁駐朝鮮時，曾有事實表現，光緒八年朝鮮發生政變，吳長慶誘執朝鮮大院君，送保定。光緒十年中法戰起，日本駐韓公使竹添進一郎乘時在韓策動政變，率日韓聯軍進宮，矯詔殺大臣，宣布獨立，是為甲申之亂。當時袁乃率所練韓兵兩營及慶軍兩營進攻王宮，與所謂日韓聯軍血戰竟日。竹添進一郎自知不敵，逃往仁川，日本大失敗，向中國表示無挑釁意，終清之世，中國軍隊能勝日本者，只此一仗。故袁為當時清廷主戰派翁同龢、李鴻藻所垂青。當袁驅走日韓聯軍，得勝回營，過稅關時，見一文員持手槍，把守閘口，袁即下馬互通姓名，知為中山唐紹儀，袁問：「持槍何為？」唐答：「防日軍。」袁大喜，引為同志，即此一問一答，註定唐為未來內閣總理。

小站練兵的開始

光緒十年，吳長慶由韓被調回國，直隸總督李鴻章派袁接統在韓慶軍。翌年中日雙方議定撤兵，袁以商務委員名義留韓，日人恨袁次骨。直至光緒廿年，中日戰爭，袁始由韓回國，即以浙江溫處道派往小站練兵，足見當時清廷並不重視小站練兵之舉，餉糈亦不充分，惟袁辦事認真，立將「定武軍」四千人擴充至七千，改名「新建陸軍」，組成督練處，以徐世昌任參謀，唐紹儀、田文烈任文案（田文烈曾隨袁氏到韓任軍事文案，後任河南省長）。袁氏當時且規定高級將領之任用，必經考試選拔，表示用人惟賢，此實良法。馮國璋、段祺瑞等輩，皆藉此砥礪成器。惟袁以文人為幕僚長，急需軍事人才，爰請天津「北洋武備學堂」總辦廕昌保薦數人。廕昌字午樓，嘗與德皇威廉第二同學，娶德婦，與袁為親家，在北洋軍閥中，除袁之外，資格無出其右者，高級將領什九是其門生。廕昌身材矮小，軍裝畢挺，蓄「威廉」鬚，眇一目，代以玻璃眼，人極溫良，喜與予等講笑話，稍有旗人舉動輕佻之習，故入民國，始終淪為公府侍從武官長。

北洋四傑剩三傑

廕昌當時所保薦之四人，第一名是馮國璋；第二名段祺瑞；第三名梁華殿；第四名王士珍。皆為北洋武備學堂畢業生。袁氏召見四人時，見皆眉清目秀，英姿颯爽，馮居首名，又是秀才，軍中秀才難得，袁自特別賞識。惟袁心中最喜段祺瑞，因段是安徽人，樸實無華，袁以為可靠，且段曾赴德國學習軍事，袁更視為奇貨，故袁立即委派商德全與段祺瑞兩人為考官，命其甄拔中下級軍官。無何，梁華殿在一次夜操中失足溺死，此子若不夭折，必能爬到國務總理之地位，殊可惜也！袁既急於建軍，乃委馮國璋為步兵學堂總辦，兼督練營務處坐辦。段祺瑞為炮兵學堂總辦，兼炮兵統帶（等於團長）。王士珍為工程學堂總辦，兼工兵統帶。三人實皆速成人才，足見當時才難之一斑。袁對三人職位，始終保持平衡，細加分析，此時馮之地位較高，機會亦佔優先，關於領兵之道，馮似勝過王段，惟馮過於圓滑與袁個性不合，故其優勢遂漸消失，先為王士珍所追上，後為段祺瑞所壓倒，馮氏為此老大不平。袁又加意提拔北洋軍中之老兵，新建陸軍中所謂「小站舊人」，有張懷芝、孟恩遠、段芝貴、王懷慶、雷振春、陸建章、曹錕、田中玉、陳光遠、盧永祥等。至於受袁節制者，有姜桂題、張勳、倪嗣冲各軍。一日，兵部侍郎于式枚被派到小站視察。于氏諳相術，歸語同僚曰：「小站官佐，吾相其面，非將即相，起碼督撫，其中容有高於將相者（袁馮段曹皆為元首）是可異也！」清室親貴聞此，乃大起恐慌，遂定制袁之策。

考協統暗通關節

不久，袁以道員升任直隸按察使，所率軍隊皆受直隸總督榮祿節制，是故戊戌政變，倉猝之間，袁氏不能接納維新派之意旨。夫袁早入強學會，內心贊成維新，然斥維新派之措施為幼稚。庚子年袁升山東巡撫，與直隸總督李鴻章，兩江總督劉坤一，兩湖總督張之洞等劃界自保，義和團不能入魯境一步，袁並命北洋巡防軍統領副將張勳北上勤王，又將山東省舊軍改編為新軍二十營，派馮國璋主持山東全省操練事宜。當濟南秋操，德皇所派青島總督特來參觀，既見兵操皆採德國式，大加贊賞，並譽馮國璋、段祺瑞、王士珍為三傑，此乃「北洋三傑」之稱所由來也。光緒廿八年袁遷直隸總督，以北洋大臣兼練兵大臣，在保定設督練公所，委段祺瑞為參謀處總辦；馮為教練處總辦；永慶為兵備處總辦；王士珍為步兵第一協統兼直隸全省操防營務處督理。從此以後，始有北洋軍之名稱。是亦為袁氏擴軍時期，所以協統一職，為馮段王三傑所必爭，但此時王士珍已捷足先登矣，王且兼任全省操防之要職。翌年又成立一協，此次考中協統者為馮國璋，段祺瑞大懊喪。不久又要成立一協，袁怕段祺瑞考不中，暗中私通關節，竟將試題示段，段大感激，一生常提此事。

王士珍淡於功名

茲將袁與北洋三傑之關係，並臚於次，以見端倪：

王士珍字聘卿，直隸正定人。曩者北洋宿將聶士成向朝陽鎮總兵楊瑞卿（楊度之父）調用軍事人才，楊薦守備王士珍，士珍辭謝，乃以聘卿頂替，實為假王士珍。聶送聘卿至北洋武備學堂，三年畢業，隨聶駐蘆臺，那位真王士珍後在湘潭楊家當燒飯司務，噫嘻！命運之說，可不信乎。按北洋三傑之中，聘卿品學最優，得袁信任，雖學工程，每試輒冠其儕，用能脫穎而出，較馮段先任協統，先任統制，依其多才多學，無是無非，上峯信任之專，各方人緣之佳，王士珍應為袁之承繼人，但王胆小，尤畏段祺瑞如虎，又好黃老之學，淡於功名利祿，故雖數任總理，勳業不逮馮段之彪炳，然王始終受人尊敬，袁段之間，馮段之間，胥賴其緩衝。伊任統率辦事處坐辦，權傾一切，在公府簽押房，袁坐中央，右為坐辦王士珍，左為榜眼夏壽田，發號施令，實假王夏二人之手，其時王士珍之權力，實超陸軍總長段祺瑞之上。

馮國璋工於心計

馮國璋字華甫，直隸河間人。中秀才後，入北洋武備學堂步兵班，曾供職聶士成武衛軍，再進武備學堂，從蔭昌習戰術，畢業時考得冠軍。馮最熱心名利，且好貨，善於交際，笑語不休，故非袁所絕對信任。但馮是秀才，又學步兵，每屆考試，常能壓倒段祺瑞，故其職位常優於段。清末廕昌為陸軍大臣時，馮任軍諮使，地位崇高。按北洋三傑有王龍段虎馮狗之稱，喻馮為狗，其實大謬不然。又按軍中秀才難得，昔日曹錕重視吳佩孚，張作霖肯讓馮德麟，即因吳馮俱屬秀才出身。至於馮玉祥之參謀長邱斌曾以舉人入陸軍大學，北洋軍中殆無第二份。辛亥馮國璋率第一軍，攻下漢陽，晉封男爵，且表示與袁政見不同，力主大張撻伐。袁最不喜其部下「功高震主」，即從漢口調回馮國璋，命其接統禁衛軍，以段祺瑞署理湖廣總督，所以後此段祺瑞率將領四十七人逼清退位之電，馮亦不得預名。從此以後，段之勢力壓倒馮國璋，馮乃外放直隸都督。嗣又調任江蘇都督。然馮機警非常，京中禁衛軍死不放手，在外則為長江三督之領袖，有舉足輕重之勢。故入民國後，馮氏得以副總統代黎元洪而為大總統，從此與段明爭暗鬥，北洋軍分為直皖兩系，兵連禍結，是誠北京政府失敗之朕兆也。（瀾按：北洋三傑有一共通之點，即皆矢忠於清室，馮國璋其尤顯著者也，其事不關本文，恕不瑣贅。當項城尚未稱帝時，小站舊人早即恢復跪拜禮，段祺瑞獨不願，馮曾勸說：「芝泉別任性，皇帝與終身總統何別？跪禮與鞠躬何異？」二人至公府拜年，馮先跪，段依樣，袁側身不敢當。見袁克定時，亦行大禮，克定跛一足，行動不便，僅以右手一揮，段忿其架子十足，出謂馮曰：「我們還要做下一輩的狗麼！」此後馮反帝制，有甚於段，馮之勾結陸榮廷，實乃帝制失敗之癥結。克定談及此事，猶靦靦然曰：「我若不折其驕氣，將來更難駕馭。」蓋馮工於心計，步步高升是其唯一志願也。）

段祺瑞剛愎自用

段瑞祺字芝泉，安徽合肥人。在北洋武備學堂學習炮兵，畢業後曾奉派到德研究軍事，王士珍是工兵出身，吳佩孚是學測量出身，段皆輕視之。段之為人，恂恂儒雅，貌似學究，意志堅定，不善逢迎，居常拙於詞令，訥訥不能出諸口，惟其個性太強，流於剛愎自用。段在小站，得袁之袒護，未為王馮所掩。入民國後，段氏久任陸軍總長，兼公府軍事處長，三分之局一變而為大權獨攬。段用徐樹錚為助手，因鋒芒畢露，竟使袁生猜疑之心，特設「陸海軍大元帥統率辦事處」，以王士珍為坐辦，段大權被削，遂稱病，以徐樹錚代拆代行。袁克定素忌樹錚，不啻芒背，乃慫恿其父另建立模範團，一切以小站為藍本，段更不安於位，當時京中謠傳袁段即將決裂，段故通電闢謠云：「二十年前大總統在小站練兵，祺瑞以武備學生充下級武秩，與大總統素無關係，乃承采及虛聲，立委炮隊統帶，升任統制，以大總統知瑞之深，信瑞之堅，遇瑞之厚，殆無可加，是以感恩知己，數十年如一日，分雖部下，情逾骨肉，祺瑞不得不略表心跡，以息訛言。」云云。

大姊夫最沒良心

段氏所謂「分雖部下，情逾骨肉」，確係實情，並非虛語。蓋段繼室張氏夫人係袁義女，張氏夫人之父與袁家為表親，曾隨袁甲三征捻，殉難而死。故項城撫其孤女，視同己出，吾輩呼為大姊，大姊歸段之後，袁以婿禮待段，且以爭子視段，故段供職期間，挨罵最多。袁對王馮，較為客氣。段繼徐世昌為國務卿，請袁裁撤「大元帥統率辦事處」，袁瞪眼曰：「你能天天到部看公事麼？」直至最後，項城對段仍能控制得住。段任參戰督辦時，觀瀾每星期到北京府學胡同與段對弈二三局，「段大姊」每次見面，必定手指老段對我夫婦說：「最沒有良心的是你大姊夫，宣統元年，爸爸（指項城）告老還鄉，自知不會再起，他老人家知道我們窮，就將這所三十三萬元新買的房子送給我們，還私底下給我三千塊錢，怕我不夠開銷。」言時淚下兩行。段畏夫人如虎，不敢分辯，只說「沒有沒有。」大姊則嘮叨不休，我反不好意思。我說：「大姊夫所辦爸爸飾終典禮，再隆重沒有了，大姊夫是有良心的。」

周道如嫁馮國璋

段夫人說：「得啦！人都死了，這算什麼！」（瀾按：袁以府學胡同巨宅贈段，為其窮且懶，別無用意。）段怕上衙門，惟巨宅後院可與陸軍部打通，袁常告誡小輩說：「你們太奢侈，段家大姊的臥室只以布幔隔開。」此亦實言，段任太上總理時，室中仍懸粗布白幔，此乃安徽人儉樸風尚，有足劭者。段受夫人影響極大，故袁逝後，段竭力主張尊袁，他說：「反對帝制是個人主張不同，反袁乃忘恩負義之小人。」又云：「袁總統在小站向我先通關節，使我考取協統，此與曾文正受知於倭文端事，完全相同。」（瀾按：曾公晉京升見，其師倭仁僅贈一語：「你在某殿待召時，要把一切聯語記熟。」文宗果提楹聯，曾公大稱旨，文宗讚他遇事留心。）執筆至此，想起民國二年，馮國璋請師景雲夫人作伐，聘袁之家庭女教師周道如為繼室，周年四旬，提出親迎條件。袁派三姨太（寒雲生母）送親南下，三姨太到南京，馮待以大總統禮，鳴炮廿一響，省長韓國鈞代大總統為証婚人，此亦馮段暗爭之一幕也。民十九袁雲台（克定）抵吾鄉無錫小住對任何人絕口不談政治。我當時曾對雲台大兄說：「你罵徐東海是活曹操，此話不合邏輯，東海始終無負於你家。」雲台莞爾而笑曰：「老滑頭」耳。我說：「這是旗人使得他們一輩不得不滑頭。」我又對雲台大兄說：「你們昆仲都恨老段，這也是不對的，段坐人力車過南海，你們幾個小兄弟擲以雪球，還當面罵他歪鼻子，真是叫人難堪，其實與你家作對的，只有馮華甫。」雲台說：「也不盡然，要怪自家不好。」噫！悔之晚矣。

三傑四友的總結

上述袁與北洋三傑之關係，可見袁對王士珍印象最好，始終未加猜疑。袁對段祺瑞最親，卻生權利衝突。袁對馮國璋比較客氣，感情愈來愈差。袁恐馮段功高震主，漸有敬而遠之之心。馮段亦因此漸起離心作用。按三傑之外，袁尚有好友四人，即：徐世昌、黎元洪、張謇、唐紹儀是也。袁與徐世昌感情始終融洽；袁與黎元洪關係亦甚密切，直至最後變更國體，二人始起利害衝突；袁與張謇尚能維持友誼，張亦悲憫袁氏之遭遇；惟有袁與唐紹儀之間，凶終隙末，唐紹義致函於袁，逕書「慰亭足下」，似乎稍欠涵養。又在袁氏「統率辦事處」，有兩人最紅，文有夏壽田，武有唐在禮，夏為湖南才子，袁喜其敏捷。唐為統率辦事處事務廳長，上海人，袁喜其拘謹。回述袁在小站積極建軍，已招旗人之猜忌，故袁至山東，即保道員廕昌「佐贊軍務」，取其人之易與也。旋升直督，袁挑八旗子弟三千人參加訓練，奏保道員鐵良為京旗練兵翼翼長，參預訓練新建陸軍事宜。按在旗人中，鐵良與良弼反袁最烈，迄光緒卅年，袁受排擠，幾難自保，於是奏請成立「京畿督練新軍處」，以慶親王奕劻為督辦，袁世凱、鐵良為為會辦，總提調派徐世昌，下設三司，派段祺瑞為軍令司正使，馮國璋為軍學司正使，王士珍為軍政司正使兼第二鎮統制。又命段祺瑞負責恢復北洋武備學堂。此一優缺何以不派馮而派段，耐人尋味。然王士珍先得統制，顯又奪得錦標矣。

交還兵權返故鄉

至光緒卅二年，袁已成立六鎮，以王英楷、王士珍、段祺瑞、吳良純、張懷芝、馮國璋為統制，番號屢更，而第三鋼永為袁之基本隊伍，輒歸段祺瑞統率。第三鎮即以後吳佩孚第三師之前身，吳佩孚率雄兵，鷹揚虎視，乃得以掃蕩中原，殲滅皖奉。由是可知段以第三鎮統制讓曹錕後，而又無法駕馭，實為莫大失策，若以第三鎮早畀徐樹錚，則自民五以後歷史必須重寫。

在光緒卅二年秋操後，陸軍部尚書鐵良即與直隸總督袁世凱攤牌，袁不得已，奏請交還「一、三、五、六」四鎮兵權，改歸陸軍部尚書直轄，「二、四」兩鎮尚須繼續訓練，仍歸直督調遣，清廷許可，立委鳳山為督練處會辦，接統北洋四鎮，惟清廷仍不放心，翌年內調袁世凱為軍機大臣，實欲取銷其兵權。袁乃欣然入京，遂見重用。不久，光緒帝崩，袁稱足疾詣津，當時攝政王意欲問罪，猶豫不決，首詢奕劻，奕劻以為應問各鎮統制。次問張之洞，張磕響頭，並云：「國有大故，不宜罪及舊臣。」攝政王遣使問統制，四鎮吳鳳岐六鎮趙國賢等皆請解職，以免兵士有變。時則張勳部隊已駐近郊。袁之僚屬亦多位居要津，故攝政王對袁，無可奈何，只得降旨「回籍養痾」。英國駐華公使朱爾典保袁安全，袁始回京謝恩，遄返彰德，惟精銳之師，仍在袁手，故有辛亥封侯拜相之事，清社遂屋。

中山先生讓總統・袁世凱不肯南來

草湖釣叟

民國元年（一九一二）清帝退位，改朝換代，中華民國正式推翻了滿清王朝，當時南京臨時政府參議院接受孫大總統（中山先生）辭職，並以十七票一致通過，選舉袁世凱為臨時大總統。中山先生雖然功成身退，推位讓國；而另一問題是袁世凱願不願離開北京，到南京就職了。

袁提大堆理由不能南來

袁世凱是個純粹講實力政治的人，他不懂革命，也討厭革命，只知有槍桿子。南京雖已選他為大總統；但他自始即不願離開他的老巢──「北方」，更不願離開他的資本──「軍隊」。所以他的私心，根本就未考慮過到南京來就任大總統。因為他認為叫他南下是調虎離山，所以他在是年二月十五日給南京方面的電報，就明白的表露他不肯南來，原電如下：

南京孫大總統、黎副總統、各部總長、參議院、各省都督、各軍隊長鑒：清帝退位，自應速謀統一，以定危局，此時間不容髮，實為惟一要圖，民國存亡，胥關於是。頃接孫大總統電開：已提出辭表，提薦鄙人，囑速南來各等因。世凱德薄能鮮，何敢肩此重任？南行之願，真（十一日）電業已聲明。然暫時羈絆在此，實為北方危機隱伏，……軍民尚多紛歧，隱患實繁。皇族受外人愚弄，根株潛長。北京外交團向以世凱離此為慮，屢經言及。東北時有動搖；外蒙各盟迭來警告；內訌外患遽引互牽！……然長此不能統一，外人無可承認！……反覆思維，與其孫大總統辭職，不如世凱退居。……今日之計，惟有南京政府將北方各省及軍隊妥籌接收以後，世凱立即歸田里……決不欲以大總統問題釀成南北分歧之局……已請唐君紹儀代達此意。……袁世凱咸（十五日）。

袁世凱有大堆的理由不能南來：其一是各國駐華外交團的意見；其二是北方的軍隊有問題；其三是滿蒙兩地的不穩。所以他在咸電中竟使用攤牌式的口吻，如：「與其孫大總統辭職，不如世凱退居。」又如：「由南京政府將北方各省及各軍隊妥籌接收以後，世凱即退歸田里。」云云。這種語氣，不僅是要挾，簡直是挑戰！

蔡元培率團歡迎袁南下

袁世凱最大的憑藉就是全國人民都不願再有戰爭和流血，人心厭亂，認為清帝已經退位，凡事可以用和平手段達成，因此當時袁的予智自雄面孔並沒有引起大的反對，只是中山先生認為無論如何要堅持袁氏南來。所以南京臨時政府乃於是年二月十八日派出教育總長蔡元培為歡迎專使，參議院副議長王正廷、外交部次長魏宸組、海軍顧問劉冠雄、前議和參贊汪兆銘、參謀次長鈕永建、法制處長宋教仁、陸軍部軍需處曾昭文、步卅一團長黃愷元等為歡迎員，偕同袁所派來的代表唐紹儀前往北京迎袁氏南下，並將歡迎人員名單電告袁氏。

迎袁專使蔡元培等一行，於二月廿一日由上海啟程，廿六日抵天津，廿七日抵北京晉謁袁世凱，面呈孫大總統手書，勸袁南下就職。中山先生手書之內容如下：

慰庭先生鑒：文服務竭蹶，艱大之任，旦夕望公。以文個人之初願，本欲藉交代國務，薄遊河朔。嗣以國民同意，挽公南來，文遂亦以為公之此行，易新國之視聽，副與人之想望，所關頗鉅。於是已申命所司繕館舍，謹陳章綬，靜待軒車。現在海內統一，南北皆有重要將帥，為國民之心膂，維持秩序之任，均有所委付，不必我輩簿書公僕，躬親督率。今所急要者，惟以新民國暫時中央機關之所在，繫乎中外之具瞻，勿令天下懷廟宮未改之嫌，而使官僚有城社尚存之感。則燕京（指北京）暫置為閒邑，寧府（指南京）首建為新都，非特公之與文，必表同意於國民，即凡南北主張共和及疾首於舊日腐敗官僚政治之群公，亦必人同此心！嗟乎！我輩之國民，為世界賤視久矣！能就民國之發達，登我民於世界人道之林，此外豈尚有所恤乎？……公其毋以道途為苦，以為強勉服務者倡。公旅南蒞，文當依末光，左右起居，俾公安愉。俟公受事而文退。翹盼不盡！

留守北京人選一時難決

袁世凱用最隆重的禮節，打開北京正陽門來歡迎蔡元培等。他對這些客人不再談到拒絕南來就職，反而用非常誠懇的態度，商談南行的路線問題。他打算由京漢鐵路南下，先到武昌和黎元洪副總統見一面，然後換乘輪船到南京就職。他的這種態度，使來迎的專使們鬆了一口氣，認為袁氏基本態度已有改變；同時南京方面竟認為袁氏的軟化是怕南京方面翻臉，採取新行動，或挽留中山先生留任，或另行改選一位新總統。

其實袁氏葫蘆裏究竟賣什麼藥？誰也不知道。他不動聲色的作自己的安排，他在蔡元培等抵達北京的當天，即予接見，傾談歡洽，並招待晚宴。第二天又召集談話會，在會上又把自己南行的路線提出來讓與會人士研究。至於袁本人離北京後，北京留守決定何人？亦要蔡元培和北方人士共商。蔡氏立即分別和北方的各統制及民政首長會晤，徵求大家意見，以何人為最理想？大家都很謙讓，使留守的人選未能決定。

曹錕統制的第三鎮兵變

蔡氏等抵達北京後，北方的一般輿論卻對袁世凱南行就職不予同意，甚至有認為袁的南行是自投羅網！這些話，使蔡等感到一種無形的壓力。袁世凱個人的態度雖然樂觀，但其他方面則和南方的意見完全相反。

殊不料二月廿九日晚上的北京城，突然槍聲四起，只見許多身穿灰色軍服的兵，到處搶劫，首先受難的是正陽門一帶。這時南方迎袁專使們正酬應完畢，回到迎賓館，忽然人聲鼎沸，槍彈橫飛，血紅的火光浮在窗面，人們奔走相告，說是兵變了！為什麼會兵變呢？大家異口同聲說是由於北方駐軍反對「袁宮保」南下，反對專使們搶走他們的衣食父母，所以懷恨作亂。專使們聽到這個消息，不由不信！乃倉皇檢拾細軟，匆匆奔到六國飯店去避難。

兵變的部隊是第三鎮，第三鎮是北洋軍的主力，段祺瑞便曾兩任該鎮的統制，後來則由曹錕接掌。曹錕據說是袁身邊的「趙子龍」，攻打娘子關叫他去，攻打灤州也叫他去！他每次謁見「袁宮保」時，都是筆挺挺的站立著，叫他坐他從不敢坐，袁對他講話，他除了「是……是……」之外，不敢多說一個字！袁氏平素對段祺瑞、馮國璋都禮貌有加，獨對曹錕則不假詞色。按照當時官場習慣，若長官對屬員很客氣，就是不把他當作親信人；相反，如果長官對部下越不客氣，罵得越厲害，則這人一定是「聖眷甚隆」！所以當時有人便以挨罵的多寡，做為自己升官快慢的溫度表，每挨一次罵，便欣欣然有喜色，且奔走告人說：「我今天又挨罵了！」旁邊人也為其高興，且祝賀說：「恭喜閣下不日就要騰達了。」依照這個習慣來看，曹錕當時已是北洋三傑以外最重要的一個人。

輿論認定兵變由袁主使

第三鎮兵變時，統制曹錕亦在北京；兵變原因雖然很多，但主要的一點是：不願袁世凱南下。所以當時或是事後的輿論都把這次兵變的主使人推在袁的身上，竟是不是袁？一直是史家爭論的重點。筆者認為袁對兵變絕對有責任，或者故意縱容縱放；但決不會直接主使。道理很簡單：袁氏當時已被南京參議院尊為中國華盛頓，他能獲選為中國臨時大總統，最主要的原因就是他代表「安定力量」，不只國內人心如此，即國際間亦如此。袁氏一代梟雄，怎會不了解這一點。至於袁反對建都南京，當時反對最激烈的是同盟會中的巨頭宋教仁、章炳麟；而武昌的黎元洪也主張建都北京。加上參議院投票決定國都地點時，亦可看出有不少人反對南京。因此袁儘可使用其他方法達成其不南行的願望，用不著策動兵變。袁是搞軍隊起家的人，當然明白兵變這玩意不能隨便玩，玩兵變等於玩火，星星之火可以燎原，能放不一定就能收。

還有最重要一點，兵變一發生，很容易招致國際干涉，尤其是日本正處心積慮，主張將中國分而食之。袁氏不致因不願南行，而冒險製造外人干涉瓜分中國的藉口。

不過袁也當然願意軍隊表示一點行動，適可而止，使自己不能離開北京的藉口有事實證明。

兵變的直接起因及背景

至於北洋軍在此時鬧兵變，也是有其背景的：

馮國璋在統率北洋軍攻克漢口、漢陽時，漢陽曾遭北軍洗劫。當時有一位記者曾問北洋軍士說：「大家都說你們搶掠，有沒沒這回事？」兵士說：「有的，我們不搶就沒得吃了。革命軍到處受人歡迎，家家奉獻食物；而我輩到來，老百姓堅壁清野，甚至用錢買東西都買不到，我們不搶怎麼辦？」

由這一段對話可以看出當時北洋軍的處境。北洋軍在漢陽的暴行，當時曾受中外輿論嚴厲的指責，加上清帝退位以前，與革命軍作戰的，幾乎全是北洋軍。清帝退位，革命成功，南方公私團體不時以文電揭發北洋軍抵抗民軍的罪狀。袁世凱當選大總統後，竟有解散北洋軍的謠傳，於是，勢傾一時的北洋軍，內心即失望、又疑懼，其實在和議以前，北方秘使廖少游和黃興代表曾簽有一個草約，其中特別註明：

「南北漢軍出力將士各享其應得之優待，並不負戰時害敵之責任。」

這本可以算為保證，可是這是個祕密條款，未被公開；而公開流行的，多是不利於北洋軍的謠言。因此兵變時，亂兵一邊搶掠、一邊嚷著說：「不成了，不成了，國家用不著我們了，我們乘早搞點盤纏回家吧！」

第三鎮士兵譁變的直接起因是裁餉，原來當時陸軍部所定的營制餉章，凡出征出防將士，照例自起程之日起加給津貼，以慰勞士卒，優待征夫，事平後仍回原防，回防後即無津貼。辛亥起義之際，北洋軍第二、第四鎮奉令開赴前線，按照餉章，每兵每月加發一兩銀津貼。第三鎮由東北長春開赴北京拱衛，亦照出征慣例加發津貼。和議達成，二、四兩鎮回防，於是照章裁餉。第三鎮仍在北京並未回原駐防區的長春，所以不在裁餉之列。不知怎的，傳說第三鎮也要裁餉，兵士遂以訛傳訛，想鬧事了。

蔡電南京速建統一政府

二月廿九日晚八時，第三鎮士兵在北京朝陽門東嶽廟譁變，先在朝陽門外劫掠果攤食舖，然後分頭搶掠，凡金銀首飾店、飯館及洋雜貨舖，全遭洗劫，並焚東安市場、東四牌門等處，受災區域之慘，尤勝於庚子八國聯軍。兵變前後綿延三日，兵變的第二天，三月一日下午四時，袁世凱在迎賓館（袁當選總統後改為總統府）召集北京高級軍政首長會議，決定立即採取行動，制止亂事蔓延，除照章補發未變各軍應領之欠餉外，並派統制曹錕等分赴各部隊駐紮地剴切開導，同時嚴令緝捕再圖逞亂兵士。另姜桂題親率衛隊四出彈壓，遇見亂兵任意搶劫者，立即格殺勿論。

二月廿九日北京兵變之晚，迎袁專使團被困，南京迎袁專使下榻之招待所內亦受騷擾，亂兵持槍毀門而入，招待所內衛兵措手不及，無法阻擋，南來諸人只得分路避去，蔡元培、汪兆銘、范績熙入僻室，閉門熄燈靜坐以待。亂兵在所內遍處擄掠，志不在人，飽掠而去。蔡元培等見亂勢繼續擴大，乃潛赴美國友人格林家小住，格林殷勤招待，借住一宿，第二天即由美領館派人護送至六國飯店。中午時間，王正廷、王景春、鈕永建、黃愷元、魏宸組、宋教仁、劉冠雄等均陸續趕到，大家交換消息，才知招待所已遭洗劫一空，南來諸人的文件衣物已蕩然無存。

三月二日蔡元培等致電南京臨時政府及臨時參議院，認為「速建統一政府，為今日最重要問題，餘可遷就，以定大局。」迎袁專使態度的改變，並不是受兵變的威脅，而是感到北方局勢的嚴重；北方有北方的許多問題，南方的人是無法了解的。

兵變期中各種花邊新聞

兵變後的北京，約有一個星期都是淒涼滿目，白天的街市亦似死城一樣，店鋪住家關門閉戶，路上只有巡邏的兵士和站崗的警察、以及棄置的死屍，此外則是外國兵士馳馬往來。間中有外國記者沿路拍照。首善之區變為瓦礫之場，窮民嗷嗷待哺，有錢人則雖以加倍的金錢也買不到食物。警廳頒令午後六時即禁止行人，入夜路燈不明，繁華的北京城成了黑暗世界。內城被劫者四千餘家，外城被劫者六百餘家。

在這場大動亂中，曾出現很多花邊新聞，特摘錄於後：

一、朝陽門內竹杆巷王君，是在度支部當司員（等於現在財政部的科員），廿九日晚間有亂兵十餘人叩門而入，王君延之上座，款以酒，其中一兵士操山東口音說：「俺們這回子搗亂實在是給逼出來的，你老要是有餘錢，借給俺們作些盤纏，俺在山東曹州府居住，過些日子你老到俺那小地界去，俺一定加倍的奉還，這回可實在對不起的緊。」

言訖張嘴大笑。王某即坦白的答說：

「我本是一個窮京官，所以身無餘蓄，恰巧昨日領到薪水，原封未動。諸位既然賞面枉駕，特奉上薪水袋，請勿見笑。」

遂以銀元數十枚、及舊衣四套相贈，亂兵稱謝而去。午夜又折返，把一個大包袱付與王君的僱人，並且說：「一些小意思，留著你們用吧！」王君打開包袱一看，乃是襪子數十雙。

二、四條胡同義豐錢舖關閉甚嚴，亂兵來擾，攻門不得破，於是，肩接攀爬登牆，錢舖主人知不能免，乃開門揖入，亂兵蜂湧進門，四處搜掠，擄獲銀元無數，並找一人力車來拖載，車伕亦乘機取若干置於懷中。亂兵慾壑已填，才相繼走出，其中有一人好似隊長，還向舖主告辭，主人躬送之出，隊長向主人打一拱說：「借光借光！」舖主人亦答禮說：「勞駕勞駕！」

三、三里河一家洋廣貨舖，在兵變前一天，有第三鎮兵數人前往購貨，貨款值十餘銀元，可是兵士們所帶的錢不及一半，甚為難堪，店主人很大方的說：「老總們拿去吧！這回全國到處作亂，獨北京無恙，都是各位老總的力量保護我們，這一點錢太少了，您們何必計較。」士兵們稱謝取貨而去。

第二天兵變，有街無賴領著兵士過三里河欲搶掠這家店舖，突有兵士三五衝了出來，大聲的說：「這家店舖對我們當兵的最好，誰敢侵犯他們，我們將以死力保護。」結果這家洋廣貨舖終告無恙。

天津被洗劫較北京尤甚

兵變由北京擴及天津，保定豐臺，天津的洗劫較北京尤烈。保定亂後幾乎沒有了居民。豐臺本為小地方，不過是交通要道，因此過往行人受害最慘。

四、天津於三月二日清晨即不穩，直隸總督署的衛隊和北段巡警以及張懷芝所帶的巡防營醞釀兵變，下午三、四點鐘在通衢街市即見灰色衣袴、頭紮黑巾的營兵，三五成群的和巡警聚語，晚上八點，北京火車開到，車上跳下亂兵四五十人，一下車即亂放一陣排槍，新火車站於是起火，接著大胡同、老洋錢廠、造幣廠等同時著火，槍聲四應，各繁盛街市富商大賈和新舊洋錢廠均遭焚掠，先是兵，後是匪，還雜以少數巡警，沿街挨戶搶掠。北京亂兵陸續到天津，前後共達二千餘人，並劫奪開往東三省的火車。二日午夜維持秩序的巡警捕獲亂兵和匪徒四百餘名，三日晨在天津東馬路處斬，三日午後再提出十二名搶匪在北門處斬，天津華界人心才告安定。

亂起的時候，天津市的電車尚開行，可是在北馬路官銀號前，突有亂兵向電車轟擊，於是所有電車均告停駛，而人力車伕亦有棄車參加行劫者。因此，天津華界居民欲逃入租界避難，都雇不到人力車，只好扶老携幼，肩揹手提，甚為狼狽。據事後統計，天津因屬商業城市，所以商民的損失比起北京來，實在鉅大得多。

五、保定在三月一日即有變象，保定是個駐軍區域，駐軍垂涎保定之富，早有蠢動之意，因此一觸即發。開始是駐軍和一個剪短髮的人口角，然後駐軍出動搜捕短髮人，駐東關的第二鎮兵士乘機肇亂，以煤油將城門燒燬，到處搶掠燒殺，風大火大，西街被禍最慘，由西門至二道口一帶都成灰燼，滿城槍聲如爆竹，哭聲徹天，連各醫院所存衣物亦遭洗劫。自三月一日至五日，連續遭難，瘡痍滿目，瓦礫如山，且蔓延至附近十數縣。

保定東關子火藥庫儲存快槍七萬餘桿，子彈不計其數，均被搶去。亂兵又搶劫藩庫存款五萬餘，並燒燬各司道廳。

六、豐臺遭難是在三月一日午夜，由於第三鎮潰兵由北京乘火車至豐臺，在豐臺亦有第三鎮駐兵二千餘人。於一日晚十一時起事，豐臺鎮居民舖戶及洋商新泰興和洋行等均被搶掠一空。第二天有火車開抵，車上行李貨物及旅客隨身所携各物也遭洗劫。

袁調兵鎮壓並宣布戒嚴

袁世凱處理兵變的緊急措施是宣布戒嚴，並緝捕亂兵。由於第三鎮第九標的士兵已潰散，乃調第十標兵入北京，保衛總統府；調第六鎮的兩營兵來北京，分駐祿米倉、羊儀賓胡同、總布胡同等處。另將駐小站的巡防營調北京以資彈壓。同時把第三鎮的兵一部分調至琉璃河和良鄉，一部分開拔到山西，責成統制曹錕認真約束。另調駐彰德的武衛後軍王有祥，武衛中軍王汝賢，武衛右軍劉金標率部入北京。

這時徐州的駐軍擬由陸路北上，烟臺的駐軍欲由海路北上，駐湯河的第廿鎮兵也打算拔隊進北京，有人還建議調藍天蔚帶兵進北京，可是統籌京師治安的最高首長民政首領趙秉鈞（趙原任民政大臣，這時袁尚未就任民國大總統，因此所有北京各部首長都暫稱首領）認為京師萬萬不可再增加軍隊；趙氏並表示願獨負保護京師地方之責。於是，調藍天蔚之議始寢。袁世凱並派陸軍參謀王培寬馳赴湯河，阻止廿鎮兵進京之行動；並令第一鎮馬步兵六營駐軍南苑、北苑以資鎮懾。

禁衛軍得力清室未受擾

在大變亂中，滿清的皇城全部由禁衛軍負責保衛，防守頤和園、地安門、東華門、西華門各處，由於防衛得力，使甫告退位的滿清皇室未受到騷擾，連滿清王公奕劻、載灃、載澤、載洵、載濤的府第亦未受驚。禁衛軍由於在這次變亂中克盡職守，於是上書袁世凱，願入京護衛總統，請袁把所有在北京的軍隊調出，改由禁衛軍接替。禁衛軍雖然由馮國璋統率，可是這支軍隊原本是宣統帝的父親載灃所建立的，其任務在於保護滿清皇室，如今滿清皇帝退位不久，北京竟出了這麼大的亂子，作亂的軍隊又是袁氏的嫡系部隊，奉職最勤的卻是滿清的禁衛軍，這對袁來說，實在是一個大諷刺。所以禁衛軍的這個請求，袁是不會接受的，只是象徵性的調派一隊來京。禁衛軍因之很不滿意，再上書給禁衛軍軍統馮國璋，請調全部禁衛軍入城捍衛，並謂如有差失，願扣全軍餉銀。馮得書深怕該軍擅自行動，乃親赴該軍駐地西苑嘉勉和撫慰一番，並加阻止。

三月二日袁氏面諭段芝貴轉知各軍隊，凡未附和兵變剽掠者，不論官弁兵丁，每名各賞銀廿兩，其後又加發禁衛軍餉銀一月。巡警因維持地方有功，亦賞餉半月。馮國璋則獎賞禁衛軍兵士，每名一只銀戒指，上刻名譽二字。珠寶市大柵欄的富商，因為在這次變亂中未受禍害，乃備銀二千兩及酒肉等物送至軍營，以表謝意。

民間團體以紅十字會為首，集議商討救濟事項，救死扶傷，不遺餘力。

各國公使會議討論應變

北京兵變時，東交民巷的使館區立即戒嚴，各國士兵荷槍實彈布防。三月二日駐北京各國公使齊集英國使館，開會商討應變步驟，有謂「中國現況和庚子年相同，已沒有能力維持秩序，各國必須自行設法」云云。

經過這次會議，便產生了幾項行動：

一、日本急調在烟臺的軍艦前來大沽，俾溝通北京、天津、大沽及國外的電訊聯絡。各國關於軍事上的消息，皆用義大利使館的電臺傳到黃邨，由黃邨轉大沽。

二、各國緊急抽調軍隊來北京，每一國以二百名為限。

三、組織國際兵團，由各使館抽調武裝人員七百名，於三月六日上午十時在英領館集合，巡察北京街市，以維持京城局勢。三月三日這天，洋兵曾從長安街出崇文門繞外城一匝，自正陽門返回東交民巷。

迨天津與保定兵變，於是各國又紛紛派兵前往天津和保定，因之北京、天津、保定三地，外國兵車往來不絕於途。三月三日美兵到北京一百五十名；五日日本兵四百名到京；英國則由北京派出武官四名領兵八百名前往天津，並押解子彈七十餘箱暨其他軍用物品來北京，德國則由青島調兵百餘名至北京；其他各國亦日日有兵運來。保定、正定均有洋兵沿路巡邏，天津所駐洋兵甚多，尤以日本兵最夥，軍粮城、北塘沽、山海關、開平、唐山均有外國重兵駐紮。

袁分函各公使保証安全

各國使館對於各國僑民的生命財產最為關心，變起時便致書袁世凱，請求保護洋商生命財產。北京崇文門內北至總布胡同口，以日本商業為多，三月二日起，凡日本商店均有日兵二名，荷槍守護。英使館則派專員乘車至天津各處訪問僑民。德使則派兵廿名前往井陘保護煤礦。外交團在給袁氏的公文中，並質問袁是否繼續滿清所締結的各項條約。袁氏乃分函答覆各國公使，其內容為：

一、力阻各國分別調遣軍隊來京；二、強調京師現已平靜，此後決無意外之虞，以及自己如何盡力維持現狀；三、力陳此次兵變決不影響國際關係，所有滿清過去所締條約均將承認與信守。

三月四日袁氏特派顏惠慶、富士英、曹汝霖等前往東交民巷，分赴各國使館慰問，並致謝各國軍隊協助彈壓。同時並有照會給各國使館，對此次兵變表示遺憾，並申明今後決不會再有意外，若萬一有變，損失外人財產，均負責賠償一切損失。此外並派趙秉鈞、姜桂題、烏珍、曹錕、王占元等剴切曉諭部下，對於洋兵入北京不可敵視，應互相友愛。更電民政部出示曉諭商民，勿相驚擾。

袁氏告各軍書情並茂

袁世凱於四月六日發表告各軍書，情文並茂，特錄之於下：

本大總統自小站創練陸軍以來，先後統兵近廿年，凡所以遇待我軍人者，無不以誠悃相孚，恩義相結。有功必賞，有勞必錄。有過必教，有罪必懲，秉大公之心，行至信之法。如家人肉骨之相愛，如師長子弟之相規。其在本部下由士卒擢升統將者，頗不乏人；而各將士等相從多年，亦皆聽我指揮，遵我約束。且不獨我陸軍為然，即我巡防各軍亦莫不同隸範圍，共遵號令。是以同胞之中咸重氣誼，薄海之內蔚起聲名。至於武衛左軍，創始於宋忠勤，飽經戰陣，懋著勤勞，迄今五十餘年，人皆推為勁旅，此皆無俟本大總統之贅言，亦我各軍同人所自喻，而並堪共喻者也。近數年來，本大總統養痾家園，無志問世；四方多難，迫我出山。督師於餉械兩絀之秋，受任於國事阽危之日。焦思勞慮，心竭力逋。察大勢之所趨，順輿情之所嚮，始終希望惟以國利民福為依歸。幸得共和確定，眾志翕然，南北東西各省，滿蒙回藏各族，文電交馳，僉以大總統之任相屬，孫大總統復薦以自代，參議院正式選舉，全院一致均以大總統相推，南來歡迎各使，亦並無堅持南行之意，統一政府行將成立，自維德薄，曷足堪此！第念艱鉅投遺，勉擔義務，值此民國初建，締構方新，如我軍界同人齊力一心，竭誠贊佐，從此太平可致，郅治可臻，非但鄙人受其光榮，實我國民蒙其樂利，前途幸福，自必與我軍人共之。倘其樂禍幸災，意存破壞，不識大體，徒懷自私自利之心，誤聽浮言，甘為病國害民之舉，則是作全國之公敵，為人群之敗類，非但負本大總統十數年教育之苦心，抑且辜負舉國四萬萬同胞之厚望，中外交詬，天下不齒，於爾軍人又何利焉？萬一因暴動而召致外釁，大局瓦裂，土宇瓜分，目前則戰血橫飛，有化為沙蟲之慘，顧後則神明胄裔，有作人牛馬之悲，爾軍人縱不為一身計，獨不為子孫計耶？總之軍人者亦國民之一分子也，入伍則為兵，離伍則為民，兵與民本屬一體，民出餉以養兵，兵食餉以維民，兵與民更同休戚，故愛民保民乃軍人惟一天職。至於服從命令，遵守紀律，則凡為軍人者之第一要義，古今中外莫不同之，能不失軍人之資格，方能不失軍人之榮譽，本大總統用是諄切相告，泣涕陳言，願我軍人共體斯意，共明斯理，此勸彼勉，念茲在茲，勗哉三思，懷之毋忽！

北京輿論對袁毫不留情

民國締建時的輿論，很有許多敢說敢講的文章，北京兵變後許多報紙的評論都很激烈，對袁世凱的批評也毫不留情，現在特抄數段以一睹當年輿論的風範：

一、時事雜感——吾閱袁總統布告各軍，謂本總統自小站練兵，先後近廿年，待軍誠悃相孚，恩義相結等語，吾不禁代總統憂，以總統待彼如是之厚，無端而有此變，待軍不及總統者將何如？或曰是之謂養兵千日用兵一時。變兵為總統親信之兵，惟不識當其大焚大搶之時，其心目中尚有總統在否？總統布告北京市民，有欲竭區區之愚為同胞謀幸福之語，吾思之，吾總統若僅區區之愚誠有不足，無怪乎而猝遭兵變也，尚望吾總統擴而大之。總統布告各軍文有云：有功必賞，有勞必錄，有過必教，有罪必懲。吾閱斯言，乃大疑惑，此次已變之兵為有功乎？有勞乎？有過乎？有罪乎？賞之耶？錄之耶？教之耶？懲之耶？總統能無負此言否？

二、誰為禍首？——共和成立，總統舉定，專使到京，正在一團高興之時，忽然保衛大總統之第三鎮兵變起蕭牆，禍生咫尺，土匪忽乘間竊發，京城內外落花流水，噫嘻吁奇乎怪哉！人人所不及料也。豈只人人不及料，即袁大總統及軍官等亦未及料。然人人之不及料，理也！袁大總統及軍官等之不及料，非理也！何則？知兵莫如將，知將又莫如總統也。

三、恭頌袁總統——近日以來，共和定矣！總統舉矣！南方革命軍所推戴者惟我公，北方人民所推戴者，亦惟我公，皇族所推戴者，亦惟我公，全國無老無幼無男無女無種無族無南北，心中所期望者，胥為我公，且皆信我公能鎮撫軍心，我公自茲以後，當有以副天下之望矣，當有以慰天下之心矣，吾北方人民之生命財產皆付託予我公之手矣。無何而賀電至，無何而賀表呈，無何而專使來，無何而軍隊變……今雖如此，吾總統必有以善其後矣，初一日雖有搶劫，初二日竟能寂然無事，是吾總統善後之力也。紳商各家雖被搶掠，而外交團及大內與總統府乃能寂然無事，是吾總統平日教養之功也。雜物雖被搶掠，人民生命竟無傷，是吾總統平日訓練之效也。小疵不掩大醇，吾總統可告無罪於天下矣。爾紳商當有以諒之。

像這類文章很多，足以想見當日的輿論並不畏懼權勢和軍閥。也可以看出當年推翻滿清締造民國的一段時期，寫文章的人對當時是有重大的鞭策力量的！

袁就職時要履行三件事

北京兵變後，北方各省督撫皆通電反對袁南下就職，蔡元培將使亦曾致電南京臨時政府和臨時參議院，主張遷就。於是三月六日臨時參議院議決，允許袁世凱在北京通電就職，不過就職時必須履行三個手續：

一、接電後須向參議院宣誓效忠共和；

二、新內閣名單必須得參議院同意；

三、新內閣在南京辦妥接收手續後，孫大總統始行解職。

由於情勢的變化，迎袁專使的任務已經失去作用，所以三月六日蔡元培等乃致電南京孫大總統，要求南返。原電云：

孫大總統鑒：培等受命歡迎袁君南來就職，前月廿七日已以此意面達袁君，而袁君亦極願南行，一俟擬定留守之人即可就道。不期廿九夕北京兵變，擾及津保，連日袁君內撫各處軍民，外應各國駐使，恢復秩序，鎮定人心，其不能遽離北京，不特北方呼籲，即南方聞之亦當具有同情。故培等據所見聞，迭電陳述，茲承電示，知袁君不必南行，並由袁君委託副總統黎元洪君代赴南京受聽，是培等歡迎之目的已經消滅，似應回南面陳一切。謹先電聞，並祈即復，元培等魚。

布告全國文作歷史交代

蔡元培南返，是在袁世凱在北京就職大總統以後；啟程前，迎袁專使特發表〈布告全國文〉一篇，措辭委婉而嚴峻，把當日袁世凱種種私心完全揭露，且對當時所發生的一切，作了一個歷史的交代。這篇文告，後來許多研究近代史的人都認為是蔡元培的手筆，認為汪精衛寫不出，宋教仁已南返，亦寫不出。蔡氏文章謹嚴，章炳麟推崇蔡是「雅善修辭」。蔡專使的〈布告全國文〉如下：

培等為歡迎大總統而來，備承京津諸同胞之歡迎，感謝無已。南行在即，不及一一與諸君話別，謹撮培等近日經過之歷史以告諸君，託於臨別贈言之義。

一、歡迎新大總統袁公之理由：（中略）……袁公當蒞南京就臨時大總統職，為法理上不可破之條件。蓋以立法行政之機關，與被選大總統個人較，機關為主體，個人為賓體；故以個人就機關則可，而以機關就個人則大不可。且當專制共和過渡時代，當事者茍輕違法理，有以個人凌躐機關之行動，則為專制時代朕即國家之嫌疑，而足已激起熱心共和者之反對。故袁公之就職於南京，準之理論，按之時局，實為神聖不可侵犯之條件，而培等歡迎之目的，專屬於是；與其他建都問題及臨時政府地點問題，均了無關係者也。

二、袁公之決心：培等廿五日到北京即見袁公，廿六日又為談話會，袁公始終無不能南行之語。……

三、京津之輿論：（中略）大抵於袁公南行就職之舉甚為輕視。……所謂袁公不可離京之理由：……惟北方人心未定之一義，然袁公之威望與其舊部將士之忠義，當清攝政王解職清帝退位至危偪之時期，尚能鎮攝全京，不喪匕鬯，至於今日復何疑憂？且袁公萬能，為北方商民所認，茍袁公內斷於心，定期南下，則其所為布置者，必有足以安定京津之人心而無庸過慮。……

四、二月廿九日兵變以後之情形：（中略）自然有此變，而軍隊之調整，外交之應付，種種困難，急待整理；袁公一日萬機，勢難暫置，於是不得不與南京政府協商一變通之辦法。

五、變通之辦法：總統就職於政府，為神聖不可侵犯之條件；臨時統一政府之組織，不可旦夕緩也；而袁公際此時會，萬不能即日南行，則又事實不可破也。……於是孫公提議參議院，經參議院議決者，為袁公以電宣誓，而即在北京就職，其辦法六條如麻電。由此袁公不必南行，而受職之式不違法理，臨時統一政府又可以速立，對於今日時局，誠可謂一舉而備三善者矣。

六、培等現時之目的及未來之希望：培等此行為歡迎袁公赴南京就職也。袁公未就職，不能組織統一政府；袁公不按法就職而苟焉組織政府，是謂形式之統一，而非精神之統一，是故歡迎袁公，我等直接之目的也；謀全國精神上之統一，我等間接之目的也。今也……袁公之尊重法理，孫公之大公無我，參議院諸公主持大局而破成見，是代表大多數國民，即昭揚於天下……於是培等直接目的之不達，雖不敢輕告無罪，而間接目的所謂全國精神上統一者，既以全國同胞心理之孚感而畢達，而培等亦得躬逢其盛與有榮焉。……

袁世凱不敢南來就總統職憶述

柯堂

袁世凱於西太后去世後，因攝政王戴灃，忌其威權，以諭旨命袁氏回籍養疴，閒居洹上。嘗作詩云：「室小堪容膝，簷高老樹齊。開窗平北斗，翻覺太行低。」其野心勃勃之神氣，不難於言外得之。

南京政府提出三條件

袁世凱五十壽辰時，張之洞曾作壽聯云：

五嶽齊尊，惟嵩為峻極；
百年上壽，如日之方中。

此等聯語，對袁氏似乎捧得太過，他根本便是一個野心勃勃的人，經張之洞這麼一捧，自不免更加飄飄然了。惟據筆者所知，袁氏之為人，其譎詐雖似司馬懿，然卻無曹孟德之雄才大略，且不知時代人心之趨向。到了暮年，衰氣籠罩，倒行逆施，貽笑當世，奸雄云乎哉！孫中山先生為中國之華盛頓，可稱為新式的英雄；袁世凱雖自命不凡，僅可稱為舊式的梟傑耳。

辛亥南北議和之際，南京革命政府，要求袁世凱到南京宣誓就總統職，袁始終不肯南行。迨至袁氏在北京就職以後，邀請孫中山北上，中山竟毫無疑忌，大胆的走入燕都，英雄氣概，畢竟不凡。茲將孫袁兩氏當年一個拒絕南行、一個歡迎北上之經過，紀述一番，當亦青年讀者之所欲聞也。

民國肇建後，南京革命政府之惟一政策，首在推倒滿清皇位，政權之爭奪，認為是第二步驟，故情願以總統一席讓與袁世凱，明知袁世凱之頭腦，與共和相去甚遠，但為息事寧人計，亦不妨姑試為之，但附有三個條件：

一、臨時政府，須設於南京。
二、新總統須到南京宣誓就職。
三、新總統須遵守臨時約法。

第一次通電言不及義

袁世凱對於這三個條件，認為是調虎離山之計，而革命黨之手槍炸彈，遍地皆是，離開北方一步，則寶貴生命將馬上喪失。然而老袁一向是官僚作風，並不直接反對到南京宣誓之說，總是滿口官話，言不及義，袁氏所發出宣布共和後之第一次通電云：

南京孫大總統、黎副總統、各部總長、參議院同鑒：共和為最良國體，世界所公認，今由帝政一躍而幾及之，實諸公累年之心血，亦民國無窮之幸福。大清皇帝既明詔辭位，業經世凱署名，則宣布之日，為帝政之終局，即民國之始基，從此努力進行，務令達到圓滿地位，永不使君主國體，再行於中國，現在統一組織，至重且繁，世凱極願南行，暢領大教，共謀進行之法，只因北方秩序，不易維持，軍旅如林，須加部署，而東北人心，未盡一致，稍有動搖，牽涉全局，諸君皆洞鑒時局，必能諒此苦衷，至共和建設重要問題，諸公研究有素，成竹在胸，應如何協商統一組織之法，尚希迅即見示。袁世凱真。

再致孫黎電以退為進

此通電發出不久，接著袁氏又致孫中山與黎元洪一電，雖然大打官話，卻已露出其不欲到南京就職之意，該電原文云：

清帝辭位，自應速謀統一，以定危局，此時間不容髮，實為惟一要圖。民國存亡，胥關於是。頃接孫大總統電開，提出辭表，推薦鄙人，囑速來寧，並舉人自代，電知臨時政府，畀以鎮安北方全局等因。世凱德薄能鮮，何敢肩此重任，南行之願，真電業已申明，然暫時羈絆在此，實為北方危機隱伏，全國半數之生命財產，萬難契置，並非因清帝委任也。孫大總統來電所論，共和政府，不能由清帝委任組織，極為正確，現在北方各省軍隊暨全蒙代表，皆以函電，推舉為臨時大總統，清帝委任一層，無足再論，惟總未遽組織者，特慮南北意見因此而生，統一愈難，實非國家之福。若專為個人職任計，捨北而南，則實有無窮窒礙，北方軍民意見，尚多紛歧，隱患實繁，皇族受外人愚弄，根株潛長，北京外交團，向以凱離此為慮，屢經言及，奉江兩省，時有動搖，外蒙各盟，迭來警告，內訌外患，遞引互牽，若因凱一去，一切變端立見，殊非愛國救世之素志，若舉人自代，實無措置各方面合宜之人，然長此不能統一，外人無可承認，險象環集，大局益危，反復思維，與其孫大總統辭職，不如世凱退居，蓋就民設之政府，民舉之總統而謀統一，其事較便。今日之事，惟有由南京政府將北方各省及各軍隊妥籌接收以後，世凱立即退歸田里，為共和之國民。當未接收以前，仍當竭忠盡愚，暫維秩序。總之，共和既定之後，當以愛國為前提，決不欲以大總統問題釀成南北分離之局，致資漁人分裂之禍。已請唐君紹儀代達此意，赴寧協商，特以區區之懷，電達聰聽，惟亮察之為幸。袁世凱咸。

終於演出假兵變怪劇

袁氏第二次之通電，有「與其孫大總統辭職，不如世凱退職歸田」之語，此係拒絕到南京就職之哀的美敦書，即是說你們如果要堅持前說，我姓袁的便不與你們合作了。

南京臨時政府，接到此電，自然加以再三考慮，且唐紹儀亦由北方到南京，努力斡旋。由是南京參議院，馬馬虎虎，選袁為大總統，並派蔡元培、汪兆銘、宋教仁、魏宸組、鈕永建五專使到北京迎袁南下。五專使抵京時，袁大舉歡迎，與五專使屢開談話會，裝做可以南行的模樣，並致電武昌，將與黎副總統晤面，一同前往南京。實際上袁氏早已布置一種無聊戲法，暗命第三鎮統曹錕於二十九晚，假裝兵變，崇文門一帶，火光遍地，鎗聲四起，五專使嚇得魂飛天外，避居交民巷。兵變後，各國駐軍出動，形勢緊張，袁又令北方各督撫通電反對袁氏南下就職。於是，南京政府乃提出折衷辦法，允袁在北京向參議院宣誓就職。

袁氏為了免到南京，以身試險，乃裝出許多花樣，震動國際。此為袁氏拒絕南行怕離巢穴之一幕怪劇。

中山先生毅然赴北京

革命政府之要求袁世凱到南京就職，無非對袁世凱不能相信，你果誠意贊成共和，則應當離開軍隊，效法「黃天覇拜山」故事，單人獨馬，到我革命軍勢力之下，赤忱宣誓，方足表示誠意。當時革命元勳，多半少年，不免意氣用事。至今回思，假令袁世凱果輕車寡從，前往南京，能否自由行動，安然北返，即孫中山恐亦不能保險。袁世凱老奸巨猾，又安肯輕入虎穴，落入圈套?革命政府之此種要求，無非高高討價，使袁世凱不敢輕視革命團體，俾其在組閣政權上放鬆一步而已。後來因一場假兵變，革命政府終於取消原議，袁世凱撚鬚笑曰：「你們這班小伙子，乃想對袁某開玩笑麼？」

袁世凱就職之初，頗思牢籠革命元勳，收為己用，乃派人邀請孫中山、黃克強、黎元洪三元勳到北京相晤，交換意見，聯絡情感。當時黎元洪因受革命派所攻擊，不肯北行，黃克強亦躊躇不前，惟孫中山相信袁無惡意，且欲以誠意感化袁氏，故毅然北上。

中山先生抵京之日，袁氏待以外國元首之禮，歡迎儀式，異常隆盛，並囑中山同鄉唐紹儀、梁士詒為招待專使，袁氏除正式宴會招待外，並時約中山秘談。

中山對袁氏談話，多注重於美法兩國之建國精神，及開闢中國富源，使中國日增富強之一切政策。

袁氏所談，則注重在強兵，以為自義和團肇事以後，俄日兩國欲瓜分我國之東北西北，德國欲瓜分我之山東，英國欲瓜分我之長江，法國欲瓜分我之廣東滇桂，形勢岌岌，中國非練百萬精兵，五十萬噸海軍，不足以保全疆土。

中山先生則以為強兵必先富國，欲富國必先穩定共和基礎，推進法治，而後國可得富，兵可得強。

「袁世凱煮酒論英雄」

袁孫談得高興時，袁氏舉杯祝曰：「中山先生真不愧為中國的華盛頓。」

孫氏亦舉杯祝曰：「我希望慰亭（袁字）先生，成為中國的華盛頓。」

老袁撚鬚笑曰：「美國只有一個華盛頓，而中國乃有兩個華盛頓，豈非中國優於美國耶？」

中山亦笑曰：「我希望中國後來之總統，個個是華盛頓，豈以兩個為滿足耶？」當時北京文化社會中人，聞袁孫此項談話，乃用三國故事，以形容之曰：「黃金臺煮酒論英雄，天下英雄，惟使君與操耳！」

當時中山先生之建築二十萬里鐵路政策，以與梁士詒討論為多。筆者是時年甫弱冠，方從事新聞事業，曾訪問中山先生於迎賓館，見中山先生方與梁氏伏案指點地圖，規畫路線。見余等至，乃起而相迎，談論當前時事。中山先生頗多樂觀之語。蓋因當時政治鬥爭，尚未表面化，袁氏方極力牢籠革命元勳，故中山先生態度，從容如此。袁氏以中山有在野為國家啟發富源，尤宜先從鐵路著手之表示，故以全國鐵路督辦名義相委托。中山亦受之而不辭。中山與老袁屢次歡談後，認為老袁非不可共事之人，乃致電黃克強云：「到京後，與項城接談數次，關於實業各節，彼亦向有計劃，大致不甚相遠，至國防外交，相見略同。以弟所見，項城實陷於可悲之境遇，絕無可疑之餘地，振武案實迫於黎之急電，非將順其意，無以酬黎之望。弟到此以來，大消北方意見，兄當速來，則南方風潮，亦可止息，統一當有圓滿結果也。」

滿清皇室宴孫黃一幕

由是黃克強亦到北京，黃氏是一個南人北相的大胖子，穿著西式高帽禮服，北方人向未見過這個革命怪人，爭以一覩丰采為快。滿清皇室，亦於金魚胡同那桐宅中，設宴招待孫黃兩公，由貝子溥倫致詞云：「兩先生都是非常之人，所以能建非常之業，這次國體變更，是兩先生鼓吹奔走之力，咱們皇太后久仰孫先生仁德，且信共和政體為二十世紀大勢之所趨，所以毅然以國政還之國人。咱們所期待的，五族一律平等，國基從此鞏固，皇室受福無窮。」

黃克強致答詞云：「共和告成，是由孫先生數年的領導，所以人心一致，舉國景從，然非隆裕太后之明哲，其成功必不能如此之速。」云云。回想當年，孫黃則高唱排滿革命，清廷則目孫黃為亂臣賊子大逆不道之人，曾幾何時，乃開歡迎之宴，互致頌揚之詞，雖雙方皆言不由衷，然不得不謂為一種奇蹟！

中山先生這次北來，為平生第一次，黃克強從前亦未到過北京，二人於革命志願，形式完成之後，來遊故都，各界爭覩偉人丰采，大有高歌大風之氣概，亦人生之一快也。

孫、黃、袁三巨頭會見記詳

安邦

民國元年四月三日孫中山先生交卸臨時大總統後，無官一身輕，乃離南京至上海，隨行有胡漢民、汪兆銘、廖仲愷、李曉生等。在上海遇到廿年前舊友宋嘉樹，相見甚歡，乃下榻宋寓，暢叙往事；並請宋引導、胡漢民等至西服店添製西服。中山先生並說：「儘量做，多多益善。」

袁世凱函邀中山先生

民國元年四月九日晨中山先生率胡漢民等卅餘人抵達武漢，會晤副總統黎元洪，計留武漢三天，武漢方面舉行盛大歡迎會，並請中山先生演講民生主義。據說黎元洪對民生主義不太懂，且持反對意見。這是黎元洪首次和中山先生會面，黎的表現予同盟會的巨頭們很不好的印象，尤其是胡漢民，胡為人高傲，和黎談政治，黎竟渾渾然，於是，胡便不理睬黎。自此而後，黎和同盟會距離更遠了。

袁世凱聽說中山先生到了武漢，深怕南京和武漢合流以對抗北京，因此急遣唐在禮、范源濂、張大昕和王揖唐持親筆函至武漢，恭邀中山先生赴北京訪問。四月十一日中山先生在漢口行轅接見范源濂和張大昕，范、張把袁的親筆函當面呈遞。袁函原文如下：

中山仁兄先生閣下：大業告成，高飛遐舉，鴻冥天冪，蟬脫塵埃，企慕私忱，匪言可喻。頃得滬上消息，知大駕將赴鄂中與黎君宋卿傾談國軍，兩賢相聚，天炳德星，世凱羈滯幽燕，不獲飫聞政論，伊人秋水，寤寐交縈。本擬歡迎旌節，示我周行，因前承電覆須先回粵一行，粵事棼如亂絲，非先生才望不足以轉危為安，世凱何敢以一人之私，孤粵中父老雲霓之望，惟數月後，粵事大定，務請屈臨指教，俾紓車飢。茲遣范君靜生、張君真吾兩員蒞鄂上候起居，並呈小影，一如世凱躬陪盛讌，親挹雄談。臨穎神馳，無任延跂，惟為自重不宣。

該函為紅色八行箋楷書，未親署「袁世凱叩上」五字，未寫月日。

四月十二日中山先生一行離鄂，十四日返抵上海，換乘泰順輪南下。二十日抵福州，在閩只停留一天，繼續乘輪前往廣東，二十四日抵香港，改搭寶壁兵艦，廿五日下午抵廣州。廣州萬人空巷歡迎這位同鄉偉人蒞臨，而中山先生自首次倡義被香港放逐起，足不踏廣州城已有十七年，這次重臨，雖不是衣錦榮歸，卻是功成還鄉，其中滋味，非親歷者無法體會。

孫總理決定單刀赴會

中山先生北京之行的醞釀，已經好多個月了，最後決定啟程的日期是民國元年八月十七日乘銘新輪北上，後又改為搭十八日的安平商輪。就在籌備動身時，北京傳來消息，袁世凱於八月十五日祕密槍殺革命同志張振武和方維，上海方面得到消息為之震動，所以當時蔡元培、吳敬恒、徐宗漢（黃興的夫人）等都反對中山先生與黃興赴北京，認為袁世凱無信無義，而北京天津方面的黨人，也因袁殘害革命同志，包藏禍心，來電勸阻。但中山先生則主張以誠信感化袁，堅持「無論如何，不能失信於袁。」不過同意黃興暫緩北上，由他一人「單刀赴會」。這時黃興正染喉疾，於是，孫行黃止，便成為當時的一個重大決定。

黃興和宋教仁是當時革命領導人物中地位僅次於中山先生的，對袁世凱來說，袁在人格上、革命功勳上、革命思想上，都無法和中山先生相比，所以袁所仇視的真正對象不是革命創造者的中山先生，而是革命實行家黃興，和政黨策劃家宋教仁。

袁早就想促成一次民國四巨頭會議，就是邀請孫中山、黃興、黎元洪一同到北京來和他晤面。這個四巨頭會議的積極意義是：宣告中外，民國已經統一了；消極意義是：袁個人總統地位已經確定。因此，袁便需要加強四巨頭的聯繫，以化除相互的成見。

可是袁氏這個目的只達到了一半，由於張振武案發生，黎元洪已不敢到北京來，怕參議院和輿論轟他；又怕袁和同盟會方面對他採取不利的手段，所以黎是絕對不會來了。黃興也由於張振武案托病裹足不前。因此中山先生的單獨北上晤袁，成為民國成立後的第一件大事！

中山先生畢生以誠信感人，他並不關心個人的安危，只想用自己的精誠和善意去感化老袁。他輕入虎穴，不計安危，想說服袁世凱和同盟會真誠合作，擺脫北方的舊勢力，同意遷都南京。

袁世凱對於中山先生敢於單刀赴會的精神，不由得暗中驚佩，他極力裝出非常熱誠的歡迎姿態，派總統專用的金漆朱輪雙馬車，飾以黃緞，到北京前門外迎接孫氏，並命北京的軍警以總統之禮歡迎。北京市民則是自動的熱烈歡迎這位革命偉人，全城懸旗誌敬。

孫氏抵京後下榻迎賓館。孫、袁兩位還是第一次晤面，袁見了這位手創民國的革命偉人，滿臉堆著笑容，握手握得特別親熱。從此三日一大宴，兩日一密談，前後竟談了十三次。

君子可欺以其方，袁使用了另一套手法對付孫氏，孫以誠信待人，竟相信袁。這裏可以從孫給黃興的一通電報中看出：

> 到京後與項城接談二次，關於實業各節，彼亦向有計劃，大致不甚相遠。至於國防、外交，所見亦略相同。以弟所見，項城實陷於可悲之境遇，絕無可疑之餘地。弟到此以來，大消各方意見，兄當速來，則南方風潮亦可止息，統一當有圓滿之結果。

逗留一月面談十三次

中山先生赴北京的目的，是想以德化袁，以誠信使袁合作，所以他的北行任務有三：一是擬吸收袁世凱加入國民黨，且願意把黨魁的地位讓給袁，使袁能為黨所用；二是擬以政黨責任內閣限制袁濫用總統權力，以便與袁真誠合作；三是擬說服袁仍然還都南京，以避免北方腐朽勢力的包圍。

為了表示和袁真誠合作，他和黃興相約，共同放棄競選民國的正式總統，以讓袁在毫無敵手的情況下當選正式總統。他還進一步發表了十年不換總統，以安定國家政治的主張。

是年九月六日，中山先生抽空到張家口去眺望長城景色。北中國的風物，對這位民國偉人是生疏的，他畢生奔走革命，推翻滿清，創建民國，功成不居，退位讓袁，如今以國民一分子，僕僕風塵，不忘國家統一和建設，這種坦蕩的胸懷，實在是令人崇敬萬分的。

可是，他在北方的努力卻白費了；由於袁世凱已是一個入了魔道的獨裁者，他對於這位革命偉人對他的感化，完全沒有反應。民國初年政治陷於動亂，以及袁後來稱帝失敗，皆與這次孫、袁晤面，袁不能接受孫的教誨有很大關係。

中山先生在北京前後住了一個月，和袁的談話共十三次，每次談話自下午四時起到夜晚十時至十二時，更有三四次是談到午夜二時以後。這些次會晤，除了孫、袁兩人而外，有時則有梁士詒參加。這些會談都沒有公布，因此內容是諱莫如深的。

據說有一晚孫對袁說：「國家建設首在交通，兄弟打算在十年內造築鐵路廿萬里，望君能練成百萬精兵，則中國可達富強境地了。」

袁微笑說：「辦鐵路我知先生是有把握的，若練成精兵百萬，則不是一件容易的事情。」

另一晚，孫、袁談到午夜一時，梁士詒送中山先生返行館，中山先生留梁叙談，曾說：「我與項城談話，所見略同，我的政見，他都能領會；但有一事我至今尚不明白，我認為中國以農立國，倘不能於農民自身求徹底解決，則革新根本談不到，欲解決農民自身問題，非耕者有其田不可。我與項城談到耕者有其田的政見，以為項城可能反對，怎知他不但不反對，且肯定認為事所當然，我實在不解是何故？」

梁答說：「先生環遊各國，目睹大地主之剝削；又生長南方，親見佃田者之痛苦，故主張耕者有其田。項城生長北方，足跡未曾越大江之南；而北方多屬於自耕農，佃農少之又少，故項城以為耕者有其田係當然之事。」

孫氏同意梁啟超回國

中山先生是否把他的三個北行目的對袁說了，不得而知；但他曾和袁說到收回硬幣而代以紙幣的政策。他每提出一個問題，袁都擊節讚賞，從沒有不同意。有一天兩人談得興高彩烈時，袁興奮的站了起來，舉手高呼：「孫中山先生萬歲！」孫先生也回報一聲：「大總統萬歲！」

袁對中山先生的態度是親切、誠懇、百依百順，使中山先生誤認為袁的一切並不如傳言中的惡劣。袁從未對孫提過什麼要求，僅只談過一件事是梁啟超的回國問題。袁說：「辛亥年我組織責任內閣時，曾經請梁卓如回國來擔任司法部副大臣，他雖然沒有回國，但此後經常和我通信，我知道他已經放棄了君主立憲的主張，現在允許他回國來參加政治，對我們不但沒有害處，而且多少可得到他的一些幫助。」中山先生立即同意了袁的意見。

原來梁啟超在戊戌政變後，得到日本人山田、小郵俊三郎、野口內多三個人的掩護，由天津逃到日本，從事保皇立憲的運動，中華民國成立後，雲南都督蔡鍔電請黎元洪轉電中央政府，要求起用他的老師梁啟超，這對袁世凱來說，他正想把這個君主立憲派領袖延攬回國，以供他的利用。所以他才如此熱心的向中山先生提議，希望中山先生不念舊惡，給梁以効力民國的機會。

黃興入京受熱烈歡迎

中山先生既然相信袁有合作就範的誠意，於是敦促黃興仍來北京一行，俾免袁心中有所不快。黃興雖不愜於袁的為人，但為調和南北，維持大局起見，乃毅然前往北京。

早在七月中旬，袁即遣蔣作賓持親筆函和照片訪黃，邀黃入京，黃興當時覆袁函如下：

> 慰公先生大總統鈞鑒：日昨由蔣雨巖（作賓）次長交到手書尊照，私衷欽仰，未可言喻。念自南北統一，先生獨排眾議，竭力主持，造福國民，誠推淺鮮。方今建設伊始，經緯萬端，財政日陷於危機，輿論未衷於一致，潮流所至，國本堪虞，尤賴展布鴻猷，以匡大局。興歷年奔走，學殖久荒，才智不及中人，精力亦漸疲憊，臨時政府成立以來，迭次忝膺重任，勉竭駑鈍，實無寸長，退職之餘，方思補過，而賜示乃獎勵逾量，策以方來，命速至京，共籌大計，再三只誦，媿悚彌深。惟是國事關懷，肝胆尚存，深念我公獨當衝要，勞怨不辭，興也何人，豈敢惜此一行，苟安旦夕，雖管蠡之見無可貢獻，而得見君

子，藉聆名言，實所欣願。前因風扇傷手，創痕未愈，近復腳氣發痛，跬步艱難，俟稍就痊可，即當遵命北行，摳衣進謁。茲因蔣次長還京之便，附呈相片，先表企慕之忱，伏維垂鑒，敬頌鈞安！黃興頓首。

元年九月上旬黃興在上海搭銘新輪北上，同行者有陳其美、李書城、張孝準、何成濬、趙鐵、徐少秋、徐申伯、梅同生、楊譜笙、陸惠生、孫棣山等。北京特派總統府顧問官張仲華和旅長陳元白來滬迎接。宋教仁則迎之於天津。九月十一日抵北京，北京政府和各界熱烈歡迎，其隆重僅稍遜於歡迎孫中山先生。第二天，黃興赴總統府拜訪袁，袁同樣的和黃熱烈握手，親切寒暄。廿一日袁正式宴黃及隨來諸人，同座者有參議院正副議長、秘書長、各部總次長及各高級軍官約七八十人。酒酣，袁起立致歡迎詞謂：

「現在世界專制國斷不能成立，非建設共和不可。蓋專制國為家天下，僅以少數人負國家責任，故國事愈頹廢；共和國為公天下，以全國人負國家責任，故國家可振興時至今日，我國非採用共和國體不足鞏固國基。克強先生有見於此，慘澹經營，苦心創設共和，其豐功偉烈，彰彰在人耳目，無俟贅述。在南京留守府時軍隊林立，鄙人未能時時接濟餉項，先生於軍餉缺乏之餘，不僅能懾軍心，並能首倡退伍，此先生至誠感人，是謂武備的精神，望我軍界諸君均以先生武備的精神為模範，然後可維持於不敗。曾國藩曾說：真心愛國百折不回。先生艱苦卓絕成此大業，乃所謂真心愛國百折不回者。鄙人對於先生敬之愛之，莫可言喻。此次先生北來，各界極表歡迎，我兩人相見所談政見均屬相同，先生所籌劃各事皆出於真摯愛國之心，由慘澹經營而來，切實可行，今人言以國家為前提者甚多，大率口頭禪，惟先生真是以國家為前提。」

黃興答詞謂：「今謬蒙大總統獎飾逾恆，愧不敢當。共和成立，實賴大總統救國之決心及國務員與各軍長、師長各位一致贊助，始能收此效果，興極為感佩。現在國基初立，建設之事甚多，大總統代表中華民國人民，當此艱鉅困難之時局，一方面要維持破壞秩序，一方面要建立共和國家基礎，其困難情形可以想見。興此次來京，親見大總統為國宣勞之苦心，及一切規劃，尤為感佩。以後國家困難之事，或較今日為尤甚，凡中華民國之人民，無論在政界、在社會，須出真實愛國心，以贊助大總統建設之偉業。使中華民國與各國立於平等之地位，維持世界之真正和平。此興之所希望於在座諸君，並用以自勉者。」

黃興上書辭陸軍上將

袁以大總統名義頒令授黃興為陸軍上將，黃於十二日上書辭謝，函云：

大總統賜鑒：元年九月七日奉鈞令授興為陸軍上將，聞命之下，愧悚莫名。……興湘上書生，軍旅之事本未嘗學……十年以來，屢蹶屢起，中間亡命海外，雖不敢苟安旦夕，愛惜餘生；然多敗垂成，無功可記。去歲武昌首舉義旗，各省響應，卒致一體贊成，建設民國，時僅三月，兵不蔓延，而大局略定，皆出於我大總統救國之決心，與全國同胞之毅力。興隨諸君子後，強效馳驅，本國民分所應為；乃蒙寵以殊榮，儕之上將，則是不諳武學之身，濫竽軍界……才同下駟，位忝冠軍，時值種瓜，功非老將，倘竟被此榮名，恐無以勵戎行而詔來茲也。況復河口督師，喪吾精銳；粵城苦戰，失我良朋。以及歷年各處相從起義，或運動革命，而身死妻離子散久陷囹圄者，數且千百計。漢陽之役，輿尸多凶，皆為興生平至痛之事。今獨以僥倖殘生，靦膺上賞，回念荒原白骨，塚且壘壘；創造共和，皆諸先烈之碧血所化。曾記日本社會黨有歌云：「彼大將胸間光輝燦爛之物，原非榮譽之金鵄勳章，乃為最可憐之兵卒骷髏。」今之上將頭銜，何以異此！此則興午夜捫心，誦一將功成萬骨枯之句而悲不自勝者也。務懇我大總統俯鑒愚忱，而重視名器，不可濫假，收回成命，使興得為共和國民，免滋咎戾，實所感激，不勝屏營之至。

袁世凱這時正在討好孫、黃，因此對黃謙辭批覆不准，批詞如下：

據呈閱悉，該前留守，奔走國事二十年。提倡共和，改革政體，熱心毅力，百折不回；出死入生，堅苦卓絕。凡所經歷，中外咸知，即起諸先烈於九泉而質之，當無愧色。授以上將，非曰酬庸之典，只徵心理之同。來呈謂共和造成皆諸先烈之碧血所化，撫今悼昔，悲壯蒼涼；蒿目時艱，彌深悚惕。斯則本大總統與國民所當同思刻勵，永矢不忘者也，該前留守謙挹之懷，足以風世，惟事經國務會議，僉謂該前留守各冠軍界，眾論翕然，所請收回成命，礙難照准。

與遜清皇族杯酒言歡

中山先生在北京的活動，非常博大，他認為革命並非以排滿為目的，而是在於以平等地位結合五族匯為大中華民族。因此他這次在北京曾和前清攝政王載灃互相拜會，前清隆裕太后曾命太保世續開放頤和園歡迎他參觀，九月十二日又命貝子溥倫等在金魚胡同那桐宅歡宴孫、黃二公。席間並由溥倫致歡迎詞。溥倫說：

「孫、黃兩先生都是非常之人，所以能建非常之業。這次國體變更，完全是兩先生鼓吹奔走之力，咱們太后久仰孫先生的仁德，且信共和政體為二十世紀大勢所趨，所以毅然以國政還之國人。咱們所期待的是五族一律平等，國基從此永固，皇族受福無窮。」

這天中山先生因感染喉疾，所以沒有講話，改由黃興起立致答辭，黃說：

「這次共和造成，是由孫先生數十年的領導，堅苦卓絕，才使國人聞風景從，人心依歸；如果沒有隆裕太后的明哲，毅然決然主張讓國退位，則革命成功不能如此容易。所以我們今天追源溯始，隆裕后對於民國成立也有莫大的功績。我們大家舉杯為她的健康乾一杯！」

十月三日參謀部在頤和園歡宴革命黨的兩位偉大軍人黃興和陳其美，邀請了前清太保世續作陪。黃興和世續坐得很近，黃問起溥儀這位小皇帝的起居近況，世續說溥儀今年四歲，已經剪了髮，每日讀書寫字甚勤。黃說：「我們今天五族一家，滿清皇族多才，也是民國之福。」

由於這幾位創建民國的偉人在北京的活動，使到退位的滿清皇族感到非常安慰，認為他們今後在新中國裏面是不會遭到迫害或是清算的了。

三巨頭協定八條大綱

袁世凱本希望在民國元年雙十節（即辛亥武昌起義週年紀念）於北京舉行孫、黃、袁、黎四巨頭會議，共同簽署了一個施政綱領。因為民國約法早經公布，可是政府本身並無明確切實的施政綱領，在辛亥武昌起義週年，孫、黃、黎如能聯袂晉京，不僅象徵全國統一，也奠定了袁的總統地位。不巧的是黎元洪因張振武案不敢入京，四巨頭只好改成三巨頭會議。孫、黃、袁三巨頭幾番討論，最後確定了大綱幾條，用電報徵得副總統黎元洪的同意，遂於九月廿五日由總統府秘書廳正式通告，宣布「孫、黃、袁、黎協定之八大政策」，全文是：

民國統一，寒暑一更，庶政進行，每多濡緩；欲為根本之解決，必先有確定之方針。本大總統勞心焦思，幾廢寢食。久欲聯合各政黨魁傑，捐除成見，商榷救濟之方；適孫中山、黃克強兩先生先後蒞京，過從驩洽。從容討論，殆無虛日。因協定內政大綱，質諸國務院諸公，亦翕然無間。乃以電詢武昌黎副總統，徵其同意，旋得覆電，深表贊成，其大綱八條如左：

一、立國採統一制度；

二、主持是非善惡之真公道以正民俗；
三、暫時收束武備，先儲備陸軍人才；
四、開放門戶，輸入外資，興辦鐵路礦山，建置鋼鐵工廠以厚民生；
五、提倡資助國民實業，先著手於農林工商；
六、軍事、外交、財政、司法、交通皆取中央集權主義，其餘斟酌地方情形，兼採地方分權主義；
七、迅速整理財政；
八、竭力調和黨見，維持秩序，為承認之根本。

根據這八大政策，又訂定了實行手續四項協議：

一、實行統一：各省軍政府尚未取消者，電飭其限期取消。一面派員分赴各省調查情形，軍事、外交、交通各司長皆由中央委任，一切軍宜均直隸於中央各部，以期統一；
二、整頓海陸軍：擬籌集專款，速組織陸軍大學，並組織海軍學校，飭由海陸軍部選派人員，赴各國考察；
三、興辦鐵路，已歸孫中山先生辦理，請黃興先生擔任開礦事宜，於北京、南京兩處建設鋼鐵工廠，以能達到全國軍械皆出於自造之目的；
四、資助國民組織實業銀行，農林、工商諸事，官督紳辦，以救政府不及之患。

上項協定和實行步驟，沒有一項提到遵守臨時約法，尊重國會和貫徹責任內閣的一些根本問題，條文有些抽象而不具體。袁當然是達到了目的，因為中央政府好像就是袁個人的中央，且從這個宣言中把一切大權抓到袁手裏，讓他主持軍事、舉借外債，國民黨所主張把首都遷回南京的問題竟隻字沒有提到。只是中山先生被特授以籌劃全國鐵路全權，黃興則被任為漢粵川鐵路督辦。

這就是革命偉人們的熱情和愛國熱心，鬥不過袁世凱這老狐狸的緣故！

宋教仁主持毀黨造黨

民國元年的政黨，可謂五光十色，林林總總。原來在南北議和的前後，許多同盟會會員，事實上是排滿主義（狹義的民族主義），認為革命的目的已經消失，於是便從同盟會中分化出來，另組成了一些為了爭取政治地位的小政黨。它們只是豎起一塊招牌，發出一篇宣言，拉出幾個名氣較大的政治要人作為他們的領袖，以便於進行個人的政治投機。還有些政黨是以地區或歷史關係結合起來的。所有這些政黨都沒有旗幟顯明的黨綱，沒有一定的政治主張。他們視跨黨脫黨為家常便飯，其所擁戴的領袖，也可能兼另外一個黨的領袖；而被推者等於今天兼任公司行號的董事長一樣，是一個掛名玩意，對任何一黨都不關心。

南京臨時政府時期，臨時參議院內部相互對立的政黨，主要的是同盟會與江浙人士章炳麟、張謇為中心的統一黨，臨時政府北遷後，統一黨和以湖北人孫武、藍天蔚、劉成禺為中心的「民社」，以及君主立憲分子籍忠寅、周大烈等所組成的國民共進會三方面聯合起來，於民國元年五月九日成立了一個共和黨，推戴黎元洪為名義上的領袖，成為同盟會的主要競爭者。除了這兩個政黨而外，參議院還有谷鐘秀、張耀曾、吳景濂等的「統一共和黨」，該黨站在第三者的地位，舉足輕重。這個統一共和黨和宋教仁曾有密切的職繫。

由於事實需要，同盟會必須合併許多小黨，完成「毀黨造黨」的目的。因此宋教仁乃以敏捷的政治手段，不僅和統一共和黨取得密切的聯繫；同時與國民共進會、國民公黨、共和實進會三個小黨也取得聯繫。這三個小政黨本是從同盟會和君主立憲派內分化出來的一些混合組織，大家協議合組一個大政黨以與共和黨抗衡。

宋教仁是一個天才的政黨活動人物，他取到同盟會以外四個政黨的協議合併後，遂在八月十一日與各黨代表會議於北京安慶會館，獲致協議。再於八月十三日召集同盟會全體職員大會，推舉宋教仁、張繼等十六人為籌備員，並由總務部發出通告，宣布同盟會改組為一般形態的政黨。孫總理和黃興在上海為此一改變，聯名致電各支部徵求同意。電文如下：

各支部鑒：據北京本部來電云：「連日與統一共和黨、國民共進會、國民公黨協商合併，另行組織，彼此提出條件於下：一、定名：國民黨；二、宗旨：鞏固共和，實行平民政治；三、黨綱五條：保持政黨統一，發展地方自治，勵行種族同化，採用民生政策，保持國際和平；四、採用理事制，於其中推一人為理事長。昨日開全體職員評議聯合會，合併條件已通過」云云。文等以上列條件與本會宗旨毫不相悖，又得此多數政黨同心協力，將吾黨素所懷抱者見實行，此非獨同人之幸，亦民國前途之福也，文等深為贊成，且同盟會成立之始，其命名本含有革命同盟之意義，共和初建，改為政黨，同人提議更名稱者益眾，即此時而易之，可謂一舉而兩得矣。特此通電貴支部，務求同意，以便正式發表。文等屢承袁大總統遣使持函來邀，已定十七日起程北上，賜覆即交北京同盟會本部為盼。孫文、黃興。

元年八月組成國民黨

中山先生到北京的第二天，同盟會即宣布與統一共和黨、國民共進黨、國民公黨、共和實進會合併，成立國民黨，這是民國元年廿五日的事。國民黨成立大會在北京湖廣會館舉行，孫總理親自出席，並發表了組織新黨的演說。依規約第四章的規定，推選職員，計理事九人：孫中山、黃興、宋教仁、王寵惠、王人文、王芝祥、吳景濂、張鳳翽、貢桑納爾布。參議廿九人：胡漢民、柏文蔚、陳錦濤、李烈鈞、張繼、蔣翊武、孫毓筠、譚延闓、尹昌衡、于右任、馬君武、田桐等。名譽參議鈕永建等七人，各部幹事三百餘人。九月三日由黃興、宋教仁、吳景濂、王寵惠、王芝祥、王人文、貢桑納爾布七理事互推孫中山先生為理事長，中山先生並遴請宋教仁代理理事長。

宋教仁是個政黨組織的好手，他年輕，能說會寫，不僅是一位天才的演說家，而且還是一位有名的政論家，經常用「桃源漁父」的筆名在報上發表政見。他早年參加過萍醴起義，與蹈海而死的陳天華同為「華興會」中頭角崢嶸的人物。南京臨時政府成立時，他是湖南所派的參議，在修改「臨時政府組織大綱」時，他極力主張採行法國式的責任內閣制，反對美國式的總統制，這個主張連孫中山先生都不同意。由於他少年氣盛，別人都說他想做內閣總理，於是南京臨時參議院通過臨時政府組織大綱時，不僅不是責任內閣制，而是總統制，根本連內閣總理都不設置，由各部總長直接向總統負責。甚至孫大總統提出宋為內務總長時，參議院也不予通過，而改提程德全遞補。

當中山先生把臨時大總統一職讓給袁世凱時，大家又覺得總統的權力太大，怕袁濫用職權，施行獨裁，乃把臨時內閣組織大綱修改為臨時約法，將總統制改為內閣制。

革命黨人雖然對名位看得很淡，但是都有強烈的責任感，因此宋教仁想做內閣總理是可能的。南京臨時政府結束時，宋所持的政見和中山先生有很大的距離，中山先生主張將政權讓給袁後，同盟會退而為在野黨，以鞭策政府；宋則主張「毀黨造黨」，放棄同盟會的名稱，吸收其他小政黨，組成一個大政黨，在國會中成為第一大黨的地位，由國會的多數派進而組織責任內閣。宋的主張是：放棄在總統問題上、和軍事實力上對袁鬥爭，應在國會方面取得優越地位，使袁的總統沒有權力。這個主張很快就得到同盟會會員的熱烈支持，才有國民黨的組成。

楊度不入黨黃興光火

這一時期的國民黨，組成分子極為複雜，龍蛇混雜，投機分子甚多，因此宋教仁的「毀黨造黨」目的只達到了擴大同盟會組織，並未把國民黨變成一個堅強有組織的政黨。

國民黨成立後，宋教仁所致力的是在國會中控制多數，同時準備在正式國會議員舉中贏得勝利，以備將來組成一黨內閣；黃興則致力爭取各色各樣的人入黨；他以為無論你是何等樣人，只要入了國民黨，就可以漂染你成才。黃興本不願意來北京的，怎知他入京後，受到袁的迷惑比中山先生更厲害，他不止是到處勸人入黨，而且當面邀袁世凱入黨，並且承諾推袁為黨的領袖。他認為：不論生張熟魏，不論為敵為友，只要今天肯加入國民黨，大家就是同志。所以他除了拉袁入黨外，還以十二分的誠意拉楊度、拉趙秉鈞等人入黨。

袁沒有當面拒絕黃的邀請，也不肯做正面的答覆，但卻把這件事偷偷的告訴了楊度，袁說：「哲子，你看我像個革命黨嗎？」他一面流露著奸雄的笑容，一面又說：「如果他們不堅持責任內閣，我們便做個革命黨玩玩。」

楊度本是中山先生和黃興締交的介紹人，早在十年前他在東京時，就婉拒中山先生的邀請加入同盟會，所以他對革命和國民黨都是沒有信心的；他這時已經死心塌地的選中了袁世凱，因此他自不會接受黃興的提議。他根據袁世凱的意思寫了一封信給黃興，函云：

> 前承不遺，邀入國民黨，只以才識無似，未敢遽諾。近日京中貴黨幹部諸君繼續招邀，議及黨略，度以為貴黨以前之經過，及以後之行動，皆不免於困難者，實為政黨內閣四字所縛，雖云根據學理，然貴黨從前對於項城尚未充份信用，含有防閒政策，亦事實之昭然。度意此後貴黨對於民國，對於總統，宜求根本解決之方，若不信袁，則莫如去袁，而改舉總統，度必勸隱，袁必樂從。若能信袁，則莫如助袁，而取消政黨內閣之議，宣布全國以

求實際溝通，度方可有效力之處。若仍相挾相持，互生疑慮，實於國家大計有損，非上策也。度姑以黨外之人預為建議，自分於貴黨黨員，關係甚淺，不敢輕於投身，乞公據度此電，通電全國貴黨本部支部，徵集意見，若多數贊成鄙意，見諸實行，方敢追隨左右，不僅以此覘貴黨之方針，且以此卜一身之信用。進退所關，伏維裁察是幸。

楊度的這一表示，使得黃興等大為光火，入黨還附有條件，於是國民黨對楊度只好關門了。

袁氏不知政黨為何物

趙秉鈞是加入了國民黨的，據說他是奉袁的命令而加入，藉此充當內線。趙對人說：「我本不曉得什麼叫做『黨』？不過有許多人勸我入黨，統一黨也送黨證來，共和黨也送黨證來，國民黨也送黨證來，我有的拆開看看，有的根本擱置不理，我何曾懂得什麼黨？」

據說袁世凱一生不會辦的事是財政，其實他一生不會明白的是政黨，他把「黨」當作玩弄的工具。陸徵祥時代標榜超然，袁便主張所有總統府的職員都不許入任何黨派。孫、黃入京後，袁又主張大家入黨。他心中的政黨確是玩玩的！

甫告成立的國民黨，前面已經提到，組成分子並不夠堅強。中山先生是一位當然的領導人物，中山先生而下，大家有所謂黃系和宋系之分。其實黃興和宋教仁自己都無各樹派系之意，不過，兩人之政見或黨見各有不同，遂有涇渭之分。譬如說，宋一直主張責任內閣，黃則不主張。

同盟會改組為國民黨時，則為宋一人之力；至於在北京奔走、參與密謀的是胡瑛、張耀曾、李肇甫、魏宸組等。黃興任南京留守時，主張國民捐，主張換紙幣，而宋則反對；黃主張建都南京，宋則主張建都北京。因為有這些分歧的意見，大家遂把兩人分為兩大派系。其實，黃、宋確是只知為國，不為己謀的。

黃興在北京除了想拉袁世凱、楊度加入國民黨而外，一切表現的都是熱誠過人，可是在嚴格的政黨理論和組織上，他卻和宋教仁有很大的距離。可惜他兩人都死得太早了！

民元　國父與袁世凱會談記

周開慶

民國元年八月，國父應袁世凱的邀請，由滬北上，二十四日抵北京，先後與袁晤談共十三次，於九月十八日離京赴太原，在北京共留二十五日。這是國父一生三次到北京的第二次，第一次是在民元前十八年六月，他偕陸皓東北遊津京，以窺清廷的虛實。第三次入京是民國十三年十二月三十一日，因病於十四年三月十二日逝世他在那裡。國父與袁世凱晤談，這是第一次，也是最後一次。這次國父北上，對袁頗抱期望，有心助其完成全國之統一和建設，不意袁利令智昏，不久而暗殺宋教仁案以及善後大借款等違法亂紀事件相繼發生，國父對袁遂正式加以申討。此後袁帝制自為，終於民國五年羞憤而死，國事亦愈不堪問。假使袁於與國父晤談後，能衷心接受國父當時一片精誠的感召，公忠為國，則國家前途和袁氏個人事業的發展，絕不至如像後來那樣悲慘的結果。談到民初這些往事，不禁令人生出無限感懷。

國父與袁世凱會談經過

國父自民元四月一日解卸臨時大總統任，便漫遊武昌、上海、福州、廣州、香港等地。當國父抵廣州時，袁世凱即致電邀請北上，並擬派其長子克定到上海相迎。六月，國父北返上海，袁又再電促駕。那時京津黨人，以袁殘殺革命同志，包藏禍心，都不主張國父北上。國父則以當時大局混亂，願與袁當面懇談，合力澄清，所以不顧個人安危，毅然北上與袁會晤。

國父和袁會談經過，《三水梁燕孫先生年譜》有較詳的記載。梁燕孫即梁士詒，當時任總統府祕書長，孫袁談話，每次梁均參與，所記當屬可據。年譜編者岑學呂，文中所稱先生即指梁士詒，這一段記載如次：

> 民國元年八月二十四日，前臨時大總統孫文入北京。中山先生自南京解臨時大總統職後，周歷各省，宣傳主義。袁總統迭電邀請晉京，晤商要政。至是抵北京，政府及市民為盛大之歡迎。約留一月，與袁會晤共十三次，每次談話時間自下午四時至晚十時或十二時，更有三四次談至二時後者。每次會晤，只孫袁及先生三人，屏退侍從。所談皆國家大政，中外情形，論事最為暢洽。一夕孫語袁，請袁練成陸軍一百萬，自任經營鐵路，延長二十萬里。袁微笑曰：「辦路事君自有把握，若練精兵百萬，恐非易易耳。」某夕夜深，先生送回行館，中山要先生敘談，問曰：「我與項城談話，所見略同。我之政見，彼亦多能領會。惟有一事我至今尚疑，君為我釋之。」先生問：「何也？」中山曰：「中國以農立國，倘不能於農民自身求徹底解決，則革新匪易。欲求解決農民自身問題，非耕者有其田不可。我說及此項政見時，意以為項城必反對。孰知彼不特不反對，且肯定以為事所當然，此我所不解也。」先生曰：「公環遊各國，目睹大地主之剝削，又生長南方，親見佃

田者之痛苦，故主張耕者有其田。項城生長北方，足跡未嘗越大江以南，而北方多屬自耕農，佃農少之又少，故項城以為耕者有其田係當然之事理也。」中山大笑。

袁約國父北上，同時亦邀請黃興入京，故在八月十三日孫黃聯名致各支部徵求同意同盟會改組為國民黨一電中，有「弟等屢承袁大總統遣使持函來邀，已定十七日起程北上」之語，但黃並未與國父同行。國父入京與袁相見後，乃電促黃先到北京一行。原電謂：「到京以後，項城接談兩次。關於實業各節，彼亦向有計劃，大致不甚相遠。至國防外交，所見亦略相同。以弟所見，項城實陷於可悲之境遇，絕無可疑之餘地。張振武一案，實迫於黎之急電，不能不照辦。中央處於危疑之境，非將順無以副黎之望，則南北更難統一，致一時不察，竟以至此。自弟到此以來，大消北方之意見。兄當速到，則南方風潮亦止息，統一當有圓滿之結果。千萬先來此一行，然後赴湘，幸甚。」黃得電後，即於九月十一日抵京，與袁會晤。從上引電文裡，可以看出當時國父要促成全國統一的期望和熱忱。

國父與袁世凱會談內容

國父與袁世凱會談的內容如何呢？上面已略有提及，以下再分述如次：

第一是助袁統一建設：民國初成，國父辭卸臨時大總統，而推薦袁繼任。當時南方人士，疑袁將帝制自為，擁護共和非出真意，故有倡南北分治之說者。國父以時局混沌，絕非國家民族前途之福，乃竭力設法調和南北意見，號召國民黨同志，以全力贊助政府及袁世凱。此次之毅然北上，就是這種意向的具體表現。所以他在八月二十八日袁氏歡宴席上致詞，即明白表示：「欲收真正共和效果，以私見所及，非十年不為功。今袁總統富於政治經驗，擔任國事，可為中國得人慶。」又於同月二十九日與北京各報記者談話時說明，他不願擔任第二期總統，他說：「我有自由權，國民不能相強。第二期總統，仍以袁總統為宜。」國父如此一再明白表示，不外推重袁世凱，使其消除猜疑，安心為國服務。迄至是年十月五日國父返抵上海，在國民黨歡迎會上演講：「國民黨當以全力贊助政府」，尤足以顯示當時國父欲助袁統一建設之一番誠意。

第二是實行鐵路政策，這是國父與袁會談的又一重要項目。國父以民國成立，民族民權兩主義已獲初步成就，今後致力方針：「必須極力振興實業，講求民生主義，共濬富源，使我五大族人民，家給人足。」（見在袁世凱歡宴席上答詞）而振興實業，以發展全國交通為入手要著，所以主張於十年內要建築二十萬里鐵路。國父與袁會談願自負經營之責，一方面是實現自己的懷抱，一方面也是表示與袁合作。袁氏接受了國父的主張，於九月九日發布明令，特授國父以「籌畫全國鐵路全權」。九月十五日國父在北京國民黨歡迎會上演講：「余此次來京，所極欲辦者為鐵路。今幸得參議院諸公及大總統之贊成，又已奉大總統命令，自當積極進行。」可見國父對於此事之重視。

第三是充實國防力量。國父自願負責只築鐵路，而勉袁練兵以充實國防。在袁氏歡宴席上國父說：「中國向以積弱稱，由於兵力不強。前袁總統在北洋時，訓練兵士，極為得法，北洋之兵，遂雄全國。現共和粗建，須以兵力為保障。昔南非洲有某二共和國，以無兵力，卒至被人吞沒，可見共和國家，無兵力亦不足救亡。今幸有袁總統善於練兵，若以中國之力，練兵數百萬，足以保全我國領土，外國人斷不敢侵略我邊圉，奴隸我人民。」交通實業發達，人民既庶且富，「又有強兵以為之盾，十年後當可為世界第一強國」。

第四是主張還都。國父認為「北京乃民國首都，而東交民營乃有大砲數尊，安置於各要隘，殊與國體大有損辱。且北京乃前清舊都，一般腐敗人物，如社鼠城狐，業已根深蒂固，於改良政治，頗多掣肘。又以地勢衡之，北京地點偏於東北，當此滿蒙多事之秋，每易為外人所挾持。」所以他在北京參議院歡迎會上演講說：「兄弟來京，認此為最大問題，二三日後，即將與袁總統詳細協商。在袁總統對此亦無甚成見，將來不難得其同意。」於此可見遷都問題，當為國父與袁會談主要題目之一。

此外，就《國父全集》所載：國父與袁談話記錄，袁氏對於借款問題，軍民分治問題，以及西藏獨立問題，曾分別提出徵詢意見，國父均一一作答，這裡不必引述了。

袁世凱發表協訂內政大綱

在國父訪袁離京後一週，即九月二五日，袁世凱發表了與國父協訂的內政大綱八條。在九月二十六日的政府公報上，是以〈大總統祕書所紀錄〉的標題發表的。原文題目為〈大總統與孫中山黃克強兩先生暨黎副總統協商訂定內政大綱八條〉，全文如下：

民國統一，寒暑已更，庶政進行，每多濡緩，欲為根本之解決，必先有確定之方針。大總統勞心焦思，幾廢寢食，久欲聯合各政黨魁傑，捐棄人我之見，商榷救濟之方。適孫中山黃克強兩先生先後蒞京，過從驩洽，從容討論，殆無虛日。因協定內政大綱八條，質諸國務院諸公，亦翕然無間。乃以電詢武昌黎副總統，徵其同意，旋得覆電，深表贊成。其大綱八條如下：

一、立國取統一制度。

二、主持是非善惡之真公道，以正民俗。

三、暫時收束武備，先儲備海陸軍人才。

四、開放門戶，輸入外資，興辦鐵路礦山，建置鋼鐵工業，以厚民生。

五、提倡資助國民實業，先著手於農林工商。

六、軍事外交財政司法交通，皆取中央集權主義；其餘斟酌各省情形，兼採地方分權主義。

七、迅速整理財政。

八、竭力調和黨見，維持秩序，為承認之根本。

此八條者，作為國民共和兩黨首領，與總攬政務之大總統之協定政策可也。各國元首與各政黨首領互相提攜，商定政見，本有先例。從此進行標準，如車有轍，如舟有柁，無旁撓，無中阻，以專趨於國利民福之一途，我中華民國，庶有豸乎。大總統府祕書所記。

上引文件，除在政府公報刊登外，袁氏並以自己名義，通電各方，電文除在「大總統」三字上加一「本」字外，與上引全同。

上文中有「電詢武昌黎副總統，徵其同意，旋得覆電，深表贊成」等語。此項去來電文，現載《袁大總統書牘彙編》中，袁致黎電稱：「連日與孫黃二君，商榷內政進行方針，由凱開出大綱八條（見前，略）。以上八條，孫黃皆表同情。如執事亦予贊成，即作為我四人協定政策。嗣後進行事件，即懸為目的，以決疑義，而杜龐言。諸祈教正，盼速電覆。」黎氏覆電稱：「捧讀篠電，八大政綱，茲事體大，於中國政治前途，極有關係。大總統具闓中肆外之嘉謨，奮長駕遠馭之偉略，熟籌審度，計出萬全。孫黃兩先生業表同情，元洪粗知大義，自當贊成。政策聿定，公理無殊，交資互益，勉為後盾。嗣望時加訓誡，無任悚惶。」同時袁並將大綱徵詢黃興意見，黃氏覆函、載於十月一日政府公報，原函謂：「入京以來，屢次進謁，渥蒙賜教，並垂詢一切，感佩殊深。昨承示內政大綱八條，關係民國前途，極為重要。興才識疏淺，於政治素少研究，然顧念大局，允宜亟定方針，覩茲偉畫，實所贊同。」云云。

袁世凱言與行道違誤國自誤

上引內政大綱八條，自為國父與袁會談中之一重要文獻。國父正式贊同此項大綱之文電，雖至今未能查出，在現存演講中，亦無提及內政大綱八條字樣；但各條主張，與當時國民黨之政見，實亦無甚衝突之處；國父於十月五日返抵上海，對國民黨歡迎演講時，並勉勵「國民黨同志，當以全力贊助政府及袁總統」，可見國父當時對於袁氏的政見，自表贊同，並具有助袁統一建設之一番熱忱。而袁氏在與國父會談中的各種表示，似亦頗能接受國父的主張，共謀國是。不意為時不久，袁即言與行違，違法亂紀之事，層見迭出。到了民國二年七月，國父遂不得不電勸袁氏辭職。電中曾謂：「文於去年北上，與公握手言歡，聞公諄諄以國家與人民為念，以一日在職為苦。文謂國民屬望於公，不僅在臨時政府而已，十年以內，大總統非公莫屬。此語非對公言之，且對國民言之。自是以來，雖激昂之士於公時有責言，文之初衷未嘗少易。何圖宋案發生，證據宣布，愕然出諸意外，不料公言與行違，至於如此！」又在民國十二年所撰《中國革命史》裡，國父回憶這一段的經過說：「余於袁世凱繼任時大總統也，固嘗以小康期之，乃倡率同志，退為在野黨，並自任經營鐵路事業。蓋以為使國無大故，則社會進步，亦足以間接使政治基礎，臻於完固。如此，則民國之建設，雖稍遲滯，猶無礙也。顧袁世凱之所為，則無一不與民國為仇，其不軌之心，日甚一日。於是有剗除南方黨人勢力根據之計劃，有推倒民治恢復帝制之決心。」終之誤國自誤，造成民國十餘年紛紜擾攘之局。袁氏辜負國父當時推誠相與的一片熱忱，致使國家民族亦受其無窮的禍害，我們現在再來回溯這一段往蹟，真不禁有無限的感懷！

宋教仁被刺秘聞

余青

前記

癸丑討袁，是民國初年的一件大事。袁世凱因為嫉忌國民黨，畏懼宋教仁，乃不擇手段，指使心腹趙智菴（秉鈞）、洪述祖等，輾轉密遣流氓浪人應夔丞（桂馨），賄買武士英等人，在上海北火車站開槍射擊宋教仁，彈中要害，不幸喪生，國人悲慟不已。

所喜破案神速，應桂馨、武士英等人同時被捕，並搜得趙秉鈞、洪述祖和應桂馨往來密電。在短短幾天之中，全案偵破，當年上海的報紙，對於這一有關民國政治史的巨案，記載尚詳。但當時因有種種原因，仍未能完全詳盡宣布全貌，前幾年，筆者從姨父口中，得知很多未曾公布的內幕珍聞，茲特將姨父所述當年破案時的實際情形，以往國內報紙所未及採登的，詳細寫出來，供《中外雜誌》補白。姨父原是破獲該案參加逮捕應桂馨、武士英的當時人某君的妹夫，對宋案知道得非常確實而詳盡，可供史家考證。

袁欲獨裁亟思去宋

宋教仁先生湖南省桃源縣人，別號遯初，筆名漁父，清末民初上海《民立報》常載其社論，時宋任該報總編輯，是國民黨中最有抱負的領袖人物之一，中華民國臨時約法，就是宋教仁在辛亥年費了一夜之力一手草成的。袁世凱既在北平就臨時大總統職，對於主張民治的國民黨，便十分嫉妒，尤其對於宋教仁一夜草成約法，知道他是位非常人物，所以格外畏懼他。民國第一屆國會選舉（當時係兩院制，分參議院及眾議院。）國民黨因獲得廣大民眾的支持，選舉結果，在華南華中十一省當選的議員，國民黨黨員佔絕大多數，宋教仁即在湖南以最高票當選。依據約法規定，總統任命國務總理，組織內閣，必須將閣員名單，提交兩院通過，方可正式任命。袁世凱預料他自己的羽黨組閣，兩院決不會通過，不得已就竭力籠絡國民黨，尤其希望宋教仁為他所利用，宋教仁不受袁的利誘，而出任內閣總理的呼聲甚高。

袁世凱深知立憲政治的實權，在於內閣，總統不能離開內閣單獨行動。於是，決定刺殺宋教仁，以消除政敵，然後由他的羽黨組閣，任憑他弄權操縱，獨斷獨行。

上海北站槍聲突起

刺殺宋教仁的詳細計劃，事先非常祕密，袁世凱、趙秉鈞、洪述祖為主謀人，應桂馨是實際的執行人，應桂馨利用殺人不眨眼的羽黨，把各事準備好，等待宋教仁由湖南來到上海時，偵知宋教仁決定某天晚上要坐滬寧鐵路（即京滬路）夜車從北站出發，再由南京轉道津浦路北上，於是決計實行謀殺，因南方為民黨勢力範圍，其原定計劃，必使宋教仁死於濟南附近，刺客可以規避責任，又可示威。袁世凱在表面上還電宋教仁到北平去商量國事，其實是袁的詭計。應桂馨經趙秉鈞、洪述祖的催促，見事機急迫，乃命他手下臨時雇傭的刺客武士英等三人到北站去實行暗殺。刺客三人中，除在監獄裏被毒斃命的武士英外，還有兩人，一是小寧波，另一人姓名不詳。開槍即是武士英一人，其餘兩人，僅在車站把風，又傳小寧波也曾開一槍，但未命中，這點無從細考。那時宋教仁正跟許多國民黨送行的政要如黃克強（興）、居覺生（正）、于右任等，走近柵門，正要進入月臺，不意槍聲遽響，秩序大亂，跟宋教仁靠得最近的是黃興，因此當時黃興左右的人，還誤認黃已遇刺，後來見到宋教仁受傷倒地，送行諸人員立將宋教仁抬到汽車裏，飛送上海老靶子路鐵路醫院救治，無奈時值深夜，醫生都已回家，無人診治，這時國民黨上海交通部交際主任周南陔已趕到，在醫院裏四處打電話，催請醫生，通知報館發新聞緝兇。周南陔辦事極為幹練。

三槍中一神智仍清

先是宋教仁早先上車時，由交際部幹事吳頌華赴站招待，周南陔另有宴會，在某地聚會中坐席甫半，忽有安徽眾議員陳策進入報告宋教仁在北站被人槍擊，但不詳其情。周南陔立即辭出，同席有王全發（號季高，曾任筆者故鄉紹興都督）向周說：「我的車快，我陪你一同去吧！」王自開汽車與周同往，王的駕車技術，在當時非常高超，王周兩人到了北站，站長等人都認識周，告以槍擊情形，並說宋教仁已被送到鐵路醫院去了，王周隨即駛往醫院，但見宋教仁在樓下一間小屋裏，坐在板床上，神智很清，絕不模糊，只有于右任與居正二位在側，當時因深夜，院內並無醫生，經周南陔打電話到各處找了好久，才來一位醫生和一位女看護，共扶宋教仁上樓，安臥在某號病榻上，醫生驗明傷在腰部，槍彈未出，深夜不及開刀，決定到翌日天明時施行手術。

當晚宋教仁睡臥在小病房木板床上，跟于右任、居正商量發電報給袁世凱，對於電文措辭，三人斟酌再三，才得定稿，起稿時，一面說著，一面由周南陔在榻旁筆錄，其中有「為奸人狙擊，計發三槍，中者僅一」等句，是宋教仁親口所述，電文由周南陔坐著王季高汽車（跑車，王有好幾輛汽車），親送到四川路福州路電報局去拍發，事畢，回到醫院，已是凌晨二時左右。

宋教仁平日自奉儉約，受傷時所穿西裝已敝舊，褲腰上的鈕扣係薄洋鐵質，且已發銹，武士英所發射的子彈。正好把鈕扣射碎，穿進腰去，侵到腎部，這是加重傷勢的一大原因。鐵路醫院醫師因宋教仁傷勢十分嚴重，特與黨方商量，邀請滬上手術最高明的名醫會診，最後邀請到德國兵艦上一位外科解剖專家，於次日下午替宋教仁動手術取出子彈，手術時，組織裏為鄭重起見，特派于右任到現場（樓下手術室）從旁監督，子彈從前面胸下腹上取出後，傷勢仍無起色，反漸加重，晚飯時，宋教仁頻頻呼痛，醫生及看護急為注射止痛劑，痛苦略減，但不久又痛，到了夜半，已入危險狀態，周南陔招待黨內黨外各方面來院探病的要人，日夜不離病院，又到榻前問詢，隨時用電話分頭向各政要報告，夜半彌留前，居正、陳英士兩人先到，黃興繼來，其時宋教仁，已不能言語，諸人環繞病榻，莫不嗚咽失聲。氣絕時，黃興、陳英士分坐病榻兩旁，各執宋手，再三說：「遯初！放心！我們要代你報仇的！」黃興操湖南音，陳則湖州官話。其時宋雖不能言，但仍認識黃、陳兩人，又因痛苦過度，宋教仁的頭在枕上轉側不停，眾屬周南陔從床欄上扶持其頭，直到天明時呼吸停止，周南陔才得放手。

四川學生指引兇踪

此一驚人巨案發生後，國民黨對於緝拿兇手，非常認真，凡是黨內幹事，及在滬黨員，幾全體行動，分頭尋找線索，當時黨部的組織如下：國民黨上海交通部（實即是總部，因要人物都在上海，國民黨以南方為根據地，上海又是南方唯一要地）設在南京路拋球場沿馬路通運公司樓上（即有名的亨達利鐘錶行隔壁），部長是居正，下設總務、財務、交際文書等各部門，總務長龐青城，財政長王一亭，交際長周南陔，文書長張默君（邵元沖夫人），當時國父孫中山先生及黃陳諸人都聚集在上海，感於宋教仁被刺殉難，萬分悲痛，對主使之人，大有食肉寢皮之慨，宋案要犯的被捕，及種種祕密電文的發覺，都在無意中成功，其線索的尋得，說起來真有些像天意相助呢？

在宋教仁出殯的當天晚上，有兩個潦倒不堪的四川學生，親到國民黨交通部所屬的交際部，說是要謁見主任，有機密事報告，遂由主任周南陔接談，二人異口同聲的說：「我們因為來滬投考學校，住宿在四馬路鹿鳴旅社，隔壁房裏，有一衣衫不整，面貌不像善類之人，住了多時，據說攜有一幅古畫來上海找買主的，那人自稱姓武名士英，每天早出晚歸，常到我們房裏閒談。一天，向我們借洋兩塊，他說：有人提拔他，叫他去幹掉一件事，成功之後，即可大富貴，那時報答你們兩位，可以十倍奉還。他又給我們一張照片，原來是印在明信片上的，他說：此人不好，可殺，是我們對頭等語。又拿出一張名片，說是提拔他的上海有名人物，當時我們將信將疑，就借給他兩塊錢，後又陸續借去共七元二角，直到前日深夜，武士英果來還我們的債了！神情極為慌張，但很得意的樣子，他說：好了。並將身藏鈔票一疊向我們顯示，想必是領到賞金了！第二天報上載宋教仁先生被刺消息，並有照像刊出，與武士英給我們看的照片，竟是一人，因此特來報告。」

周南陔聽了，事實離奇而又可信，不敢怠慢，就細問那學生說：「武士英給你們看的那張名片，他說是上海有名的人，記得姓名嗎？」兩學生思索良久說：「當時沒有十分注意，實在記不起來了！」周又叫他們細想一點印象，兩學生說：「那名片上的姓，說普通並不普通，說生僻也卻不生僻，但記得有長長的一撇，其餘卻已想不起來了！」

周南陔立即報告陳英士先生，一面派人隨同學生到旅社守候武士英，準備他回來，相機探察，兩位學生當然就是眼線。陳英士先生的一班幹部人員，大家詳猜這個主使犯的姓有一撇的，煞費了一番苦心，竟難猜透，是姓虞嗎？姓唐嗎？是廖？是廉，是周是方？一個個猜透過了，還是莫衷一是，陳英士先生說：「根據『上海有名的人』一語，也許姓虞的倒很相近。」（筆者按：當時陳英士先生誤認為上海有名的「財神爺」虞洽卿）那裏知道事實上卻是個姓「應」的，除了「六壬卦」「文壬課」，誰能料得到呢？

逮捕應桂馨的經過

周南陔派了部內的幹員數人，在鹿鳴旅社武士英對門開了一個房間，祕密守候了一日夜，那武士英仍不見回來，周南陔向陳英士商議，決定先行搜查武士英的房間，不料搜查結果，什麼證據都沒有，只發現一張「應桂馨」的名片，這才恍然大悟，原來姓有一撇的就是這位仁兄，那時應桂馨是公職人員，身任江蘇省水警廳長，在官場和社會聞人兩界，極有手面；日前宋教仁出喪到斜橋湖南會館時，應桂馨還在場照料，甚為慇懃，又誰料其內幕如此奸詐呢！陳英士對於革命，素抱勇往直前，不顧成敗利鈍的精神，既發現了應桂馨的名片，就立即密告英法兩捕房，急速逮捕應桂馨，發動已在晚間，應的住宅在法租界西門路文元坊沿馬路，門前有電車軌道，這一天應本人正在英租界老民和里某妓院宴客，陳英士派周南陔、陳惠生等，率領幹員，會同捕房探捕（周邀探長阿姆斯脫朗親往）實行逮捕，但絕未透露風聲，當時應桂馨在民和里妓院宴客尚未散席，周陳等人事先已查訪明白，直奔民和里，探捕在妓院四週，放出步哨，應桂馨正在樓上廂房中呼盧喝雉，興高采烈，周陳與應本是熟人，當由周南陔入門在樓下，吩咐相幫（龜奴）請應大人下樓，說有要事面商，應聽了坦然下樓，邀周南陔上樓晚餐，並說今天賓客不多，你來得巧，不用客氣。周南陔說：「有一句話要面談，我們到外面去談一下，再來入席如何？」應桂馨不疑，走在周南陔前面跨出大門，那時西探長阿姆斯脫朗正密伺在門外，他本也認識應桂馨，不由分說將應雙手握住，另有一人抱住應的腰部，防他掏摸手槍，更有探捕多人，將他簇擁著押進停在民和里街口的「香港」汽車（上海捕人汽車，內行人語）。立刻風駛電掣般開往南京路老閘捕房，從貴州路後門而入。同時另行派出的幹員，亦已隨同法捕房人員，到文元坊應宅實行搜查，可是搜了半天，一點證據都沒有得到。

文元坊用計賺密電

文元坊應桂馨公館，是三樓三底房子，陳設相當闊綽，應桂馨有妻妾三人，家裏每天進出的賓客游手好閒之輩不計其數，辦案幹員先將後門把守，但都守在門內，不使外面人知道，並禁止應宅無論任何人不許出門，如門外有人來到應宅，一進門就被拘住，當將應宅男女賓客及閒雜人等一律分別軟禁，女眷在樓上廂房，男女在樓上西廂房，都不准行動，分派妥當，就開始搜查，在應桂馨的三上三下房子裏，翻箱倒篋，衣櫥文具抽屜鏡架，各處都詳細查過，竟沒有關於刺宋的片紙隻字，時間已過了午夜：大家不勝焦急，因為那時武士英尚未捕獲，要是人證物證都沒有著落，應桂馨又是個有能力有手腕的人，勢將奈何他不得，而對於捕房，更是無從交代，到了這時，勇邁絕倫，字典上素來沒有「難」字的陳英士，接到電話報告之後，也不免焦灼起來，待要到應的其他祕密辦事處想辦法，而一時急切不得頭緒。好個交通部交際長周南陔，眉頭一皺，計上心來，他在老閘捕房把應桂馨收押之後，接到文元坊搜查人員的電話催促，立即趕往應宅，又赴各要人處往來路上，想得一計，到了應宅，對那些軟禁在樓上十分慌亂的女眷，聲稱他是應桂馨在捕房接頭過的心腹友人，周南陔走到幾位應的姨太太跟前，裝得很是機密的樣子，低聲的向她們說：「你家大人託我回來安慰你們不必著急，事情有眉目了，到明天就可解釋明白，但是有一個祕密文件的地方，應大人關照把文件趕快取出來，祕密交給我，以便做好手腳，快點，快點！」又說：「那位是曉得這地方的太太呀！」

當時周南陔的神氣活像是應家至親好友模樣，而且警探森嚴中，來往自如，當然使見者知其為神通廣大之人，應妾果然中計，便有一人站起來說：「是我曉得的，但這裏如此嚴禁，那能弄法？」周說：「有我不要緊，你快點去拿好了。」應妾就在廂房地板上撥動活板，掀開後，有一小箱子，另外還有烟土等物，周把箱子取出，如獲至寶，又問還有別的要緊東西沒有？應妾說：「全在這裏面。」周乃送應妾到原處，立即喚幹員就地詳細檢查（各房探捕守門，房內非常清靜），內藏文稿密碼本及其他文件不少，就立刻先將電報檢閱或翻譯，花了好幾個小時，如署名之別號等，輾轉推尋，祕密始完全顯露，其中最重要的證語，是用「梁山匪魁」四字代替宋教仁的姓，洪述祖給應桂馨的電文裏，又有「毀宋酬勳」字樣，方知應桂馨刺殺宋教仁，不但貪圖厚利，還有酬廣勳位的希望，尤要者，宋死之夜，應報告電中，有「就擒」及「轉呈極峯」等語，於是袁世凱主使及其殘害民黨手段的毒辣，暴露無遺了！來往有關各電，由周南陔親到電信局對號對碼，逐件逐字，檢覆無訛，並由局中收發拍電等原經手人一一簽字為證，確實不容狡賴。

武士英報名投羅網

自從發現了密電證據之後，雖案情大白，但審訊經過，引渡手續，非常麻煩，以種種原因，極費躊躇，困難周折萬狀，黨方律師之一為黃鎮磐，湖北人，後任最高法院刑庭長，出力很大，本案引渡上海本地法院訊辦時（尚未定獄），當將應桂馨、武士英等拘押在城裏「地方監」的牢獄裏，應桂馨是從武士英的口獲到線索牽連出來的，俯首就縛，非常順利。但是那個實行殺人犯武士英，到那裏去找？說來更是奇巧有趣，更順利容易，也許是宋教仁在天之靈，暗中呵護之故。原來就在搜查應桂馨公館的當晚，應某手下不少遊手好閒之徒，軟禁在一間廂房裏時，在取到密件之後，同往應宅逮捕的人，想起武士英還沒有捕獲，當初出發匆忙，也沒有想到叫四川學生去查對，到了這時，就向那一夥軟禁在應宅西廂房的男賓客，高聲問說：誰是武士英，他在這裏嗎？這是隨便說說的，姑妄言之，以為武不一定在應宅，即在也不會承認的，誰知問話甫畢，就有一個下級工人模樣的人，急急站起來承認說：「我就是武士英。」「有什麼事嗎？」於是立刻將他押入法捕房。才派人去招兩位四川學生來，到場辨認，果然就是鹿鳴旅社那個借錢還錢的人，羈押之後，跟應桂馨同時移解地方審判所，後來武士英在地方審判所監獄突然服毒身亡，那是應某羽黨，希圖滅口，在饅頭裏放下毒藥，送進監獄，連武士英自己直到毒發，才知性命不保而富貴終於沒有享到，可謂死有餘辜。

以上是應武兩人被捕破案的真相，當時各報記載，也因各方面的關係，都未能和盤托出。陳英士先生也只對國民黨重要幹部人員，告以詳情，對外從未詳細宣布。連在場辦案的探捕等人，也都沒有知道這樣詳細。尤其是四川學生的線索，及搜得文件等許多小動作，除了陳英士先生等幾位主持其事之人，知道者可謂極少。

應桂馨越獄遭滅口

主謀刺殺宋教仁的有關諸人，除袁世凱本人，在洪憲稱帝時被四川督軍陳二庵（宧）一個通電氣死，終算「得保首領」而沒有被戮外，其餘趙秉鈞、洪述祖、應桂馨等人，都不得善終，這雖全國皆知，但在本文，不得不補述，作一結束。

應桂馨是在宋教仁死後兩年，在楊柳青津浦鐵路二等車廂裏給人用刀戮死的，指使的人就是袁世凱。當時應桂馨羈押上海地方監獄，陳英士先生二次革命失敗退兵時，因為尊重司法精神，沒有把他槍斃，也沒有隨軍帶走。應桂馨就乘革命軍撤退，上海政局混亂，無人員責時，在獄中鼓動越獄，逃出囹圄。因南方注目他的人太多，他就間道溜到北平去求見袁世凱，要求履行所謂「毀宋酬勳」的諾言。說：宋已毀了！勳爵的酬報理應實行。袁世凱最初利用應桂馨時，本是一時權宜之計，那有真的「酬勳」之意；更兼應桂馨一派流氓氣息，要是真把勳爵加到他頭上，豈不為天下笑。何況國民黨素受國人敬愛信仰，雖然兵敗，潛勢力猶不可輕視；應桂馨是刺宋案著名的在押監犯，如果一朝身躋登顯位，豈非證實袁世凱和應桂馨勾結，確是實情。因此袁世凱對於應的要求只是敷衍，但說你要用錢，儘管來拿，至於受勳或做官謀差，只好靜待機緣。於是應某向袁世凱需索金錢，再三貪求無饜，應本是下流亡命之徒，因與袁世凱有此瓜葛，便在舊都四出招搖，自稱項城心腹，謀差謀缺，經他營幹，是個終南捷徑，可以手到拿來，一時奔走他門下繩營狗苟，肩客政蠹之輩，幾於門庭若市。袁世凱看應桂馨實在鬧得不成話了！起了「滅口」之心，暗想此人不除，刺宋祕密，終有和盤托出的一天，就借端派應到上海去公幹，暗中密派刺客二人，跟隨左右，應一人獨坐津浦路二等臥車，在經過楊柳青附近的夜裏，被這兩人刺死在臥舖上，被車上茶役發覺時，兇手已逃逸無蹤了。一個惡貫滿盈的刺宋要犯，就在這時，借袁世凱心腹之手，替國民黨執行了死刑，當然是件大快人心的事。

趙洪二兇不得善終

宋案重要人犯武士英，死於獄中，應桂馨斃於車上，除袁世凱外，只有趙秉鈞和洪述祖二人是當時參預密謀的重要分子，陰毒險狠的袁世凱，早存了一網打盡的心，要是放他們活在世上，遲早終會給他一個要挾的把柄，但趙洪二人不比應武之流，趙秉鈞（智庵）是內政部長兼攝閣揆，足智多謀，號稱袁項城的「智囊」（音諧智庵），決非隨隨便便可以把他處死。有一天袁世凱在總統官邸柬邀趙智庵去宴會，宴畢回家，智庵突然腹痛如裂，好像《奇寃報》劇裏的劉世昌吃了趙大的酒飯一般，不多一回，就一命嗚呼了！袁世凱當然還有一番「貓哭老鼠」的假慈悲，循例「傳旨褒揚」外，還發給了優厚的治喪費，以報趙幫兇刺宋的勞績。這事發生後，雖然近乎斧聲燭影，找不到項城送毒的證據，但人言嘖嘖，鬧得全國皆知，把一個老奸巨滑洪述祖，嚇得寢食不安，疾忙推托養病，脫離虎口，溜出北平城，回到武進原籍，杜門謝客，詩酒自遣，不聞理亂，這樣閉門思過，終算暫逃誅戮，但天網恢恢，疏而不漏，在若干年後，卒被宋先生公子寃家路窄，在上海與他相遇，不共戴天之仇，分外眼紅，當即扭交法院，後移解到北平法庭，第一第二審，只判決無期徒刑，他聲明不服，向北平最高法院提起最後上訴，不料非但不予減輕，反而加重改判為死刑。行刑時，是用絞刑，本可給他保個全屍，但洪某依然斷頭而死。緣當時北平法院向外國訂製了一架用電流操縱的絞刑機，運到北平不久，尚未有人試用過，剛巧輪到洪某第一個嘗試這電絞滋味，到了臨刑時，不知怎麼的，那絞頭的鉛絲，收束太緊，竟把洪某的一顆頭顱從頸上絞了下來，當時鮮血淋漓，仍與殺頭無異。這又是大快人心的事。

有關人事諧妙文字

洪述祖是清詩人洪北江的嫡系子孫，名導演洪深之父，雖然行為卑劣，不齒士類，但詩詞筆墨，才氣甚盛，饒有祖風，他寓舊都時，在自己門上書一聯云：「長安居，大不易；天下事，尚可為。」被宋先生的公子指控被捕後，在獄中常致家書與其女阿媛、其妻玉芙，書中常提到「吾子八斤，心地篤實，極顧大局，不愧我子。」云云。八子大約就是指的洪深吧？又刺宋案發生後，大家知道袁世凱對於正式大總統一席，決不讓人（時袁為臨時大總統，並非由國會產生），但袁世凱對宋教仁仍做出虛偽的哀悼，名士手晦若，方任袁的機要祕書，對於袁世凱的心事，早已瞭然，曾著〈浣溪紗〉詞一闋，傳誦天下，讀者無不擊節，其詞云：

頓足搥胸哭遯初，裝腔作勢罵施愚，可憐忙煞阮忠樞。借刀殺人洪述祖，閉門立憲李家駒，本來總統是區區。

「本來」兩字，妙到毫巔，當時情態如畫，真是妙筆。李家駒、阮忠樞、施愚，都是袁項城（世凱）夾袋的政客策士（他們均早已逝世），連于晦若也作古五十年了。詩人劉成禺，在袁世凱稱帝絕命後，曾做洪憲紀事詩若干首，也是有關民國政史的好文字，中有一首云：「忙煞當朝阮司馬，移書淮上走年年。」阮司馬就是「可憐忙煞」的阮忠樞，字斗瞻，當時張辮帥（勳）蓄復辟志，因袁世凱待之殊禮，故有「項城在位，決不復辟」之語，常居魯徐，靜待時機，項城極意羈縻，常命阮忠樞攜親筆書，每月到泰安籠絡張辮帥，劉詩所謂「移書淮上走年年。」乃刺宋案後關於袁氏洪憲，及張辮帥復辟之一首史詩也。

卜葬江灣輓聯一斑

宋教仁不幸被刺逝世之後，國民黨的同志將他卜葬於上海之江灣，並在其墳墓前塑造了宋氏的銅像一座，其狀側坐著，在思考的樣子。石座上刻有「漁父」兩個很大的篆字，和于右任所撰的碑銘：

「先生之死，天下惜之，先生之行，天下知之。吾又何記，為直筆乎，直筆人戮。為曲筆乎！曲筆天誅。嗟乎九泉之淚，天下之血，老友之筆，賊人之鐵，勒之空山，期之良史，銘諸心肝，質諸天地！嗚呼！」

國名黨上海市黨部在這年（民二年）的四月十三日，假張園舉行追悼大會，由陳其美先生為主祭，由居正贊禮，汪洋讀祭文，所收輓詞非常之多，其中最引人注目的是黃興（克強）和易順鼎（實甫）二位所寫的輓聯。黃興輓：

> 前年殺吳祿貞，去年殺張振武，今年又殺宋教仁；
> 你說是應桂馨，他說是洪述祖，我說確是袁世凱。

易順鼎實（甫輓）：

> 卿不死，孤不得安，自來造物忌才，比庸眾忌才更甚；
> 壯之時，戒之在鬥，豈但先生可痛，恐世人可痛尤多。

宋教仁被刺與孫黃失和

金典戎

民國二年三月廿日國民黨代理理事長宋教仁被刺於上海車站事件。袁世凱為什麼要殺宋？及其殺宋後的後果又如何？閻錫山回憶錄中均輕輕一筆帶過，語焉不詳。關於刺宋案的前因與後果，筆者特從香港曾追隨中山先生多年的一位革命老人口中，得知其原始本末，茲照錄而出以作補充。

袁世凱使用苦肉計

民國元年二月十五日，南京參議院選袁為臨時大總統後，曾以「中華民國華盛頓」對袁相勗，同時並派出宋教仁、汪兆銘、蔡元培、鈕永建、魏宸組五人為專使，以迎袁南下就職。廿五日五專使抵達北京之日，袁曾予以盛大歡迎。五專使即與袁進行南下就職的談判，袁在表面上做得非常親切，曾和專使們討論南下的路線，並商量到留守北京的人選問題。但他卻在暗中驅使他身邊的「趙子龍」第三鎮統制（等於師長）曹錕，醞釀兵變以阻止他的南下之行。廿九日晚事變突起，北京城內崇文門一帶火光燭天，使全城陷入混亂狀態。五專使立即被人送往東交民巷六國飯店內避難。次日，亂事逐漸擴大；延及到天津和保定一帶。這是袁使用的「苦肉計」，和用武力鞏固其私人地位的第一步。

兵變發生以後，袁猶恐不能引起南京方面的重視，遂又暗中示意各省督撫，發表通電反對袁氏南下。袁此時便假裝為難，電請黎元洪代表他在南京就職，他本人則請示參議院准予留京六個月，一俟亂事平定後再行南下。此時留在北京迎袁的專使，眼看此種情勢，亦認為袁此時之不便南下，確有必要，乃聯名電請南京暫從緩議。

中山先生當時為息事寧人計，提出的折衷辦法是：准予袁在北京就職，但須用電報向臨時參議院宣誓。三月八日袁氏遂在北京就大總統職，其向參議院宣布的誓詞如下：

南京參議院公鑒：麻電悉，所議六條一切認可。凱以薄德，忝承公推勉任公僕職務，謹照三月初六日議決第二條辦法，電達宣誓。下列誓詞，請代公布：其文曰：民國建設肇端，百凡待治，世凱深願竭其能力，發揮共和之精神，滌蕩專制之瑕穢，謹守憲法。依照國民之願望，建國家於安全強盛之域，俾五大民族同臻樂利，率履弗渝。俟召開全國大會，選定第一期大總統，世凱即行解職。謹掬誠悃，誓告同胞。大中華民國元年三月初八日袁世凱。

中山北上與袁密談

導演兵變者雖為袁氏，但其後範圍的擴大與蔓延，則非其始料所及。所以在袁就職初期，全國竟陷於一片混亂境界。在陝西有張鳳翽與××之爭；在山東有胡瑛與張廣建之爭；在安徽有孫毓筠與黎宗岳之爭，在廣州有唐繼堯與楊蓋誠之爭。至於各省的殺官驅長浪潮，尚未計算在內。

當時只害得那位「菩薩心腸」的黎副總統，今天發表一個「垂涕而告」的文告；明天又發表一通「泥首以請」的長電。傳誦一時的傑作，有「三危，四亡，五哭，十害」等項電文，而開了後世電報中發表長文的先例。

參議院北上辨公後，袁所組織的第一任混合內閣，是請出他的老友唐紹儀來。在內閣陣容方面，袁系的人計有：

外交總長：陸徵祥。

陸軍總長：段祺瑞。

海軍總長：劉冠維。

內政總長：趙秉鈞。

在民國初期，各部首長都稱作總長，到了後來才改稱為部長。袁系人馬佔據的這四部，都是重要的部門。屬於同盟會的計有：

農林總長：宋教仁。

教育總長：蔡元培。
司法總長：王寵惠。
工商總長：陳其美。（未就）

這是屬於次要的四部，從這些地方，人們早已看出袁沒有同國民黨（後來的改名）真誠合作之意。六月廿七日唐閣總辭，廿九日由陸徵祥奉命組閣。綜計唐內閣由三月十三日開始組閣，到六月廿七日總辭，前後只得三個月零十四天。

八月廿四日中山先生應袁氏之邀抵達北京，袁待之以總統之禮，用他自己所乘坐的雙馬車，金漆朱輪，飾以黃緞，到前門車站去迎接中山先生。北京市民欣悉這位開創民國的偉人到了北京，也自動舉行盛大歡迎，夾道歡呼，盛況空前！

在此以前，中山先生已於八月廿三日將同盟會、共和黨、國民共進會、國民公黨、共和實進會等，合併為一，改組為國民黨。以中山先生為理事長，理事九人中有宋教仁、黃興、胡漢民、汪兆銘、吳稚暉、于右任、陳其美、廖仲愷、居正等。中山先生到達北京之後，下榻於袁預先替他準備好的「迎賓館」。三日一小宴，五日一大宴，兩日一密談，往來得非常密切。總計中山先生留在北京一月，與袁氏密談共達十三次之多。

袁氏痛恨政黨內閣

九月九日袁授中山先生籌劃全國鐵路的全權。九月十一日黃興到了北京。九月十二日清室在北京東城金魚胡同那桐花園歡宴孫黃二公，由貝子溥倫代表清室致詞，黃興起立答詞。

中山先生離開北京東渡後，黃隨後亦回到湖南度歲，留在北京的國民黨負責人便是宋教仁了。在中山先生留駐北京期間，孫黃二公均對袁表示衷誠合作之意，宋在閒談中也時常流露：「中華民國大總統非袁公莫屬」的表示。按說袁可以高枕無憂了！但他總覺得宋所倡導的「政黨內閣」之說，是一根毒草，非把它連根拔去不可！他有一次曾拍了拍宋的肩膀說：

「做總理容易，但別搞什麼政黨內閣那套玩意！」

袁痛恨政黨內閣的原因，是他認為如果要實行政黨內閣制度，勢必將大總統置於無權無勇的地位，這是他最不能忍受的事。他用官位羈縻宋，宋不表示可否；他給宋政費，宋則把支票簿退還給他。使袁覺得這位湖南人與其他湖南人有很多不同的地方，是不可以用祿位和金錢來加以收買的。

迨至正式國會在北京舉行選舉的時期，國民黨獲得空前的勝利，反對黨雖然聯合起來組織了一個進步黨，但仍難為敵。這樣一來，似乎在袁的心目中又橫梗了一根刺！

宋在選舉期間，以在野之身，遍遊湘（湖南）、鄂（湖北）、皖（安徽）、寧（南京）、滬（上海）一帶，到處發表「政黨內閣」的演說。袁在北京聽到這個消息之後，當然在心理不快中又增加了更多煩惱！他曾對楊度表示：「以暴動手段奪取政權，尚易應付；以合法手段奪取政權，以置總統於傀儡地位，卻難於應付！」

上海北站宋氏被刺

民國二年，以事實上的需要，中山先生派宋代理國民黨理事長，使宋在黨中的地位日隆，卻使袁對之怨恨日深。

民國二年三月廿日晚十時，宋由上海北站乘車北上，送行的人有廖仲愷、黃興、陳其美（英士）、于右任等。宋剛一腳跨入車門，突由車廂裏面躍出一名著黑衣呢軍服的矮漢，一抬手就對準宋放了一槍，因距離太近，一下子就擊中宋的腰部（右腰），宋大呼：「有人刺我。」那個矮漢子已知得手，便在眾人混亂之際拔腿跑去，由於雨後路滑，還在途中跌了一交，又爬起來狂奔而逃。

這時由于右任把宋扶上汽車，立刻送到上海靶子路「滬寧鐵路醫院」，當晚用手術取出了子彈，因子彈有毒，經過剖腹滌腸後，傷勢依然逐漸惡化！過了一段時間，宋才從昏迷中醒了過來，喝了一口水後，勉強的吐著微弱的聲音說：「我的朋友呢？」

這時環繞在宋病榻的有黃興、陳英士、于右任、廖仲愷等人，每個人都含著兩行熱淚走近榻前，宋掙扎著說：

「我這次北上，意在調和南北，以共同對外，不料……。」

停了一刻，宋又繼續對著黃與說：「我死之後，公等仍須努力國事，請代我寫遺電。」

黃趕快拿了一枝筆，一面流淚，一面聽一面寫，宋用微弱的聲音唸著下面的詞句：

「望總統開誠心，布公道，竭力保障民權，俾國會確立不拔之憲法，則仁雖死猶生。宋教仁中華民國二年三月二十二日晨。」

宋寫完遺電之後，於四時逝世，年僅卅二歲，家有老母因奔走國事不得奉養，痛哉！

古董商人洩露機密

宋教仁被刺逝世後，陳英士親自為之購買棺木，價銀二百兩，在那個時代，算是一個不小的數目。宋死之日，國民黨上海支部，曾在發表告黨員的通告中說：「本黨代理理事長宋先生之喪，各黨員均著黑紗誌哀。」

中山先生驚聞宋的噩耗後，亦於二十五日由日本趕返上海，曾親書一副極為沉痛的輓聯，以對宋表示哀悼！這副輓聯的原文是：

作民權保障，誰非後死者；
為憲法流血，公真第一人。

袁世凱對宋的被刺，在表面上表示得極為哀痛，照例的下令通緝兇手，歸案嚴辦。宋何以致死，明眼人一看便知，這是由於袁所策動的有計劃政治謀殺案件。但茫茫大海，只憑一紙通緝命令，又向何處去追尋兇手呢？

中國有一句古話是：「天網恢恢，疎而不漏。」也是事有湊巧，就在宋逝世的那天下午，有一個做古董生意的河南人，名字叫王阿法的，到上海四馬路的法國捕房去報案。他說：

「在十天以前，我到文元坊應桂馨家裏去兜售古董。在閒談之中，應曾拿出一張像片給我看，告訴我他和這個人有仇，如果我答應把這人刺殺，他願以銀元一千元為酬。我當時表示：我只會做生意，沒有胆量殺人。今天我看到了報上發載的照片，才知道應桂馨叫我殺的人，就是全國景仰的宋教仁，所以特來報案。」

正真是應了中國另一句古話：「踏破鐵鞋無覓處，得來全不費功夫。」捕房辦案人員一聽到這個驚人的消息，馬上就派出眼線四出偵察應的行踪。結果是在湖北路迎春坊二二八號妓女胡翡雲家中把應桂馨加以捕獲。

翌日捕房即出動人馬，到文元坊應桂馨家中，大舉搜查，就在應家竟把正兇武士英也同時捕獲。

搜出文電成為鐵案

對於主使殺人案件，應當然是矢口否認，但在搜查的同時，卻在應家搜出來左列各項文件：

一、搜查出來應與國務總理趙秉鈞，及內務部（後來改稱內政部）秘書洪述祖等往來的密電本，和有關信件等。

二、搜出行兇的五響手槍，證明彈型完全相符。

三、文電的內容如下：「密事速行——川效。」又電：「已由日本購得孫、黃、宋劣史，共印十萬冊，擬由日本橫濱發行。」

四、二月二日洪致應電：「大題目總以做一篇激烈文章（意指暗殺）方有價值，弟（指應）須於題前逕密電老趙（指趙秉鈞）索一數目。」

五、二月四日洪又有一電：「各電到趙處，即交兄手面呈總統，閱後色頗喜，說弟（指應）頗有本事，既有把握，望即進行。」又電：「請款不可過三十萬。」又電：「梁山匪魁（指宋）應速剿滅」。又電：「毀宋酬勳位。」

六、三月十四日應致洪電：「匪魁四出擾亂（指宋鼓吹政黨內閣），已有緊急命令設法剿捕。」文中應對洪的稱呼為「蔭之老伯。」

七、三月二十一日應電：「匪魁已滅，我軍無一傷亡！」

想不到這一篇大文章，做得如此拖泥帶水，刺宋案發生不到三日，就證明瞭這個案子的主謀人是現任中華民國的大總統，教唆人是現任的國務總理。執行人是應桂馨，槍手是武士英。」

武是山西人，彼時年只二十二歲，他在雲南當過營長，失業後流落在上海，被應收買後才做的出來這件驚天動地的案子。他在口供中，最初還希圖替應開脫，供稱：「宋案是他一人下手，與應無涉。」

孫黃二公意見相左

但在證據確鑿之下，應自然法卸脫他的罪名。武士英和應都受到了應得的懲罰。

宋死以後，袁到底作賊心虛，馬上派工商總長劉揆一（湖南人）以到上海弔喪為名，去暗中疏通黃興。黃雖對劉的說詞加以拒絕，但他究竟是抱了「息事寧人」的態度，當時卻拒絕了中山先生討伐袁氏的主張。黃當時的見解是：「處於外交情勢嚴重，各國尚未承認民國，蒙藏風雲日緊時期，對於宋案宜謀法律之解決，反對以武力對付。」因此，孫黃二公遂起齟齬。

這是中華民族命運斷續的主要關鍵。中山先生於癸丑二次革命失敗以後，曾有一信致黃，對此種情形敘述得非常詳盡。陳英士原是對黃興最推重的人，當時也有一函責黃的遷就心理，措詞頗厲。中山先生的函件原文如次：

> 癸丑之役，文主之最力，非袁氏兵力之強，實因黨人渙散所致。猶憶鈍初（宋字）死後之五日，英士（陳其美）、覺生（居正）等在公寓所討論國事，及鈍初致死之由。公謂民國已經成立，法律非無效力，對此問題宜持以冷靜態度，而謀正當的解決。時天仇（戴季陶）在側，力持不可，公非難之至再。以為南方武力不足恃，苟或發難，必致大局燦爛，文當時頗以公言為不然，公不之聽。及其後也，烈武（柏文蔚）、協和（李烈鈞）等相繼被黜，靜山（孫道仁）觀望於八閩，組庵（譚延闓）反覆於三湘，介人（朱瑞）復盤踞兩

浙而分南北之勢，以掣我肘！文不勝一時之憤，乃飭英士（陳其美）奮起滬濱，更檄木良（程德全）倡義金陵。文於此時本擬觀兵建康（南京），公忽投袂而起，以謂文不善戎伍，措置稍乖，貽禍匪淺。文雅不欲於兵戈擾攘之秋，啟兄弟同室之鬩，仍退而任公。公去幾日，馮（國璋）、張（勳）之兵聯翩南下，夫以金陵帝王之都，虎踞龍蟠，苟得效死以守，則大江以北決不致聞風瓦解。而英士、鐵生（鈕永建）亦豈致一蹶不振？乃公以餉絀之故，貿然一走，而如火如荼之民軍於是殲滅無遺，推原其故，文之罪歟，公之咎歟？

又陳英士先生致黃函中略云：

溯及辛亥以前，二三同志如譚（人鳳）、宋（教仁）輩過滬上時，談及吾輩健者，必交推足下，以為孫氏理想，黃氏實行……此語一入吾人腦際，遂使中山先生一切政見不易見諸實行。然而徵諸過去事實，則吾黨重大之失敗，果因中山先生之理想誤之耶？抑認中山先生之理想為誤而反對之至於失敗耶？……然以上猶可曰一般黨人之無識，非美與足下之過也。獨在宋案發生，中山先生適歸滬上，知袁氏將撥專制之死灰，誓必去之，乃吾人又不之信。必欲靜待法律之解決，不為宣戰之預備。豈知當斷不斷，反受其亂……中山先生主張，一方面速興問罪之師，一方面表示全國人民不承認借款之公意於五國財團。中山先生電令廣東獨立，而廣東不聽，欲躬赴五粵主持其事，而吾人又力泥之。不得已令美先以上海獨立，而吾人又以上海彈丸之地，難與之抗，更不聽之……尋北軍來滬，美擬邀擊海上，不使登岸，中山先生以為然矣，足下又以為非計……夫以中山先生之知識，燭照無遺，而美於其時貿貿然反對之，而於足下主持政見則贊成唯恐不及，非美之感情故分厚薄於其間，亦泥於孫氏理想一語之成見而已！……

宋案的發生，是國民黨癸丑二次革命及未來南北紛爭的導火線，一般談因果律者，都說袁氏後來的死，亦正是受了這種因素的心理影響。種瓜得瓜，種豆得豆，這並非吾人故神其說耳。

時勢造英雄——黎元洪外史

薛觀瀾

查吾國近代歷史，英雄造時勢者，孫中山也；時勢造英雄者，黎黃陂也。武昌起義，黎元洪僅任新軍協統，與旅長階級相同，當時因兵荒馬亂，高級官吏皆已遠颺，起義人員將黎氏從樓梯下小室拖出，擁為第一任湖北都督，此事可謂為辛亥革命脆弱性與妥協性之象徵。黎氏本人對此幕滑稽劇並不諱言，他說：「按清代法律，革命行動可招滅族之禍，豈可掉以輕心。我當時強被拖出，不得不已耳！」黎氏所云，未為失言，當予幼年居鄉時，尚視革命為越軌行動，蓋當特蘇錫一帶，並無滿人蹤跡，種族思想，又從何而起？

袁項城最信任黎黃陂

民國肇建後，黎元洪荷天之休，威望日隆，虎御三傑（黎部三武為孫武、蔣翊武、張振武等），鷹揚三鎮（指武漢），黎氏和光大度，鄂人仰若天尊，袁項城心竊忌之，遂效宋太祖杯酒釋兵權之故事，召黎進京，畀以參謀總長之職，以測其反應，黎氏本無大志，樂居長安，無怨言，無慍色，項城心許之。

當北京政府成立之時，革命同盟會與唐紹儀、譚延闓等結合，組成國民黨，是為在野黨，擁袁而企圖分袁之權力，故以責任內閣與地方自治二端為揭櫫，同時黎元洪、章炳麟、程德全等，則與君主立憲派之張謇、湯化龍等結合，組成共和黨，是為政府黨，擁袁並贊成中央集權之制度，此屬當時臨時參議院中之並立兩大黨。國民黨以宋教仁為魁首，被稱為急進與革命，共和黨以黎元洪為最尊，被稱為漸進與開明。但宋教仁有組織能力而黎元洪無之，故不久章炳麟（太炎）退出共和黨。湯化龍則與梁啟超、王家襄、王揖唐（賡）等協議將共和、民主、統一等三黨合併為進步黨，仍遙戴黎氏為理事長，以與國民黨相抗衡。惟袁項城對議會制度，則始終格格不相入。

黎既助袁，袁亦竭力籠絡之，結為秦晉之好，餽以重金，於是元洪杅杅然亦富人矣。民國二年袁氏就任正式大總統，黎任副總統，民國三年以參政院代行立法院，參政七十人，俱有特殊資格者，如趙爾巽、熊希齡之流，黎元洪任參政院議長，其重要性不亞於內閣總理，黎獲袁氏之信任，由此可見。

黎氏欲以長女許配我

如上所述，黎元洪為參政院議長，參政院為衡繁疲難之立法機構，舉凡總統選舉法修正案，與國民代表選舉法種種，皆為該院所製成。至袁項城醞釀帝制時，國體投票，亦以該院為代表，推戴之書，亦係由黎元洪領銜。袁氏稱帝之頃於民四年雙十節受賀，黎元洪夫人極早即以后禮尊奉項城夫人，此為當時人盡皆知之事實。然至撤銷帝制時，袁曾商請黎氏出管將軍府，黎不就，且宣言：「除約法上之副總統外，無論何職，皆不承認。」如此措詞，若非矯揉過甚，亦略帶投機性質矣。

溯自民二以至民七年，觀瀾負笈美國，曾於一年之中讀得兩年學分，故五年之間，予嘗兩度返國省親，邀遊京津，黎元洪與項城袁家、無錫唐家皆有葭莩親，故予極早得識黎黃陂，雖無深切淵源，黎氏伉儷邀予居於其邸，供應甚奢，西式餐具皆純金製，由是予知黎氏之清廉，稍遜於袁世凱與段祺瑞矣。予在黎邸之居室，適與饒漢祥比鄰，饒氏（為黎元洪之文胆）瘦骨嶙峋，文名藉甚，為黎撰稿，駢四儷六，傳誦一時。觀瀾深致景仰之意。據饒氏告我，始知黃陂所以如此厚款於我，有以長女許配於我之意，黎大小姐為父母最得寵者，我見黎大小姐革履西裝，口如懸河，漸漬於泰西之風甚矣。與予性格不合，婚事不諧，遂有下文。

結親不成黃陂發悶氣

民國十年春，黎元洪再任大總統，予與財政部次長趙椿年同謁黎氏於總統府，不待坐下，黎氏申斥觀瀾曰：「滙東（筆者字）！我本要找你，怎麼袁二小姐把她婆婆氣死了，你要負責！」此時予丁母憂，袁二小姐即予妻也，當時予極尷尬，謂黎曰：「我偕內人從北京奔喪回籍，那有此事，家母赴日就醫，卒告不治，且拙荊賢淑，最得其姑歡心者。」黃陂搖首，示不信。

財政次長趙椿年，武進人，係前清故吏，周旋得體，當時肅立謂黃陂曰：「請大總統明鑒，椿年與匯東尊人有同年之雅，椿年力保匯東，必無此事。」黃陂色霽，遂談正事，態度復和靄可親矣。

既出總統府，趙謂觀瀾曰：「此事必有讒言先入總統之耳矣，世兄不必介懷。」予廢然曰：「如此椎魯，如此孟浪，以此等頭腦簡單之人，掌理一國之政，亦可哀矣！」蓋黃陂有鄂人脾氣，開口滔滔不絕，亦不假思索，其人質直爽快，本性不壞也。當時觀瀾亦有荒唐無比之事，即呼黃陂為「宋老」也。因黃陂字宋卿，觀瀾自幼留學異邦，對於本國人情世故，尚須從新學習，聽到別人稱王芝祥為鐵老，稱王人文為采老，予覺新穎悅耳，深堪效法，無論如何，予見黃陂，應尊稱大總統，不該稱呼「宋老」，即不在位時亦然。嗣後黎氏之長女適袁，予對黎氏改以姻伯稱之，似稍得體矣。嗟乎！人生五十而知四十九年之非，寧不信然。

新約法舊約法纏不清

按民初我國南北統一之始終分裂，皆以法統問題為厲階，此一問題牽涉約法與國會二柄，實予野心家以縱橫捭闔之機會。爰自民二至民十三（共十二年），一紀之中，六易總統，護法毀法，時局飄忽，令人目眩心悸！但黎元洪之地位，幾與法統問題成為不能分離之局勢，誠如日人緒方竹虎所謂「出出入入復出出」。斯與袁氏稱帝、曹錕賄選，同為世人所詬病者也。茲擬粗述法統問題之梗概，以示當權軸者，膠執成見，隱便身圖之一斑。

按民國二年北洋政府之正式國會成立，袁世凱於是年雙十節就任正式大總統，黎元洪為副總統，法定任期為五年，袁死黎繼，黎辭馮（國璋）繼，應至七年雙十節滿期，此為鐵一般事實，然至民二與民三之交，袁氏已與國民黨決裂，乃解散國會，廢棄約法，頒佈新約法，實為法統糾紛之開端，袁項城固不得辭其咎，蓋舊式軍閥決無贊成民主者，然侈談民主者，又豈無私圖而真有為公之念乎？

黎元洪既為舊約法所產生之副總統，竟就任新約法所產生參政院議長之職，寖成推動帝制之中堅，則帝制失敗後，黎之地位自失其根據，然當時南北各方之宣言，僉謂大總統既已缺位，應由黎副總統繼任，此非有愛於黎也，實因大選之事，勢必引起極大紛爭，故以法律遷就事實耳。黎既繼任大總統，恢復舊國會，各方擁護舊約法，於是權歸國務院，段祺瑞任國務總理，黎氏則如芒刺在背，未及一年，府院之間，大起衝突，考其遠因，則由內務總長孫洪伊與國務院秘書長徐樹錚失和，而黎氏始終袒護孫洪伊，徐樹錚反感特深，因徐孫不和，形成黎段失歡。研其近因，則為黎氏反對參戰（指第一次大戰），老段則力主參戰，為之怒不可遏，徐樹錚乃入總統府，謁黃陂，色勃眥溢，以掌強拉黎手，迫其蓋章，黎憤甚，遽下令，免段職，段赴津，因此引起督軍團徐州會議，張勳以解散國會為入京調停之條件，黎氏不加思索，立即點首，甘為毀法之罪人，不亦傎乎。

至張勳復辟事起，黎知大勢已去，遁入東交民巷，一面發電馬廠，重任段祺瑞為國務總理；一面電請馮國璋代行大總統職權。黎既下野，痛定思痛，終於通電全國，表示此後不再與聞政事，推馮國璋繼任大總統，此屬不智之舉，非惟循覆車而重軌，亦復加濶眉以半額者矣。竊按黎元洪之作風，與今李宗仁無甚區別，惟論人格，寧取黎黃陂，譬如李宗仁之輕率作風，騰笑國際，黃陂無是也。

孫傳芳主張黃陂復位

民六黎元洪下野，段祺瑞重握政權，當時南方態度，忌段愈甚，參戰之舉，亦不同意，段雖勘定亂事，南方則仍函電交馳，反唇相譏。而對黎氏之措置失宜，則噤口不言，足見黎對各方，聯絡有術，而各方對黎，率有諒解之情緒也。

自黎元洪下令解散舊國會後，馮國璋與段祺瑞上臺，仍予執行，其理由為中華民國已為張勳復辟所顛覆，故仿辛亥革命先例，召集臨時參議院，另訂國會選舉法後，再行召集新國會，此一理由為梁啟超所主張，但憑心理之偏倚，不顧事實之曲直，蓋舊國會中，進步黨僅得少數席，自以改選為有利。

民國七年，新國會成立，是為安福國會，至是年雙十節，馮國璋任期已滿，徐世昌當選大總統。迨民十直系戰勝奉軍之後，孫傳芳一紙通電，居然以恢復法統為號召，孫乃「不見經傳」之長江上游司令，竟主張黎黃陂復位，召集民六舊國會，實則黎氏本人便是解散國會之經手人，黎與舊國會，其勢原不能並存也。且於六年黎曾宣告離職，推馮繼位，而馮代黎，任期屆滿，如此則黎氏果依據何法，得以重登總統寶座乎！蓋當時曹錕慘澹經營，欲為總統，顧於水到渠成之前，不得不假國會為橋樑，而以利用黎黃陂為緩衝耳。於是，每一次護法運動，輒為黎黃陂造成登臺之機會，吾人觀其合，知其離，寶則黃陂為叢驅雀而已矣。

按民國十年秋，舊國會復活，開會於北京，當時吳佩孚採取「恢復法統」之口號，實有一石二鳥之妙用：一方可逼徐世昌下野，因徐為新國會所選出者；一方可使孫中山之地位，失卻根據，因孫夙以恢復舊國會為號召者。此時粵督陳炯明暗與直系勾結，陳炯明與吳佩孚皆為前清秀才，二人氣味相投，中山先生果為陳炯明所逼而蒙難，危乎殆哉！

迨曹錕與吳佩孚部署已定，聲威震主，黎黃陂猶不知進退，戀棧不去，自力不能，欲罷不肯，國會議員從而附和之，終使直系逼不及待，始而進行「逼宮」之醜劇，參加者有軍警與所謂公民團，黎氏逃往天津，車停東站，當時直督王承斌為直系中佼佼者，有「張文遠威鎮逍遙津」之概，承斌率眾，登車索總統印，其勢洶洶，黃陂似「羊入虎圍」，焉能抗衡，惟金印實在總統如夫人黎本危手中，庋藏英租界邸第，黎黃陂素畏夫人，夫人不肯繳出，旋經王承斌再三脅迫，夫人無奈，允即移交，黃陂終獲脫險，受驚非淺矣。

嗣後曹錕賄選告成。於民國十二年雙十節就任大總統職，於是民國二年成立之國會，至十三年，尚由第一任議員行使職權，黎黃陂則於民二就任副總統，至十二年六月，猶自繼任大總統，無論議員與總統，皆變為終身之職，足見當權軸者，皆便私圖而已，並無所謂法治觀念者也。至於曹錕賄選，不足為奇，蓋歷屆選舉，或出威脅，或由朋劫，或逕行賄，或較間接，其揆一也。

各方公認為忠厚長者

按黎元洪體肥碩，魁梧奇偉，性澄爽，樸重端愨，兩目雖無威稜，卻逗人好感。眉際有痣，實為貴徵，掌似硃砂，宜其多金。然黎木僵少文，學欠涵養，故胸無城府，惟知鞏固其魁柄，大言炎炎，有時羌無實際，人或反唇相譏，彼亦不以為忤。黎之性格易於衝動，故鄂人孫發緒，僅以應對稱旨，倏從縣知事擢任省長，此非用人行政之正道也。莊子曰：美成在久。驟而見信於人者，其相信必不固，驟而得名於時者，其為名必過情。信其然歟！

然黎氏態度冲挹，面有愉色，不似袁項城之威重，亦無段合肥之嚴肅，使人易於接近，不感拘束。職此之由，議員對黎氏多具好感，黎雖失職，各方曲予原諒，認為忠厚長者，其心無他。蓋黎無驕蹇之態，並有些許自卑感，此其唯一長處，易曰：有大而能謙，必豫。其黎黃陂之謂乎。惜其部屬，幹才甚少，所親信者如金永炎、孫洪伊、饒漢祥等，器識皆不足以有為，黃陂又不自量力，一意徑行，其亡也忽焉。

黎氏不嗜烟酒，亦不好賭博，故生活極有規律，黎好京劇，尤嗜坤伶演出，位居總統之時，常至城南遊藝園看戲，力捧坤伶金少梅、碧雲霞、琴雪芳之輩。按北京城南遊藝園，等於上海大世界，為普羅大眾遊樂之場，黃陂確有民主作風，觀瀾無異辭。某次，黎踞包廂中，我與李準將軍在池座，見黎入座，輒立正為禮。予乃排日往捧福芝芳，福得嫁於梅蘭芳，予與內子出力甚多。

揆諸實際，金少梅、碧雲霞、福芝芳等，皆無殊色，技亦平庸，予與黎元洪、李準諸老為何大捧特捧乎？蓋當時北京捧角之風甚熾，黃陂本是皮黃策源地，黎之好劇，天性使然也。李準將軍善於編劇，我夙研究音韻，惟我與李，容有大造於男女伶工者也。當世之人，謂黎黃陂有寡人之疾，然論民國元首，風流自賞者多矣，惟徐世昌一人，似有道學氣息耳。民國十一年國慶之期，總統府演劇助興，金少梅之戲碼，排於楊小樓之前，余叔岩之後，是夕金伶演《嬰寧一笑緣》，係李直繩所編，情節稀鬆，惟黎黃陂大加擊賞，犒賞五百金，入魔之深，可見一斑。

大做生意人稱黎菩薩

溯自民八年至十二年之間，我與黎黃陂接洽頻繁，皆屬瑣碎業務，我已不復記憶。當其時，黎黃陂以私人資格，與美人華克合辦中美實業公司於北京，華克為政界人物，實非經濟長才，黎元洪任董事長，蒙古王塔旺布里加拉為副董事長，董事名額則中美各半，計有馮麟閣、張勳、馮玉祥與各省首長數人，蒙古王公六七人，前直隸都督王芝祥為總裁，前四川總督王人文為副總裁，前山東巡按使高某為總稽核，予以熟諳洋文，獲任該公司總文書，時僅廿四歲。觀此浩蕩陣容，可知公司前途希望極微矣。

據黃陂語我，彼有提倡實業之志，復有聯絡各方之意，故無牟利企圖，但願保本而已。我曰：「經營企業，非同衙署，圖利之心不可無，壟斷之事不可為，吾公處至尊地位，須知人言可畏。」黃陂亦以為然。開辦伊始，業務駿隆，一面辦理進出口，出口以大豆豬鬃為大宗，進口以汽車電料為主。一面在西北屯田植林，可圈他、可養兵、可惠工、可勸農，因係蒙古王公私有土地，故可大展經綸。若非官僚資本，而由吾鄉企業家如榮宗敬、唐星海之輩經營之，則其業務與收入，豈復有度量哉？延至民十三，公司結束，美國人以黎黃陂損失最大，願以最新式汽車七輛作為賠償，黎氏在董事會，堅持不可，廉潔可風，愚故詳述此事，以揄揚之。

中美實業公司之外，黎氏尚辦震義銀行，與義大利商人合作，黎任董事長，張勳、楊壽枬任副董事長，張勳之幹部劉友常為總裁，該行開會之時，黎黃陂危坐一端，不發一言，不置可否，故有黎菩薩之稱。惟黎見解，亦有高明之處，中美實業公司擬在紐約設分公司，我以經理人選請示於黎，黎謂：「紐約甚遠，鞭長莫及，若無適當人選，此事不可造次。」我韙其言也。

黎氏經營事業，失敗居多，損失不貲，其中亦有輝煌成就者，如中興煤礦公司，黎氏晚年家用，恃此以為挹注。但於中共得勢後，中興公司亦遭厄運，三反之時，其負責人唐在章在滬跳樓而死。回憶民國十二年六月，黎黃陂退休之後，寓於天津，一日，予謁黃陂，見其神識茫然，舌滯口吃，實為血壓過高之徵，不久即攖重疴，至民十七年六月逝世。按黎氏之津寓，規模宏壯，牆刷粉紅色，內部陳設頗佳，黎逝之後，出賃於東興樓飯莊，景況已非昔比，不禁感悔係之！

黎元洪夫人生子重光，品性敦厚，克紹箕裘。如夫人黎本危，最得寵，黎之次女適袁項城第九子克玖，黎女有賢德，因患癇疾而大歸。

綜黎氏一生，得天獨厚，感會風雲，惜其不知進退，必至焦頭爛額而後罷手。然黎本性惇良，體正心直，終以神經衰退，齎志以歿，回首卿雲，長懷無已！

袁世凱黎元洪結合之史實

薛觀瀾

辛亥鼎革之後，袁世凱與黎元洪被舉為正副總統，彼二人分處南北，尚未謀面。是時元洪坐鎮武漢，對大局有擧足輕重之勢，為袁世凱與革命黨人所必爭，黎氏原為民黨所推出，但於癸丑二次革命以前，即已與袁氏公然結合，俾袁得遂其統一全國之志願。至於民黨在癸丑二次革命之失敗，袁黎之結合，實為主要原因之一，此在民國史上，確佔重要之一頁，值得大書特書者也。

一生怕聽瓜分與革命

茲先略述袁黎二人之個性，以作為本篇的開始。

袁世凱為將門之子，相貌堂堂，擧措之間，含有威風煞氣，平日常御軍服，而以武人自居。然袁氏頗通翰墨，著有《圭堂詩集》行世。筆者與項城（指袁世凱）有半子之誼（編者按：薛氏為袁世凱之婿），凡所論列，容有主觀成份，然筆者屬文，向來尊重讀者，決不作違心之論，亦不致人云亦云。大抵袁氏當年與民黨結成深仇，故時論卑之，視為奸猾之流，揆諸實際，袁氏腦筋守舊，性情機警，當其強仕之年，適值列強圖謀瓜分中國之秋，袁氏一生最怕聽「瓜分」二字，故未騰踔之時，主張變法，既握政柄之後，推行新政，謀自強也。然與民黨始終背道而馳，蓋袁氏一生又畏聞「革命」二字，尤其對於世界大勢，並無深刻之認識，此為前清大員之通病，賢如李鴻章、翁同龢、張之洞之輩，何嘗不如此。

袁氏系出舊家庭，畢生守禮甚嚴，秉性孝悌，私德無虧。袁本出嗣他房，事嗣母甚孝，其姊未嫁而婿得病死，姊遂終身不嫁，平日凜若冰霜，永無笑容，袁敬而憚之。既為總統，亦每日與姊請安，仍不敢坐。袁之拘謹如此，世人知之者甚少也。

先祖庸庵公（編者按：即薛福成）筆記中，某次述及袁氏有云：「袁慰亭（袁氏別號）觀察來訪，頗通時務，蓋世家子弟中之謹愿者也。」

袁氏自撰日記則謂：「不忠不孝之言，向不敢出諸口。」昔年孫慕韓氏嘗謂筆者曰「項城說話有分寸，舉止無失措，見者竦然起敬。曹仲珊（指曹錕）學其外表，徒自苦耳。」筆者乃附和之曰：「尚有段祺瑞與袁克定諸人，亦悉心揣摩項城之作風，克定學曾不送客，段氏學曾不開口。」慕老聞之，拈鬚而笑。

袁氏的真正重大過失

民國以前，袁氏所經歷大事而招物議者，可舉出以下三項：一為駐朝鮮時，袁氏與日人戰於宮門而敗之；二為戊戌政變，袁以維新黨謀圍西太后於頤和園之計劃告知其統帥榮祿；三為辛亥與南方議和，遂將清室推翻，由自己掌握政權。

以上三事，世人見仁見智，議論不一，惟袁皆有極大苦衷。

袁氏真正之重大過失，端在受人矇蔽而帝制自為，此在國人視之，實無可恕罪。惟有不能已於言者：袁項城事必躬親，勞心怛怛，年未五旬，鬚髮盡白，至民四受辱於日人之後，憂憤縈懷，病態已深，其病實與光緒帝相同，心血已竭而外表不現；又似美總統羅斯福之在德黑蘭會議時，措置乖張，實為病魔所纏，劇可憐矣！

筆者更以為袁之另一重大過失，在於練兵，世人每稱袁之長處在於練兵，實則袁在軍界既非正途出身，所知當屬皮毛，練兵廿年，而軍實不充，紀律不嚴，徒養驕兵悍將，縱成武夫干政之惡習，袁固不能辭其咎也。雖然，袁於清季，處境大難，當時政權操清廷諸親貴之手，漢人處處吃虧，為督撫者，非恃親貴為奧援不可。夫以李合肥（鴻章）威望之隆，尚有「求生不能，求死不得」之苦境，是故人人只有權利思想，而無國家觀念，朋比結納，以達目的。如袁世凱與張之洞二人，能為人民稍謀福利者，已屬鐵中錚錚矣。

黎元洪厚重庸人多福

黎元洪為人厚重，無官僚習氣，每見形勢不利，輒效金人之三緘其口，故有「泥菩薩」之稱。國人多許為忠厚長者。

黎為副總統時，與段祺瑞不睦，所以處境困難，惟黎氏內有國會議員之擁護，外有南方政府之同情，故能成為不倒翁而兩躋極峯，可謂庸人多福。

筆者不妨再舉一例，可覘黎氏處世為人之態度：民國五年六月六日袁氏帝制失敗，病情沉重，臥春藕齋，氣息奄奄，已入彌留狀態。克定侍疾在榻旁，袁氏召徐世昌、段祺瑞、張鎮芳三人，以備託孤寄命。徐世昌以小站練兵起家，任營務處提調，由袁一手提携，十數年後竟拜相國。段祺瑞此時為國務總理（段因模範團事，與袁父子不睦，但袁臨終之前，與段已言歸於好）。張鎮芳曾任河南省將軍，事袁甚忠，與袁為至親，當時我等皆以張五舅呼之，凡小站軍需以及袁家，經濟，悉繫其手。

是日徐世昌到得最遲，險誤大事，袁氏見徐至，輕搖其首，其意若曰：「我已不中用了。」徐氏攢眉勉慰之曰：「總統靜養幾天，自然會好的，現有何事吩咐？」袁氏待欲提出繼任人選，已不能言語，良久即溘然長逝，在場諸人皆張皇失措。若按舊約法，袁總統死後，應由黎副總統繼任；若按新約法，則金匱石屋之祕密，無人得知。以當時情形忖度之，宜屬黎元洪、段祺瑞、徐世昌三人。袁克定則隨帝制失敗而告絕望矣。關於總統繼任人選，黎氏雖佔法理上優勢，然而段祺瑞為實力派首領，大大有望，因段氏乃北洋團體承繼人，眾意所屬，且全國戰亂未休，亟待收拾，是故黎段之間，選擇一人，當時實繫於徐相國之一言。

克定首先發言曰：「徐老伯身負重望，請主持至計。」徐略加思索曰：「依我看，推副總統繼任，較為妥當。」徐氏為人素極圓滑，此時又恐段祺瑞生氣，乃轉語曰：「這不過是我個人的意見，究竟怎樣，要問段總理的高見。」於是眾目矚段，而段不語，逾十分鐘，段始低聲發言曰：「此時團結北洋，最關重要，我推相國繼任。」徐固辭，仍推黎元洪。如徐可謂老成謀國者矣。無何，段猶躊躇不決，良久始再發言曰：「那麼我沒有意見，相國的意見，就算我的意見。」由此觀之，推黎繼任，甚為勉強，所以日後黎段之間，勢成水火，有由來也。

黎段演出了一幕啞劇

會談既竣，段祺瑞即以電話召來國務院秘書長張國淦，命其同車赴瀛臺見黎副總統。段氏坐在車上，一路沉默不語，張國淦因不知此事之經過，亦不敢出聲。既抵瀛臺，黎氏出迎，段氏等進入客廳後，黎元洪木雕泥塑般坐於主位，段張分坐兩端，主人不開口說話，客人亦不啟齒，呆坐若干時，段祺瑞忽起立向黎氏三鞠躬，黎亦茫然答禮，禮畢，二人仍還原坐，坐定之後，三人仍不開口，此幕啞劇約費半句鐘，段氏始起身，向黎元洪半鞠躬告退，黎起身送客如儀。

上述情景，確實滑稽可笑，但事有蹊蹺，雙方皆非故意，惟因此更加深黎段雙方之誤會，卻係事實。黎氏無應變之才，彰彰甚明，呆滯一至於此，如何能勝元首之任；段祺瑞則目無總統，根本看不起黎元洪，加之袁世凱之死，段氏不但內心難過，且認為袁氏死訊，在黎氏聽來不啻為喜訊，故段氏偏不肯說出「總統死了」這句話，繼任之事更無從說起。至於國務院中，是日已大起騷動，因北洋派全體主張推段氏繼任總統，不得已而求其次，則推徐世昌，以為緩衝，萬無拱手讓黎元洪繼任總統之理，幸段氏能恪守前言，不受蠱惑，勉強演此一幕啞劇。然其心中怏怏，殊無法自制。

綜上所述，袁黎二人之個性，適得其反。黎氏之智慧，遠不及袁氏，才識尤有未逮，誠如黎氏自云：「沉機默運，智深勇沉，元洪不如袁項城；明測事機，襟懷恬曠，不如孫中山；堅苦卓絕，一意孤行，不如黃善化。」然因利害關係，袁黎二人依然深相結納，所謂合則兩利，分則雙方皆有失敗之虞。

因為黎氏本為革命黨人所推出，且與舊勢力無甚淵源，無奈當時民黨之人，態度驕蹇，對黎氏始終不以同黨視之，遇事予以掣肘；同時袁氏又以種種手段籠絡之，黎氏遂不知不覺，入其掌握。此固民黨重大失策，亦為袁氏成功之關鍵。茲再將黎氏發跡之經過，以及袁氏籠絡之手段，提要鈎玄，闡述於後：

生拉活扯被逼任都督

辛亥武昌起義，成功之速，出乎任何人意料之外，實則事有必然者。蓋湖北雖稱富庶之省，械精餉足，然革命黨人早已滲透了鄂省各軍事機構，一旦發難，氣吞江河，內應外合，克奏膚功。按照革命黨預定計劃，武昌首義成功後，原決定推劉某為都督、蔣翊武為總司令、蔡濟民為參謀長。劉某字仲文，曾出納粟捐官之款五千元，以充發動革命之費用，又以寓所供作革命黨人集合機關，故眾推之，聊以酬庸。惟當時清廷在鄂省之大吏瑞澂與張彪相繼逃走之後，地方秩序亟待維持，各路民軍必須統一指揮，時則劉某適在獄中，鄂人歸心之黃與與宋教仁，遲遲未到，蔣翊武在逃，孫武受傷，諸義士雖以「協力同心」四字自勗，然事前無計謀，事後無領袖，事且成功，豈非天意。

蔡濟民等見事急，乃在武昌諮議局選舉都督，以第二十一混成協統黎元洪官階較高，廉介穩重，眾意屬之。是時黎元洪已逃往武昌城內之黃土坡，匿於參謀劉文吉家，蔡濟民等卒在劉家梯後小室搜得元洪，元洪穿灰呢袍，頻搖手曰：「你們不要抬舉我，我不是革命黨，夠資格的是孫文。」

蔡濟民等見黎氏態度堅決，乃掏出手槍云：「你若不答應，我們都自殺在你面前。」黎氏萬不得已，被擁至諮議局，黎看見議長為湯化龍，更無話可說，因湯亦非革命黨員也。黎氏勉強接受都督之印，仍不肯簽署文告，蔡又拔槍大呼曰：「都督不簽名，我們都自殺？」是為當時革命黨員對待元洪之一貫作風，從此黎氏居常三緘其口，至多說一「好」字，因此謚為「泥菩薩」。此實為黎氏消極抵抗之良法也。

袁世凱刻意拉攏黎氏

是時湖北省都督府打開藩庫，儲金甚多，又有兵工廠，積械甚富，故能充分接濟濱江諸省，有求者，即予之。又以黎氏秉性諄厚，不露鋒芒，遂大受各方推重，此時南方各省與山陝次第皆已起義反正，竟推黎氏為中央大都督兼陸海軍大元帥。不久，各省代表集於滬上，決以武昌為中央軍政府，以鄂督黎元洪主持大政。各省代表且赴武昌集會，通過臨時政府組織大綱。袁世凱當時聞訊，大為震驚，垂詢鄂籍之夏壽康、張國淦等，無有認識黎氏者，但袁氏心儀其人，知為風雲人物，特派蔡廷幹、劉承恩二人赴武昌，游說元洪，以期雙方携手合作。蔡為粵人，善交際，與黎一見如故，黎氏立允中止戰爭，並派代表議和，此為袁黎二人合作之先聲。

延至民國元年底，中山先生返國，黎氏之聲望稍降，參議院舉中山先生為臨時大總統，黎副之。翌年二月，清廷遜位，中山先生讓賢，參議院遂舉袁氏為臨時大總統，黎副之。袁用調虎離山之計，授黎為參謀總長，請入京，黎不允。但袁黎二人此時已有默契，黎竟通電主張定都北京，是為黎氏與國民黨分裂之信號。國民黨與袁因宋教仁被刺而雙方破臉，宋案則因責任內閣問題而起，故袁氏作殊死戰，黎復通電支持袁氏，有「長江下游誓死揩拄」之語。此予國民黨以莫大打擊，黎氏一面倒於袁氏之懷抱，除上述情況外，尚有許多因素促成，玆再列舉如下：

一、黎元洪與革命黨本無淵源，對於革命學說，亦毫無研究。黎氏初習海軍，從張之洞編練海軍，旋充張彪部下，曾三度赴日本考察軍事。湖北省革命機關甚多，如「共進會」、「日知會」、「文學會」等，黎氏皆未加入，平日奉公守法，為一純粹軍人。有服從思想而無參加政治之雄心。

二、南北和議告成，定都北京，凡民黨議員所採積極政策，黎氏皆不贊同。中山先生亦有退處為在野黨之表示，不為同志所接受。要之，孫黎二氏皆對袁十分重視，故袁與黎結納，黎之反應極佳。

三、袁氏親書「民國柱石」四字，製匾贈黎。迨國會正式選舉之後，袁又親書「中華民國副總統府」長匾，特派專員賚送武昌。黎氏大悅。袁之書法，與于右任院長同體，剛健婀娜，兼而有之。

四、按鄂軍都督府初成立時，先組謀略團，以蔡濟民等十人任之，黎都督形同傀儡，黨人對黎氏且不加尊重，視黎可欺以其方，軍人尤其跋扈難制，一言不合，拔槍示威，每使黎氏退即不能，忍亦不可。此時都督府內外紊亂已極，黨人滿腔熱血，一呼漢奸，兵刃隨之，使黎氏大為傷心。鄂籍革命黨人胡瑛出獄，跨進都督府，竟自委為外交部長。軍令部副部長蔣翊武與軍務部長孫武兩人，最桀驁難馴，更使黎痛心疾首。胡鄂公擔任府中衛戍事宜，附設偵緝組，權傾一時，亦不受黎氏駕馭。嗟乎！如此做法，奚怪元洪不與合作乎？

五、樸學大師章太炎，早年宣傳革命，文名滿天下，其言論向為國人所珍重。民元，章氏至武漢觀光，大為鄂人所歡迎，此時黎氏受民黨壓迫，只想還我初服，每向人言：「請中山先生來鄂，領導革命吧。」可是章太炎獨垂青於黎氏，主張袁黎合作，其言曰：「黎公體幹肥碩，言詞簡明，其所著西裝制服，以粗夏布為之，自大都督以至州縣科員，皆月支二十元，夫以項城之雄略，黃陂之果毅，左提右挈，中國宜無滅亡之道。」寥寥數語，有千鈞之力，黎氏聞之，大為感動，遂決意附袁。袁氏聞之亦喜，畀章氏以勳二位，禮聘至京，特授東三省籌邊使。章氏對袁曾大罵民黨，惟中山先生大度包容，希其回心轉意，未幾章果辭去籌邊使，仍與民黨交遊。至民國二年，民黨與袁大戰，章忽款樸入都，遂被袁氏羈押於龍泉寺，至黎繼任，始獲釋放。

在袁黎之間的饒漢祥

黎元洪之秘書長饒漢祥，乃湖北廣濟縣舉人，為黎氏夾袋中唯一人才。按清季文人皆有不修邊幅之結習，污糟邋塌，令人不敢親近，章太炎與柯劭忞皆終年不沐浴，饒漢祥則滿身虱子，又髒又臭。光緒末造，筆者在蘇州東吳大學肄業，章執教鞭於該校，大考出題為「胡林翼李秀成合論」。江蘇巡撫恩壽論為大逆不道，下令通緝之，章師逃滬得免。猶憶某日，章師與黃摩西先生同至蘇州觀前小吃，二人皆一文不名，接到帳單，不知所措，黃師先返籌款，留章為質，詎知黃師杳如黃鶴，一出店門，渾將使命忘卻，蓋黃畢生寢饋中西哲學，精神不無恍惚也。

饒漢祥之文采，遠不及章黃二師，然其際遇至隆，以都督府秘書長薦升湖北民政長，所撰長電，洋洋數千言，咬文嚼字，雕琢過甚，然為當時人士所傳誦，黎元洪之聲望，因之益著。當黎被選為副總統，漢祥代擬就職之電，有「元洪備位儲貳」之語。其任民政長之下車文告，有「漢祥法人也」之詞，時人戲撰一聯云：「黎元洪篡克定位；饒漢祥是巴黎人。」一時傳為美談。饒氏有烟霞癖，被黨人攻擊，遂負氣，回廣濟原籍，袁世凱聞訊，特派員持手函存問，饒氏固受寵若驚，黎氏對之乃愈加契重，召回畀以民政長，饒以是德袁，此後袁黎合作，漢祥出力最多，亦最起作常用。於是黎漸脫離革命陣線矣。

黎氏抵北京下榻於瀛臺

袁黎既告合作，黎元洪終於離鄂北上。當黎氏抵達北京之日，袁特派自己所乘坐之金漆朱輪雙馬車迎之，可謂極盡優禮。此時北京城內尚無汽車，除馬車為奢侈品外，有產階級多乘坐騾車代步，平民階級則只能乘坐木質大車，介乎其中者，為新興的人力車（俗呼東洋車，北方人則呼膠皮）。

黎元洪抵北京之日，袁派代表三人至東車站迎迓：一為無職無銜之袁大公子克定；二為公府大禮官黃開文；三為侍從武官長廕昌。黎氏乃下榻於瀛臺，即光緒帝被幽之所。黎之居室中，懸有楷書一幅，下款為：「臣全忠敬書」，此即光緒幽居之時所寫，不敢以皇帝自居，而假託全忠之名也。

袁克定雖為袁氏長子，但此時尚無職位，曾有若干人向袁氏進言，請予克定一項官職，袁皆不納。民二年十月，黎元洪尚在武昌時，即曾電袁請敘克定贊助共和之功，袁覆電云：

> 酬庸之典，以待有功，兒輩何人，乃蒙齒及，若援奚午舉子之例，並無謝元破秦之功，俟其閱歷稍深，或堪造就，為公奔走，待諸將來，幸勿復言，以重吾過。

覆電大意如此。袁氏對兒輩，約束素嚴，與克定見面時，只敘家，鮮及政事，旋設模範團，團務先亦委諸陳光遠，迨至醞釀帝制，克定日與楊度、夏壽田等集議，始一切反常，噬臍何及！

袁氏初見黎元洪，親切異常、知其無用，不足為患，但袁喜其厚重，亦真能推誠相與，蓋袁用人與交友，第一取其誠實；第二始重才具。茲舉二例，以伸吾說：

一、參謀次長唐在禮，才華甚絀，然為人可靠，緻密無失，袁故擢為統率辦事處總務廳長，寵任磐桓，權軼總長。

二、楊度拔萃其群，覬覦首輔，由於操守平常，始終未獲高職。熊希齡組人才內閣時，楊已內定為交通總長，乃首屈一指之優缺，但因交通系首領梁士詒進言於袁曰：「交長一席，應擇練覈而持重者任之。」袁遂擯棄楊度，易以周自齊，周屬交通系，篤實君子也，袁信任之。

民國三年六月，袁氏設參政院，以代行立法職權，實為中央政府之神經樞紐，袁選黎元洪為參政院院長，其推心置腹，可以想見。

袁黎結親家有一段佳話

袁又規定副總統月俸一萬元，每月公費二萬元，另支參政院院長與參謀總長（由黎兼任）之薪津，為數可觀。按黎氏實際所得，尚不止此，其居瀛臺，一切供應，皆由袁氏負責，且黎有儉德，積聚三載，杅杅然亦富人矣。至民六張勳復辟，黎氏下野後，曾糾合蒙古王公與一班失意軍人，如張勳、孔庚、王芝祥、馮德麟、馮玉祥等，創辦銀行與各種企業，觀瀾亦曾投資，但皆經營無方，蝕得精光，幸黎氏先曾投資於中興煤鑛，得為桑榆之收，幸未全軍覆沒。

回溯民國三年，袁黎既甚相得，即有聯姻傳說，而袁氏不待婚禮之成，即先呼黎為親家，十分親熱，當時雙方皆想做男家，黎夫人看中袁六小姐，居間之人大感為難，最後黎家讓步，以黎次女許配袁之第九子，名克玖，時僅十歲。內務總長湯化龍為男家媒人，內務次長言敦源為女家媒人。直至十年之後，觀瀾始知黎夫人大有苦衷，蓋黎二小姐品貌皆優，惜有精神衰弱之症，遣嫁之後，不久即賦大歸，此乃家庭悲劇，為父母者不能辭其咎也。

先是，袁以第九子與第十一子生辰八字，徵求黎夫人同意，二子皆袁之五姨太所生，五姨太賢明，深得袁心，黎夫人於選婿之時，發問曰：

「這兩位公子，那個是大太太生的，那個是姨太太生的？」

黎氏答：「都是姨太太生的。」

黎夫人搖首曰：「不行，因為我的女兒是我生的。」

黎也忙說：「不行，袁家嫡出只有克定一人，夫人將就些罷。」

黎夫人堅持不可，黎又云：「李鴻章是姨太太生的，宣統皇帝也正與袁家提婚，袁七小姐亦是姨太太生的，我曾見過老九，下顎特長，主有後福，你答應了罷。」這才說服了黎夫人，完成文定手續。

袁氏不好貨全家多戲迷

此後袁氏每飯，常呼親家共食。一日大雪，袁御貂皮大氅，係浙江將軍朱瑞所進，價值萬金，黎氏見之，極口稱讚，袁即解裘贈之。（瀾按：袁不好貨，為其生平最大長處，袁氏常謂：「身外之物，不足戀惜。」）

段祺瑞任陸軍總長時，袁知段性疏慵，常不到部辦公，遂將府學胡同巨邸贈之，因其鄰近陸軍部，可以打通洞門，來往方便也。段知此邸係袁私款所購，堅不肯受，袁云：「這是我為女兒陪嫁的。」蓋段妻張氏，為袁之義女，自幼撫育於袁家，故袁視同己出也。執筆至此，予請附述總統府內之演劇事，以饗同好諸君子。

回溯清代內廷演劇，原以內侍扮演，至西太后專政，始召京中名角為內廷供奉，西后嗜劇成癖，賞賚甚豐，晚年一面觀劇，一面打盹，鑼鼓喧聒，仍能入眠。袁氏任總統後，仍沿清制，設昇平署，管理公府（即總統府）劇務，其家人儘多戲迷，內子對於譚鑫培腔調，比我更加熟悉，時則懷仁堂堂會，以譚叫天為中心，盛極一時，每逢令節，輒邀各國公團觀劇，分贈說明書，而擔任翻譯之事者為公府秘書顧維鈞。當時京中名角以入府獻藝為榮，凡場面上或檢場人，皆著繡團花大紅袍，整齊嚴肅，嘆為觀止。場面一席，隔以紗幔，嗣後梅蘭芳初度赴日，即採用此法。

黎壽堂會中忙煞余叔岩

此時黎元洪居於府內瀛臺，民三之秋，適值黎氏伉儷五旬雙慶之期，袁深注意，特囑袁乃寬籌備一切。乃寬即與昇平署長王錦章接洽，舉行盛大堂會，以表慶祝。於是，余叔岩自告奮勇，大賣其力。按叔岩自幼受盡磨折，此時嗓敗運厄，誓絕粉墨生涯，在袁克定處當差，差使並無固定，時或伺候克定之母于太夫人，是與婢僕共事；時或穿起制服，扈衛袁大爺，卻與要員同列。其同寅唐天喜、翟克明等，有被保升鎮守使或衛隊旅長者，叔岩怦然心動，每日上操甚勤，渴望平步登雲。據伊告我，此其平生揚眉得意之秋。如叔岩者，可謂官迷極矣！惟府中男女職工仍以「小小余三勝兒」呼之，叔岩殊不悅，但亦無可奈何。是時府中堂會絡繹不絕，每逢老譚有戲，必使叔岩充任配角，叔岩亦樂得借此機會偷學老譚，如《探母》、《失街亭》諸劇，譚余二人誠有相得益彰之勢。

至於叔岩為何投靠袁克定，老譚怎肯收余叔岩為徒，事頗曲折，予皆有另文記之，茲不贅述。總之，袁總統嘗呼叔岩為余三，余三之在公府中，趣事甚多，可資嘔噱。叔岩又為王錦章之義子，穩握昇平署之實權，故在梨園中潛勢力甚大，當時老譚對余，且不能不加敷衍也。一日袁克定點唱《寧武關》，譚在家中憤然作色曰：「這又是小雲的把戲，簡直要我拚老命。」小雲即指余叔岩，老譚知其志在偷學也，又畏其舉一反三。無何，黎元洪夫婦雙壽將至，戲碼一切由余叔岩全權處理，轟轟烈烈之一臺好戲，於焉開幕。嗣後李鑫甫、賈洪林、金秀山、路三寶等，相繼殂謝，譚已篤老，民六逝世。當年黎壽之盛況，永不可睹矣。

是時京中有「翊文社」，在天樂園出演，頭牌為楊瑞亭，二牌孟小茹，三牌梅蘭芳。梅雖名列第三，已兩度赴滬，大紅而歸。楊瑞亭為關外武生，亦梨園世家，曾與余叔岩拜把，故黎壽堂會係用「翊文社」班底，是日重要劇目，約如下述：

一、孟小茹、郝壽臣之《黃金臺》。孟係旦角改唱譚派鬚生，嗓音圓潤而嘴裏無力。今夫鬚生優劣，全看嘴裏工夫，嘴無力則無味可尋也。郝壽臣飾伊立，無出其右。

二、李鑫甫、瑞德寶、李連仲、王長林合演《殷家堡代落馬湖》。鑫甫私淑譚鑫培、黃月山二人文武皆精，且擅關劇，其《四進士》、《群英會》諸劇做工，不逮余叔岩，惟在馬連良、周信芳之上。當時我最心折其藝，老譚惡其戲路太雜，強抑之，故未走運。瑞德寶面帶俗氣，亦未走運。

三、賈洪林、路三寶、李敬山之《烏龍院》。按賈、路二人，瀟洒有致，皆上駟之才，惟路三寶姿色不佳，此時賈嗓已敗，係受花柳病之累，然其做工細膩，猶能風靡一時。

四、王蕙芳、梅蘭芳、謝寶雪、張文斌之《樊江關》。王梅二人競飾薛金蓮，惟蕙芳資格較老，且為袁克定所最賞識，蘭芳只能讓步，退飾樊梨花。按王梅二人本為表兄弟，蘭芳初度赴滬，大受歡迎，滬人尤喜刀馬諸劇，然此非梅本工，蕙芳適在滬埠，即以《樊江關》一劇授之，蘭芳歸而就教於路三寶，名益肸蠻。

五、龔雲甫之《目蓮救母》。龔之老旦，首屈一指，惜其京音太多，不為識者所重視。

六、楊瑞亭、李壽山、傅小山之《霸王莊》，楊以腿工馳名，究屬野狐參禪，花臉李壽山傖俗之至，武丑傅小山大有可取。

七、王瑤卿、金少山之《金猛關》（編者按：此劇從未見過，不知是否寫錯）。此時瑤卿嗓音已枯，不得不另闢蹊徑，因其粗通音訓，故能立於不敗之地，若夫精研音訓者，不能求諸於優孟之列，此時金少山忽陰忽晴，不成氣候，簡直四等角色，十年後始在滬竄紅，然論唱工，不逮其父遠甚，其父秀山之嗓，乃有金玉之音。

八、楊小樓、錢金福、范寶亭、遲月亭之《飛叉陣》。按小樓鼎盛時期，當在光宣之交，此際已趨下坡，殆受烟霞之累，但其開臉之戲，優於俊扮，如《鐵籠山》、《楚漢爭》等，好到極點。錢金福亦武功卓絕，臉譜尤佳，惜其嗓音糟透，非全才也。

九、譚鑫培、金秀山、黃潤甫、余叔岩、劉春喜、慈瑞全合演《失街亭》。配搭整齊之至，譚為鬚生一行不祧之祖，其徒余叔岩究遜一籌，盱衡譚余二人成功之要素，端在發音收韻之技巧，叔岩一生以三才韻自負，何謂三才韻？即每字音之頭腹尾也。今日內行外行習鬚生者，悉奉余氏為圭臬，吾是以謂本世紀中，吾國最偉大之藝術家，允推余叔岩與吳清源二人，然今中國，藝術式徵，余派真諦已不絕如縷，習者流為纖巧，無異以水濟水，誰能飲之哉！

反對帝制拒受親王封號

黎氏居京，甚為得意，既絕回鄂之意，始辭鄂督之職，饒漢祥代擬呈文如次：

元洪屢覲鈞顏，仰承禮遇，周逾於骨肉，禮渥於上賓。推心山雪皆融，握手則池冰為泮。馳惶靡措，誠服無涯。……

從此可知袁黎二人之相得，亦見漢祥酸腐之筆，誠無足取。直至民四冬季，帝制議起，袁黎二人之感情，始漸生磨擦，黎氏稱病，而不肯出席參政院，即為反對帝制之暗示，凜然其有節概，時論歙然貴之。

民國四年十二月十二日，袁既接受帝位，封黎元洪為武義親王，其詞曰：「帶礪山河，與同休戚，槃名茂典，王其只承。」當時得親王封號者，僅黎氏一人而已，黎以不出席，不開口為消極抵制，派人赴武昌買屋，以夫人養病為辭。

黎請回籍，袁不允，請辭職，又不許，袁命內史長阮忠樞與顧問舒清阿往賀授勳，尊稱「王爺」。黎云：「你們不要罵我。」袁又下令，勸黎受封，令曰：「王其只承，毋許固辭。」無何，黎夫人與饒漢祥均勸元洪接受親王之封，元洪索性不了了之。除黎之外，袁氏擬封溥儀、黃興為王，溥儀為「懿德親王」，已成定局，當時清室且有接受之意。

袁氏又下「故人勿稱臣」之令，計有舊侶黎元洪、奕劻、世續、載灃、那桐、錫良、周馥等七人；嵩山四友徐世昌、趙爾巽、李經羲、張謇等四人。耆碩王闓運、馬相伯二人；總共十三名。大抵舊侶最尊而不親，四友為道義之交，又稱「故人」。何以黎元洪尊而不親？因其消極抵制，袁不悅也。何以徐世昌不在最尊之列，因袁深知徐相國，所注重者只為俸給問題。惟嵩山四友有種種優待辦法：一、每人給年金二萬元；二、賞乘朝輿，賞穿特種朝服；三、臨朝時，四友得設矮几以坐，免稱臣跪拜。

按舊侶之中，惟黎為袁之部屬，其他或高於袁，或嘗並肩，然黎氏名列首位，可見黎之接近，非任何人所能比擬。其次奕劻是袁氏之老上司，昔為袁之靠山，感情素洽。世續為小朝廷之首相，夙為民國政府所重視。攝政王載灃名列奕劻、世續之後，貶抑之也。足見袁氏對於「回籍養痾之事」，舊恨未消。那桐與袁最為投契，袁五旬做壽，那相充戲提調，在臺前與譚鑫培請安者，即屬此君。錫良在前清督撫之中，最有清廉之譽。兩江總督周馥前在李合肥幕，袁受合肥重視，周與有力焉，周氏之女適袁之第八子克軫。

（瀾按：封爵之前，內史繕就名單，袁用硃筆按名加圈，五圈者為公爵，如龍濟光、馮國璋等六人；一圈者為男爵，如許世英、王揖唐等。重武輕文，不得其平者，此亦帝制失敗原因之一也。）

袁黎之間可謂有始終

迨帝制失敗，袁臨終時，元洪雖近在咫尺，袁亦未以後事相託，更未指定以黎氏繼位，是因帝制之事，二人已有隔閡，不利於黎，亦彰灼可見。

民五年六月六日上午巳時，袁氏以糖尿病逝世。據臨床醫生蕭龍友與首善醫院方院長云，此病甚為普遍，患者之中，胖子居多。據觀瀾所知，現世紀百分二十之人們，患此嚴重病症，迄今尚無特效藥。當年袁公得病之時，口渴胸悶，小便頻頻，身體日漸羸瘦，針藥罔效，遂一瞑不視，在場諸人不知所措，延至下午申刻，然後發出公報，遺命以黎繼位。略謂：「副總統忠厚仁明，必能奠定大局，以補本大總統之過，而慰全國人民之望。」此令係徐段二人代擬也。

至於袁飾終典禮，則極其隆重，六月七日入殮時，頭戴天平冠，身穿祭天禮服。其棺木係由河南彰德府運來，為太昊陵旁一株老柏所製，古色斑然。大祭時，黎派段祺瑞致祭，舉殯時派王揖唐致祭，又派蔣作賓赴彰德代表行祭，派河南巡按田文烈董理建墓事宜，名曰「袁林」，一切建築，係仿日本明治天皇之神宮，共費四百萬元。按彰德一帶，盜墓之風甚熾，袁林因無殉葬寶物，未為盜墓者所垂涎。

袁世凱段祺瑞之間的微妙關係

薛觀瀾

民國肇建初期，當時所謂北洋派之基礎，係建立於袁世凱小站練兵時期，當時袁氏以全副精神用在建軍工作上。關於軍隊之編制與調遣，將領之選拔與補充，袁皆親攬其事，並不假手於人。嗣後由於北洋軍發展太速，袁氏自不能事必躬親，遂將北洋三傑（王士珍、段祺瑞、馮國璋）之權力逐步提高，因此三傑地位亦得平衡之發展，分工合作，各得其所。

由鼎足三分到大權獨攬

自從民國成立，袁氏之精力分散在政治經濟各項事宜，更不能專心致力於軍事方面。時則王士珍因同情清室，退隱家園。馮國璋因主張用武，外放南京。在中央主持軍事者只有段祺瑞，鼎足三分之勢，一變而為大權獨攬之局。陸軍總長一席長期由段擔任，段且兼任總統府軍事處處長之要職。關於軍隊之編制與調遣，將領之選拔與補充，幾乎全由段氏主持之。而且北洋軍之新生力量大都是段氏所培養成功，段之關係乃逐步代替了袁之關係。

徐樹錚（字又錚）是段祺瑞的得意門生，段性剛愎自用，事事委之於徐。徐雖才學出眾，不無鋒芒太露。「擁段繼袁」，是徐一生之襟抱，故其所作所為，徒欲提高段氏之地位而鞏固段之權力，得在北洋系中造成一個集團，以作繼承「袁政權」之張本。惟袁氏本人對軍事看得很重，深知「尾大不掉」，不可不防。況袁氏乃猜忌心極重之人，豈能容其左右有「功高震主」之趨勢。故袁氏於民國二三年之間，忽然重用蔡鍔、蔣方震、王士珍之輩，即為對付段祺瑞者。袁欲徹底消滅段祺瑞之軍事權力，是以建立「模範團」與「海陸軍大元帥統率辦事處」。惟因癸丑之役，段曾組織「戰時內閣」，其政治地位乃扶搖直上，僅次於袁。以前段之於袁，可謂百依百順，嗣因隨著職權之提高，對袁漸有不聽調度之表示。觀瀾特舉出兩例，用以證明段氏對袁之經常不聽調度，在用人問題上，段更不肯事事服從袁世凱，雙方裂痕，自然愈來愈深。

老段意氣用事兩個例子

茲先述第一例：按袁氏忽加重用之蔣方震（百里），乃二十世紀初期東亞第一軍事人才，彼於甲午中日之戰，刺激至深，自誓終身致力於國防建設。一九〇五年蔣氏以第一名畢業於日本士官學校，彼與蔡鍔、張孝準有「中國三傑」之稱。旋經陳漢第太史將之介紹於「盛京將軍」趙爾巽，趙乃延蔣訓練新軍，不料竟引起舊軍統領張作霖之不滿，張作霖不惜找蔣拼命，蔣不得已，乃出國赴德實習軍事，任德國第七軍連長，受知於德軍統帥興登堡。無何，蔣氏因得日本士官同學張紹曾、藍天蔚之助，仍回東三省督練新軍。不久武昌起義，蔣乃策動新軍，響應獨立。詎料張作霖不分晝夜，率部趕回省城，嚇走蔣百里。厥後袁項城當國，蔡鍔得志，蔡遂薦其同門蔣百里於袁，代段祺瑞為保定軍官學校校長。蔣僅任職半年，段祺瑞乃多方予以掣肘，請款既不理，辭職又不准。蔣乃憤而自戕。袁氏覩此情況，對蔣多表同情，改派蔣為「總統府軍事處」總參議，月薪仍為大洋一千元。惟段祺瑞係軍事處處長，渠竟拒發委狀，直至段氏解除此一兼職後，蔣百里才能到總統府辦公。

第二例：馮玉祥本性穎悟，幼未讀書，清末投入袁氏之新建陸軍為士兵，遂步升為第六鎮管帶。後又轉入第二十鎮，參加灤州起義。失敗後，袁惡其好犯上，親批「遞解回籍」。段因與馮玉祥有同鄉之誼（皆為安徽人），任其留在保定，且赴保定軍校上課。馮乃因禍得福，不久再任營長，不到三年，即升為混成旅長。此又段祺瑞不服從命令之另一例也。

袁段兩氏用人之道各異

作者屢言，袁氏以「半子」之誼待段祺瑞，段則始終以「恩人」視袁。此因段之夫人張氏為袁之義女，情同己出，夫人不苟言笑，段氏且有季常之癖。惟從民二戰勝革命軍之後，北洋軍有更大發展，分布地區日廣，袁段之間，始起齟齬。袁以為段祺瑞恃功而驕，段亦不能容忍袁世凱之遇事掣肘。二人關係遂起微妙的變化，雙方感情瀕於破裂之邊緣。尤因段氏有嗜好，平日惰於治事，一日不能離開徐樹錚，袁氏乃大不贊成，對徐樹錚尤厭惡日甚。蓋袁氏用人之道，與段相反，袁乃為事擇人，意欲人人供其驅策，例如：

辛亥對付清室：袁氏用胡維德、趙秉鈞、梁士詒三人。

對南方議和：袁用粵人唐紹儀與汪兆銘。
欲聯絡黎元洪：袁用張國淦、夏壽康。
癸丑之役：袁重二段（段祺瑞與段芝貴）。
對日本廿一條之交涉：袁以全權付與曹汝霖（曹當時僅為外交次長，居然下榻於總統府內純一齋中）。
欲變更國體：則利用楊度。
欲操縱政黨：則利用黎元洪、湯化龍。
為了模範團建軍：袁重用陳光遠。
在海睦軍大元帥統率辦事處：則信任王士珍（當時總統府內，文有夏壽田、張一麐；武有蔭昌、唐在禮；張鎮芳司度支；陸建章掌特工）。
對英交涉：袁乃委託蔡廷幹，結納朱爾典。
為要疏通美總統威爾遜：袁竟用一不見經傳之顧維鈞。
總之，在袁氏帡幪之下，決無一個權傾一時之突出人物。

段不聽調度袁駕馭取有術

夫段氏之不可一日離開徐樹錚，信其然矣。自蒙觀之，袁之於段，賴畀最殷，袁氏亦幾乎不可一日離開段祺瑞，舉例言之：

一、袁氏在小站欲養成軍官，獨委段祺瑞為軍校長。
二、袁欲以北洋第三鎮為精銳部隊，即以段氏任統制，且使久於其位。
三、袁氏至武勝關督師之時，段氏率將領四十七人通電勸清室退位。
四、民國二年袁命段組織「戰時內閣」與革命軍周旋。段且負有箝制議會之責任。
五、又命段至鄂省勸黎元洪入都，段即代黎為湖北都督。
六、撤銷帝制後，更命段與南方議和，段氏乃繼任國務總理，辦理善後事宜。
七、段為接受袁氏遺囑之一人。袁死後，段又為袁治喪，對袁推崇備至。

從上觀之，每逢緊急關頭，段即出面為袁排難解紛，其對袁之重要性，實無人能及之。惟段氏雖剛強成性，有時不聽調度，然袁氏手腕靈活，對段始終駕馭有方，壓制得住。段固始終不能脫離袁之覊絆。觀瀾特再舉出一例，以證吾說：

民國五年四月初，袁氏已幡然覺悟，帝制實大拂民情。一日，袁在「春藕齋」辦公，轉面謂夏壽田曰：「午貽（壽田字）！請段總長立刻就來。」夏為內史，又是前清榜眼。觀瀾曾以師事之，彼亦善弈，且好絲竹。當日夏氏奉袁命，躊躇有頃，進言於袁曰：「可不是段總長還在病假之中麼？」袁拂然曰：「他每天除下棋外，還要打十六圈麻將，你瞧我才是真生病呢！」夏氏唯唯，出謂「內史監」阮忠樞曰：「我若不多此一問，段芝泉不會來的。」由此可見夏氏為人之機警，其同鄉蔡鍔、楊度二人，前後皆能搬進總統府居住，實皆出夏氏一人之擺佈。袁氏所親信者唯一夏壽田，夏氏更受袁克定之敬禮。但當時在報端上並不見其名姓，於此可見真正的內幕新聞之難得！

袁世凱對段施用心理戰

有頃，段入見袁氏，行三鞠躬。袁命坐，備茶。（如曹錕、雷振春等見袁皆無座位，曹錕當時以長江上游總司令而無座位，所以後來一定要爬到大總統寶座上去。蓋在辦公室備茶，乃客氣得了不得之舉，以關係之密切，竟忽然如此客氣，實表示「敬而遠之」，段（祺瑞）馮（國璋）的心病都是起因於此。）段既坐定，袁氏開始對段慰藉曰：「你們三位辦得很好（此指徐世昌、黎元洪、段祺瑞三人，與西南護國軍議和事件），很費心啦。……芝泉！你的氣色還是不見好！」段氏則說話很少，只說：「多謝大總統賞賜的人參，吃了便覺好多了。」袁忽長歎一聲說：「嗐！到今天才看出來，只有我倆老交情是最可寶貴的。」提到「老交情」三字，段當場幾欲下淚。袁對段的心理作戰，是無疑地得勝了。此語袁實暗示黎元洪之態度當時是貌合神離；徐世昌雖任國務卿，但對南對北都不起作用。惟有段祺瑞還有收拾時局之能力耳。

袁氏遂欲立刻發表以段氏繼任國務卿。段氏再三推卻，心裡不願做傀儡，最後乃請求袁氏變更政事堂制度，改為責任內閣制。同時又請裁撤大元帥統率辦事處。袁聞後，瞪眼說：「芝泉！你能每天到部辦公麼？」至此，段氏乃無言退出。歸後仍忸怩不肯擔任國務卿。此時徐世昌「老相國」已回河南輝縣，只得照例以外交總長陸徵祥代理國務卿。直至民五年四月廿二日，始正式任命段氏為國務卿以代徐，仍兼陸軍總長。時人稱為「段相」，此與徐世昌的「老相國」有別。五月八日袁氏下令，廢除政事堂，恢復國務院。

秘書長人選鬧出不愉快

段氏即欲任命徐樹錚為國務院秘書長，又怕袁不願意，爰倩參謀總長王士珍代為說項，王乃含糊答應，亦不敢向袁提出，此事久無下文。段又委託教育總長張國淦代為陳情。段不敢當面請求，足見其畏袁之一斑。

某日張國淦向袁氏剛提一句：「總理想自己物色一個院秘書長。」袁氏露不悅之色，頻問：「是誰？」張被迫說出：「想用徐又錚以資熟手。」袁更不悅云：「真正太不像話，軍人當總理，軍人又當秘書長。……」但袁氏此時自知處境危殆，不願添出糾紛，便又沉住氣來指示張國淦，袁云：「你去向芝泉說，徐又錚是軍事人才，就叫他再任陸軍次長罷。」翌日袁氏即下令，任命總統府機要局局長王式通為國務院秘書長。段氏只能派徐樹錚為秘書處幫辦。好在徐氏一生對於職位大小，不甚介意。王式通即王蔭泰之父，是桐城派碩學通儒，頭戴假髮，門牙漆黑，不修邊幅。袁段所爭是意氣，袁豈不知王式通是好好先生，對事毫無成見，實權仍歸徐樹錚。徐王兩人且結成兒女親家，王女為徐長媳。我將此事長而言之，用以證明袁對段控制有方，不失威信。而段亦能飲水思源，對袁不為已甚。

袁公子克定最憎徐樹錚

段氏出任國務卿後，梁啟超發電致賀，意存挑撥，其電文曰：「今日之有公，猶辛亥之有項城。清室不讓，雖項城不能解辛亥之危。項城不退，雖公不能挽今日之局。」揆諸實際，袁段不協是真，惟段氏決不曾倒袁反袁。此因北洋系中擁袁者仍多。何況袁段不協之焦點，乃集中在徐樹錚一人身上，彼此鬧意氣，多為徐氏而起，猶憶民國四年春，袁欲調動徐樹錚，使其離開陸軍部。段氏聞說，竟沉不住氣，大聲說：「很好！請大總統先免我職，隨後要怎樣辦就怎樣辦。」此段氏二十年來首次當面頂撞袁項城，結果段氏赴北京西郊之西山養疴，袁段關係，幾乎鬧得無法彌補，外間更是揣測紛紜，謠言滿天飛，嗣後段氏以通電闢謠，自認與袁「情逾骨肉」。遂使離間者無所施其技。

瀾按：袁雖不喜徐樹錚，卻有一番憐才之意（詳見後文），深惡徐樹錚者其實是袁克定（袁世凱之長公子），克定常說：「中日關係如此緊張，然而陸軍不能作戰，部務無人負責。」同時，段馮之輩所深畏者便是袁克定。克定又曾說：「北洋派的新生力量，徐樹錚正在有計劃地使它全入段祺瑞的掌握中。項城然其言，故設模範團以資抵制。段馮之輩，對於袁大爺（指克定）往往莫測高深，深恐將來不能自保。實則袁大爺係一純粹學者，不善交際，使人易滋誤會，有時攢眉論事，並非含蓄惡意。又因克定不良於行，動作似乎簡慢，矧彼僕從似雲，諂媚者眾，常被門客抬舉太過，使其異想天開，身為貴公子者，可不鑒之哉！」

袁段的性格有同有不同

茲將袁段二人之個性，就觀瀾所身親目擊所得之印象，分別述其梗概。關於二人共通之點約如下述：

一、二人之志皆在掌握北洋軍，欲以軍事勢力擴張為政治資本。

二、袁以政治手腕謀南北統一，段之手腕不夠，故主張武力統一。要之，二人對於革命軍皆無信心。

三、二人對於議會政治，尤深惡痛絕之。

四、二人對於國家經濟皆無善策，只知借款度日。

五、二人態度肅穆，令人起敬。惟段氏威儀勝過黎（元洪）徐（世昌）而遜於袁。段喜用四書成語，有學究氣息。袁則要言不繁，言必中肯。若問中文根柢，袁則遠勝於段。

關於袁段二人性格上不同之點，約如下述：

一、袁素主張總統制，以美國為藍本。段則一生迷信責任內閣制，以法國為榜樣，故薄總統而不為。

二、段對清室不甚買帳。袁在任內則將清室優待費如數撥給，每年四百萬元，清室藉此得維持十數年。

三、袁最不喜派別之爭，用人較為廣泛。段則多用同鄉，有派別觀念，北洋系遂無團結可能。

四、袁之腦筋較段為新，袁喜西法，重用留學生，平時尚能注意人才，每逢接見賓客，輒先查究其履歷。段則一切馬虎，並無人才觀念。

五、段親日，故袁譏段（祺瑞）徐（樹錚）為「東洋刀」。袁乃骨子反日，日人恨袁切骨，然袁有國際好友兩人，一為英使朱爾典爵士；一為日使林權助男爵。二人事袁如「長兄」，足徵袁之手段靈敏。

六、袁段二氏俱無奢侈之風，袁一生不打牌、不吸烟、不好飲酒、不愛京劇。惟喜食填鴨與黃河鯉。滿清大員端方嗜鹿肉，袁即曾戒其好殺。段則嗜好太多，此其一生吃虧之處。我與段氏對弈時，左手坐參謀次長蔣雁行，右手坐陸軍次長徐樹錚，二人非為觀戰，皆待機請示公事者。我持黑棋，拆二拆三，段氏要投進以決雌雄。白方拆三拆四，我若投進，段必喃喃有詞曰：「這裡你還想投子麼？」足見段之根性自大。一次我在北京府學胡同段邸門房下棋，戰至半局，忽見老段側坐桌邊，作壁上觀，怡然自得，做到「太上總理」而無官僚架子。

七、從服裝上可以看出人之個性，袁永穿軍裝，肩章三顆星，渾似中山裝，可見其英姿颯爽。我從未見他穿過西裝，除家祭外亦向不穿中裝。他不喜藍袍馬褂，卻喜青年穿西裝。段則反是，最恨西裝，尤不喜硬領與皮鞋，穿燕尾服時要人家幫忙，其笨可知。段亦不喜軍裝，居常穿中裝，亦甚隨便，此其儉樸之風然也，我們對弈時，段尚用護袖的「套子」，以保清潔。

八、段之言行仿袁，段之衣飾仿袁，甚至頭戴「尼姑小帽」亦仿袁也。孫中山先生當年在北京開弔之日，段因足腫，皮鞋穿不上去，遂未成行，失禮甚矣。此示段之修養，尚有極大缺點，袁則較之高明多矣。

觀瀾按：辛亥革命發生後，清廷起用馮國璋為第一軍總統官，段祺瑞為第二軍總統官。民元一月廿六日段氏率全國將領四十七名通電贊成共和。第二軍總參謀官徐樹錚、總參議官靳雲鵬暨參議官吳光新、曾毓雋等皆名列其中。此時徐樹錚早已掌握第二軍實權，任段副手矣。元年二月四日段氏又率王占元何豐林李純等向清廷王公大臣發出第二次通電，詞更激烈，內有「謹率全軍將士入京，與王公剖陳利害」等語。此係出於徐樹錚之手筆。清室親貴，閱電失色。袁世凱及王公大臣立即覆電贊成共和。至元年二月十二日清廷下詔遜位，由唐紹儀組閣，段任陸軍總長，徐任次長。惟徐氏暗中權力之大，段對徐信任之專，其中隱秘，有非局外人所能想像者，予當另行記之。

針對段祺瑞的三個計劃

民二仲夏段祺瑞代趙秉鈞為國務總理，此即參加第一次歐戰之戰時內閣，負有為「五國銀行團借款」簽字之責任。當時北京眾議院要求段總理出席國會，答覆關於借款問題之質詢案。不料屆時段氏竟率武裝兵士到院，儼如身臨前敵。議員們見此情景，誰也不願多事，僅就手續問題質詢數語，段氏答：「木已成舟，毋庸再議。」言畢揚長而去。（瀾按：北洋軍人中段的脾氣最大，熊希齡任國務總理時，因主張裁兵被段氏破口大罵，靳雲鵬組閣時，因將閣員名單先給張作霖看過，被段召至府學胡同，痛罵一頓。但在下棋打牌時，他的脾氣卻再好沒有。）

民二年冬，段氏奉袁世凱之命到漢口勸促黎元洪北上。黎氏離湖北後，段並代黎為湖北都督。同時袁又派周自齊代段氏之陸軍總長之職。若照官場慣例，總長不在，應以陸軍次長徐樹錚代行，而袁偏要另派周自齊代理部務，此示袁氏對徐樹錚印象不佳。從此袁段之間，遂起裂痕，不久，袁命段芝貴督鄂，段祺瑞仍回陸軍總長。袁段之間既起裂痕，袁恐尾大不掉，遂籌思「整肅」之辦法，此時袁氏訂有三個計劃，名為改造北洋軍，實皆針對段祺瑞而發：第一個計劃係派蔣方震（百里）代段氏為保定軍官學校校長。蔣固鼎鼎大名，因此保定第一期學生唐生智、陳銘樞、張翼鵬等大感興奮。惟蔣才大而胆小，段乃多方予以掣肘，結果使得蔣百里在保定軍校無功而退。第二個計劃係由蔡鍔主持新的建軍工作。此事從表面看來，甚為突兀。因蔡鍔係新人物，與袁氏向無淵源。惟蔡在雲南都督任內，自請解除兵權，為天下倡，袁已心儀其人，旋經楊度之推薦，加以夏壽田之吹噓，變方既有默契，蔡即晉京供職。袁知其為長於練兵之軍事人才，又見其有刻苦耐勞之精神。不禁慨嘆而言曰：「小站舊人現在暮氣沉沉，華甫（馮國璋）要睡到下午中刻；芝泉（段祺瑞）則經常不上衙門，叫我怎麼辦！」

蔡松坡月支薪金五千元

按：邵陽蔡松坡可稱一代完人而無愧。當年我最服膺其三事：一、以身作則，反對軍閥之地盤思想；二、主張定都北京，是有軍事上遠見；三、提倡「軍國民主義」，是有政治上遠見。

蔡鍔對袁項城，自始至終，甚表好感，且示惋惜之心。而袁氏亦最賞識蔡松坡，命其遷入總統府居住，並與雲台（袁之長子）「拜把」。蔡居南海純一齋，此為前大內傳戲之所，風景如畫。不久授蔡鍔為昭威將軍，兼任經界局督辦，此即全國土地局也。蔡松坡曾著經界三書，傳誦一時。蔡又兼任參政院參政與海陸軍統率辦事處辦事員，月薪共約大洋五千元。當年蔡任雲南都督，按月只支一百六十元，尤其此一「統率辦事員」，大過各省都督，另外兩個辦事員是王士珍與薩鎮冰。蔡鍔能以少年新進，得此高位，洵屬異數！蓋袁擬以蔡松坡代段氏為陸軍總長，並以夏壽田代徐樹靜為陸軍次長。此事醞釀久之，卒未實現。由於蔡是南方人。又是梁啟超之得意門生，以蔡擔任建軍工作，小站舊人如徐世昌、田文烈等皆不贊成。徐世昌曾云：「關於北洋軍之改造，茲事體大，只宜行之以漸，而不能操之過急。」

民三年十月模範團成立

以上兩個計劃，既皆成為畫餅，袁氏遂行第三個計劃，此即成立模範團之舉。按在北洋三傑之中，袁最放心者是王士珍，袁既決心要排斥段祺瑞，最好的辦法是借重王士珍。民國三年春，袁派克定乘專車到正定府迎接王聘老（士珍）進京，授為「陸海軍大元帥統率辦事處」坐辦，職權無可再高，處長即是大總統。袁氏在辦公室中置一紫檀木製之長桌，據說此桌是清高宗在南書房中所用者，雕鐫甚精。袁氏之左手方坐王士珍，等於總參謀長；右手方坐夏壽田，等於總秘書長。辦公室外有一側室，係唐在禮、袁乃寬二人辦公處，唐在禮係統率辦事處總務廳廳長，袁乃寬為總務處處長，皆紅員也。

自從統率辦事處於民三年五月九日成立以來，「總統府軍事處」即行裁撤，陸軍部實成為一個名存實亡之機關，段氏更經常不到部，一切由徐樹錚代拆代行，徐輒事事推諉，有時語穿心兵，亦使袁總統啼笑皆非。

在廢省廢督遇阻力時，袁克定建議在統率辦事處領導下，成立一個模範團。該團成立於民三年十月，團部設在北海，袁總統自任團長，以陳光遠為團副。袁無論怎忙，每星期定要騎馬來觀操一次，召集軍官訓話一次。第一期畢業，凡成立拱衛軍四旅，炮兵騎兵各二團，機關槍一營，成績奇佳。第二期改任袁克定為團長，陸錦為團副。此期結束，只成立拱衛軍二旅。（瀾按：袁段之間磨擦最甚者，即為模範團之事。）

段提出辭呈赴西山養痾

一日，袁氏召段總長過府查問一件公事時，段答以「要到部查明」。袁遂大不高興。且高聲說：「怎麼還要查明，你的呈文不是已經送來在這裏了嗎？」段氏當場受窘，下不了臺。事實上，段對於那件呈文，根本未曾過目，是次長徐樹錚代他簽名送來，此時陸軍部曾發生茶役偷置炸彈案，《順天時報》指為政治陰謀。段更表示消極，實則此案涉及欠薪，與政治無關。此時正值日本提出二十一條，陸軍部上一呈文，卻請求增加職員薪金，袁氏立即親筆批示「稍有人心，當不出此」八個大字。段見而憤甚，終於不得不提出辭呈，並赴西山養痾。袁仍一再給予假期，並發表明令賜段氏人參四兩，醫藥費五千元，「遇有要政，仍須入府商議」。閱三月後，才明令解除段之陸軍總長職，正式派王士珍繼任。

召見徐樹錚袁說要借重

此時袁對段越是客氣，外間謠言愈多，是年八月初段氏遂發表闢謠通電曰：「……以大總統知祺瑞之深，信祺瑞之堅，遇祺瑞之厚，殆無可加！是以感恩知己，數十年如一日，分雖部下，情逾骨肉。……」段在西山佯病之時，肅政使夏壽康彈劾徐樹錚訂購外國軍火浮報四十萬元，但提不出証據，此事遂寢。惟仍明令免徐之職，以田中玉繼任陸次。徐離職後，即以全力辦志成中學，提倡國文，此事觀瀾最表欽佩。

正當袁段關係最惡劣之秋，徐樹錚忽接總統府電話，著至府內「流水音」一行，此處乃袁克文下榻之所，袁總統穿軍裝，即在「流水音」草坪之上假山石旁召見徐樹錚，此乃稀有之舉。袁開頭即說：「又錚！你辦事認真，我十分明瞭，我們私誼上還是不錯的，是不是？」徐樹錚當然乘此機會表示忠忱。袁又說：「但是很多時候，你幹事只為段總長著想，這是不對的，以後你要眼光放大些，不久我還要借重你呢。」以上是徐樹錚先生告觀瀾者。徐並云：「項城有其偉大性，我對他毫無難過。」此語可信。

袁取銷帝制段祺瑞重出

民國四年底，段徐兩人皆已離職，袁忽實踐其諾言，派徐樹錚為將軍府事務廳廳長。於是袁段之間，前嫌稍釋。民五年元月，袁在豐澤園組「征滇臨軍務處」，請段出山，段以病辭。無何，西南方面形勢緊急，三月廿一日袁發密函，分致徐世昌、段祺瑞、黎元洪三人，請其參加公府緊急會議。屆時三人皆出席，袁氏先表示決定取銷帝制，三人皆允合作。翌日明令撤銷帝制，袁請徐世昌再任國務卿，主持對南議和問題。以段祺瑞為總參謀長。三人聯名電勸西南護國軍停戰議和。至四月二十二日任命段氏為國務卿以代徐世昌，段氏並兼陸軍總長，仍以徐樹錚為次長。五月八日恢復國務院，段稱國務總理，於是黎徐段實權仍在袁氏之掌握中。

瀾按：西南形勢吃緊之時，袁亦自知已鑄成大錯，當時政事，文憑徐菊人（世昌），武仗王聘卿（士珍），然徐王二老一生謹慎，在茲危疑震撼之秋，不起作用。凡事由袁親自處理，食宿皆在辦公室，與家人亦少見面。

袁氏本有糖尿病，由於操勞過度，所受刺激過深，得病不能起床。然而病在牀上，仍要核閱來電，主持會議，病勢焉得不加重。又：袁在得病之前，每天服鹿茸一杯，用以提神，費大國醫（子彬）喻此為「怒馬入泥淖」，可謂至理名言。

段對袁氏身後推崇備至

平心而論，袁非存心誤國，亦非為後嗣著想，彼固反對革命主義，尤其痛恨議會政治，而不自知其思想陳舊，實與二十世紀之潮流背道而馳者也！臨危之時，袁氏將老友徐世昌由河南輝縣接到北京，與段祺瑞、王士珍、張鎮芳同為接受遺囑之人。袁氏易簀時，黎元洪並未到場，懼段氏有攘奪最高位之措施也。徐世昌最具老成典型，當時根據袁之遺囑（按金匱石室之提名，黎列第一、徐列第二、段列第三），主張以副總統繼任總統，卻先委婉地徵求段氏之同意，然後予以發表。段聞徐言，毫無表情，瞪目視徐良久，段始簡單地哼出「很好」二字。

居有間，段偕國務院秘書長張國淦驅車至北京東廠胡同黎宅，張先入見黎元洪，報告數語，段入後，向黎三鞠躬，黎亦欠身答禮。但黎段二人未交一語，如演啞劇，過一刻鐘，段即告辭，其對黎態度冷酷如此。好戲還在後頭呢。然段氏對袁世凱身後則推崇備至，其最大原因受夫人所

袁世凱、段祺瑞、曹汝霖

李北濤

各國正式承認中華民國

各國公使呈遞國書

距今六十年前，歲次辛亥，中華民國成立，由孫中山先生推讓袁世凱為總統。歷時三載，國事粗定。外交方面，雖與各國時有折衝，尚不能算是正式接觸。各國堅持前清條約，繼續有效。幾經商談，直至民國三年春，始行議定，各國一同承認，各國公使（其時尚未設大使）定期呈遞國書，舉行隆重儀式，一改清朝舊規，全照國際通例。袁總統戎裝禮服，立於居仁堂中間，文武官員，分立左右，各國公使，由外交總長介紹引見，呈遞國書。繼由領銜公使致頌詞，袁總統致答詞。禮成，由大禮官引導到春耦齋，設宴招待。領銜公使舉杯，祝中華民國及袁大總統萬歲，袁總統亦舉杯，祝各國及其元首萬歲。賓主盡歡，氣象和穆。從此，中華民國，乃得列於國際之林。

當此之時，惟有日本公使，躬與其盛，心懷嫉妒，回使館後，即忙電告本國注意。日本一直盼望中國內亂，彼可乘機侵略。尤其對於袁世凱夙懷戒懼。因當其併吞朝鮮時，中國亦有駐軍在韓，袁在吳長慶幕中，隨軍供職，年少氣盛，日人每為所窘。日本《征韓別記》一書中，載有「清國駐軍，有青年軍官袁世凱，智勇兼備……」等語，故日本極不願袁氏當權，恐中國富強，非彼之福。

日本政府大隈組閣

再按此時日本內閣，政友會已下臺，由進步黨組閣，黨魁大隈重信伯爵，任總理大臣。此人漢學甚深，早遊歐美，對於中國，素抱野心。筆者幼年在日本成城中學肄業，某星期日，與同學數人，出外遊玩，經過一巨宅花園，我等入內，攝影野餐，詎有人出來干涉，彼此爭吵，忽有一著和服之老紳士出來，一問知為清國留學生，反而和顏延入，茶點招待，詢問中國風土習俗之事，我等均在童年，莫名其妙，後來僅知其為大隈伯爵而已。逾年，清廷派載濤貝勒來日觀操，公使館令我等留學生，到車站排班迎候，日本閣員，群來迎接，忽見大隈伯爵，身著西裝禮服，跛一足，亦由人扶掖而來。濤貝勒專車抵站，車頭上懸兩面國旗，一為中國黃色龍旗，一為日本太陽旗。濤貝勒翎頂輝煌，長袍黃馬褂，後垂髮辮，儀表修偉，頗具氣派。由中國公使楊樞，介紹日本各要人相見，對於大隈伯爵，似更恭敬。濤貝勒走過我等留學生隊伍時，楊公使向我等點頭為禮，彼亦向我等含笑點頭，跟著，學生亦舉手行軍禮。後來與使館中人，談述來迎之日本各要人，原來大隈伯爵，彼時已有首相之呼聲矣。

大隈在東京早稻田，創辦一大學校，即名早稻田大學，規模甚大，為私立大學之佼佼者，收容中國留學生甚多，歷年來，中國政海顯要，各界名流，日本早大出身者，比比皆是。

對日二十一條交涉之真相

日本覺書二十一條

次年民四，各國已全承認，中國全國統一，正謀發展經濟，整頓內政。日本駐華公使日置益，聲稱奉其內閣總理大隈伯爵之命，請見袁總統。寒暄後，說本國政府，為謀兩國永久親善起見，備有覺書一通，希望貴總統重視兩國關係之切，速予裁決施行等語。袁氏見其神色，已知不懷好意，乃將來書置於一旁，並不展閱，正式答言，中日兩國親善，本為我方夙望，惟關於交涉，應由外交部專責辦理，當命外交總長與貴公使接洽。日使討了沒趣，便即告退。

日使行後，袁氏方將覺書，展開細閱，計分五項，共二十一條，其所要求，權利由建鐵路、開鑛，以至開商埠內地雜居，地域由東北內蒙以至閩浙等處。尤其最甚者，為第五項中之各條，日文原注明為「希望條件」，內開（一）聘用日本人為軍事顧問；（二）合辦兵工廠；（三）聘日人為主要城市警察教官；（四）小學校僱用日本教員；（五）日本僧人可在內地傳教等。

袁氏閱後，氣憤異常，即語秘書長梁士詒、外交總長孫寶琦、次長曹汝霖等說這分明是日本人眼見我們安定，心懷嫉妒，欲乘歐戰中各國無暇東顧，來相要挾，尤其第五項，簡直當中國是朝鮮，如一承認，即是亡國，中國未亡於大清，而亡在我袁某之手；我何以對國人，此事不可馬虎，待我再細細看看，好讓你們逐條應付。

翌日，日使到外交部，見總長孫寶琦，面遞二十一條覺書。孫根據袁氏昨日之言，亦對日使大發議論。照例外交總長與各國公使談話，皆有筆錄，此筆錄送到總統府，不料袁氏一見，怒云尚未研究詳盡，何得籠統發表議論，立免孫寶琦職，改派陸徵祥繼任外交總長。按孫寶琦為袁氏至親，清末為山東巡撫，光復時，烟臺民軍起義，孫亦投機獨立，旣起白旗，自稱山東都督。迨袁氏再出，由彰德抵京，對孫大加申斥，孫又取消獨立，仍做山東巡撫，為士林所不齒。陸徵祥為老外交家，歷使各國，在國際間，甚有聲望。袁氏此次更迭外長之迅速，西報頗予以贊揚，日報則大感驚異（日文報紙京滬皆有）。

二十一條中日開議

覺書由袁總統逐條硃批，交下外交部，遂與日方在外交部大樓開會集議。列席者，我方為外交總長陸徵祥、次長曹汝霖及秘書某，日方為公使日置益、一等書記官小幡酉吉（書記官即係參贊，小幡以後曾代理公使，回國之後又將被任為駐華公使，照例先徵求出使國之同意，我國以小幡態度，素不友善，加以拒絕，此人後竟未能得意。）及通譯官某。陸總長久居英法，嫺於外交，出言慎重，義正辭嚴。曹次長才大心細（徐世昌保舉曹之語），熟悉各地及東三省日僑情形，對於覺書，逐條辯駁。袁總統對此案，異常重視，此時袁氏神智緊張，肝火極旺，有時早晨即有電話邀曹次長，速去共進早餐，商談此案。（曾聞曹氏說，袁早點食量甚大，吃鷄蛋十個，饅頭三四個，尚能進一碗麵。）每次開議前後，陸曹皆須事前請示及事後報告。開議歷時四月，議有頭緒者僅及其半，其餘各案，有暫擱者，有尚須再請示者。及談到第五項，中國堅持取消，日方必欲付議，每次僵持，最後日方請先交換意見，於是陸總長乃正色說「本人出使各國多年，未見過似此希望條件之條文，毫無對平等國家之禮貌，應請貴公使即予撤回，以免損害兩國友誼」，乃不歡而散。由此延會多日，開議無期，各報登載，瀕於決裂。（以上參考《六十年來中日外交史》及《陸徵祥傳》）

曹次獻議・釜底抽薪

此時交涉無期停頓，日使瀨來催逼，內外人心不安，曹次長想得一策，欲取消第五項各條，不如釜底抽薪，向東京設法，乃向袁總統獻議，可請公府顧問有賀長雄博士赴東京一行，有賀博士在日本資望甚高，與各元老多相契，托其向元老陳說，除去第五項或可有效。袁氏亦以為然，於是由袁總統請有賀博士赴東京，盛宴餞行，鄭重面托。有賀博士抵東京後，竟告成功，外務大臣某頗受元老申斥。據聞其曾辯稱中國如不就範，則派兵前往，不出三個月，可將中國征服。某元老怒言，你知中國多大，打三年亦勝不了，外務大臣諾諾連聲，始遵命將第五項取消。

日本外相，受元老申斥後，老羞成怒，乃下最後通牒，除第五項容後再議外，餘項一無通融，承認與否，限時答覆。於是謠言四起，人心皇皇，各地報紙，反日激烈，上海各界紛電政府，不可屈伏，誓為後盾。旋聞日方在關外調動軍隊，渤海軍艦游弋，又聞其令日僑作撤退準備，形勢已極緊張，袁總統沉思不决，對於是否接受，事關重大，决於次日召集百官開大會决定。

英使勸告・忍痛屈服

次日由袁總統召集文武各機關首長開會，決定生死關頭。外交部陸總長將要赴會時，英國公使朱爾典忽來會晤，原來即為今日開會事。據云，中國此時只好委曲求全，萬萬不可鹵莽從事，他得到密報，陸軍總長段祺瑞不肯屈服，已密令動員，晚間運兵，徹夜不停，明明意在備戰，萬一決裂，吃虧的必是中國，我深愛中國，又與袁總統三十年好友，特來掬誠相勸，只要此後中國自強，還怕不能對付日本嗎？其言至為懇切，陸遂趕即赴會，據以報告。其時會場，正在辯論激烈，陸軍總長段祺瑞力言寧為玉碎，毋為瓦全。又有人責外交部曹次長向來親日，何以不能善為交涉，以致弄出最後通牒。陸總長到後，將英公使之言詳細報告。袁總統點頭說，英使確是一番好意，這次交涉，全是我自己主持辦理，外交部陸曹兩長，都盡了最大努力，我看現在只好聽英國公使之勸告，暫時屈服。段總長仍發強硬之言，袁總統勸其忍耐，說我詳細想過，現在孤注一擲，太無把握，只要以後大家振作，合力把國家弄好，則終可以雪今日之恥。聞袁氏發言，至為沉痛，聲淚俱下，眾皆俯首，默然良久始散會。

午後，陸曹二氏預備覆文，袁總統憤言，不必多所辯論，只在末尾稱：「除第五項外餘照允」就是了。當晚由陸曹將覆文親送往日使館，面交日使日置益，是日為五月九日，遂定此日為國恥紀念日。

至二十一條條約，逾日，由外交部陸總長與日使日置益簽字，此案乃告一段落。

袁氏奮發・力圖自強

自此之後，袁氏認為是民國成立後之國恥，且亦為其自己畢生之奇恥大辱。痛定思痛，發憤圖強，發表長文〈告誡百僚書〉，力行新政，銳意建設，內外務須振作，不得苟安。報紙亦載袁總統處理政務，事必躬親。對於財政，發行國內公債，整頓稅收，改革幣制，廢兩為元。對於外交，敦睦修好，各國允退還庚子賠款，專辦學校，及派遣留學生。尤其注重軍事，如創設鞏縣兵工廠，籌辦煉鋼廠，及新練各混成旅等，皆在此時。全國內外，頗能振作，一時頗有朝氣，中興可待。

不意好景不常，日久玩生，關於二十一條交涉，日本國內，元老重臣（重臣係做過內閣總理之老臣，其時以近衛公爵為首，即近衛文麿之父，內閣更迭，日皇例須將新總理大臣之名，諮詢重臣通過。）多不直大隈內閣之所為。西報亦有稱譽袁氏能將第五項屈辱條件，抗拒成功，可算勝利等語。外賓常來對袁面諛，袁氏遂漸生自滿之心，加以左右佞臣，逢迎煽惑，偽造民意，勸進稱帝。袁氏居在深宮，日受包圍，信以為真，政事漸懈，曾幾何時，朝氣又成暮氣，夢想帝制，袁氏且因此一蹶不振矣。

洪憲帝制之興滅

籌安會與研究帝制

民國四年，對日二十一條交涉之後，上下銳意圖強，頗有振興氣象。袁氏心滿意得，以為中國一人，名雖總統，實似帝王。左右皆係前清官僚，頭腦封建，一初設施，多效帝王時代體制，美其名為復古，實則揣摩逢迎。內閣制先經取消，任徐世昌為國務卿，即以前之總理大臣，後且改稱為相國。修新華宮，設政事堂，封各省督軍為將軍。又定郊天禮，祭孔禮，內政部制定祭服，冕旒玄冠，方頭靴，日本報紙登載圖樣，稱其非明非清，不倫不類。凡斯種種，可見步步趨仿王朝制度。於是研究君主立憲與共和政體孰合於中國之聲，遂有所聞。乃有政客楊度，發起籌安會，研究政體，文人薛大可，辦一報紙，提倡帝制。其實內幕有一主謀人，乃袁氏之大公子克定，字芸臺，早年留學德國陸軍，墮馬傷腿，不良於行，居家不出，熱中之徒奔走其門，楊度等即是。楊度字晳子，湘人，負文名，為日本留學生之健者，初係康梁一派，後又脫離，此時發起籌安會，無人附和，乃強邀得孫毓筠、胡瑛、李燮和、劉師培、嚴復五人，連其自己共六人為發起人。此五人皆過氣分子，孫毓筠在光復時，自任安慶都督，胡瑛為烟臺都督，劉師培初名光漢，江蘇儀徵人，長於訓詁考據，與餘杭章太炎（炳麟）齊名，惟胸無主宰，悉聽其妻何氏支配，清末逃亡在日本，與章太炎、汪精衛、陳璧君、胡漢民等同住一屋，章劉書癡，污穢不講衛生，（章太炎穿和服，齷齪滿身，坐東洋車，隨處吐痰，常遭警察干涉，演講時，無人能懂其語。）汪胡粵人，言語習慣隔閡，大家都是同盟會，而常相吵罵，鄰舍不安，筆者亦居近鄰，常被召去拉勸，尤其陳何兩位太太，喧鬧更不成話，彼時我真不信此輩革命黨能成功。嗣後劉竟改名回國，做江督端方之門客，至民國聞在北大教書。此五人中，惟嚴復負清望，被逼列名，士林惜之。嚴復字又陵，福建侯官人，初留英學海軍，學校考試成績，在同學日本學生東鄉平八郎之上。

後來東鄉於日俄戰爭時，趁黎明大霧中，擊敗俄國之波羅的海艦隊，成為世界偉人。而嚴復則回國後，未被重用，無所事事，乃發憤攻讀中文，竟成通儒。於是繙譯泰西新書，如《原富》、《赫胥黎天演論》…等，彼時中國民智未開，嚴譯各書，成為開通風氣灌輸新學之名著。嚴氏後來染上芙蓉癖，鬱鬱以終，中國人才似此埋沒，不知凡幾，可為浩嘆！

此時帝制聲中，忽有美國顧問古德諾氏，在西報發表一文，言民主政制，中國行之尚早，此乃西方學者之言，受人重視，籌安會提倡君主，乃更振振有辭，其實一查此文來源，聞係受楊度之慫恿而作。

籌安會之氣燄日盛，聞有一日，內務總長朱啟鈐、司法總長章宗祥言，籌安會鬧得不像話，淆惑人心，抵觸刑法，袁總統即令兩總長前去警告，只可研究理論，不可逾越範圍，兩人去告楊度，楊大笑說，這是奉命而行，若欲制止，請去問芸臺（即袁克定）吧，兩人無言，而朱啟鈐反而轉向擁護帝制矣。

時袁系紅人薛大可所辦報紙，專載帝制運動新聞，偽造各省勸進文字，揭發反對帝制者之言論，加以攻擊。財政總長熊希齡，對於此輩，向不假以顏色，於是該報為文中傷，偽云肅政使對財長舞弊將有參案。果然財政次長張弧，停職查辦，熊氏喟然長歎，留書出京而去。熊氏湖南鳳凰人，為研究系之領袖，號稱清流，頗負時望，後來熊一度組閣，網羅當時俊彥，以人才內閣為號召，世稱為鳳凰內閣，今因不熱心帝制而去官，輿論對於帝制，更為不滿。

變更國體・內外反對

一日，英日法等五國公使，到外交部訪陸總長，詢問帝制究竟，陸含糊以對。日本代理公使小幡即發言，此時中國改變國體，治安有無影響？陸云中央實力，可以控制全局，小幡竟言，中國政府，須確保境內治安，以後我等各國，當取監視態度。陸惡其出言恫嚇，正色答稱，深望各國尊重中國主權。（參閱《陸徵祥傳》）

此消息為薛大可所辦之報所聞，乃淆亂黑白，謂外部陸曹兩長，附和外人，不擁護帝制。陸請曹次長向袁陳說，曹乃見袁，先將陸總長與五國公使之問答報告。並勸袁云，外人既如此，上海鎮守使鄭汝成新被刺，國內亦未安定，帝制似可稍緩，此時不如在歐戰中，加入協約國參戰，將來在國際上，我國即有發言權，那時變更國體，各國便不會反對。袁說：帝制非我本意，至於參戰問題，反對之人甚多，我看德國不會竟一敗塗地，看看再說吧。曹氏退後，次日，統率辦事處廳長唐在禮，以勸進名冊兩大厚本，送與曹看，說是上頭命交你看看，原來皆係各省團體勸進之名冊，曹氏以後不敢多言。

曹府壽慶，名伶堂會

曹次長汝霖，字潤田，江蘇上海人，弱冠入泮，自費赴日留學，入中央大學習法政，其時中國留學生之中文佳者，多受校中師長特別禮遇，凡大學教授，皆是地位崇高之博士學士，曹氏因此得與日本知名之士往來訂交。筆者本係陸軍學生，因驗身體不及格，改習文科。在江蘇同鄉會中，乃與曹常相聚晤。有一次，在中國留學生大會中，見曹與張溥泉（繼）先生，爭辯甚烈，張主張激烈，必須排滿革命，實行民主共和，曹主溫和，不如君主立憲，免傷國家元氣，彼此爭得面紅耳赤，各不相下，旋有第三者拉往中國料理店而去。曹潤老畢業回國，青雲直上，年未四十，已任外務部左侍郎。曹氏自言，彼時各部堂官，類皆年高德劭，鬚髮斑白，遂亦曲背留鬚，學作老態，以便隨班進退。民國成立，曹氏罷官，時正由國民政府新頒律師條例，曹乃申請，領得第一號律師証書，執行律師業務，生涯甚盛。後袁世凱任總統，經其力邀，方出任外次。

當曹氏初學成回國時，正值兩宮回鑾，欲行新政，曹氏與汪榮寶、章宗祥、陸宗輿四人，為日本留學生之優秀分子，成為新政專家，（彼時尚無日本通名目）凡有籌議設施、草擬章制，莫不有四人參加。時東三省自日俄戰爭後，日本商民浪人，橫行不法，交涉困難。外務部派曹往東三省調查，曹將調查所得，作成報告，並條陳辦法。東三省總督徐世昌，大為器重，欲調其在東省任用，外部不允，徐乃專摺保舉曹某才大心細，堪當重任。曹回京後，奉旨召見。袁世凱時任軍機大臣，兼外務部尚書，命曹先往見，詳細指示進宮儀注，如何進殿，如何跪對等過節，若問話多，則跪久腿麻，起立恐要失儀，可用一對護膝蓋，琉璃廠有售。曹氏得此指示，果然一切順利，應對稱旨，不次擢升，故曹氏對於袁徐深感知遇。

民國四年秋，曹氏尊翁六十壽辰，潤老事親至孝，在府宴客娛親。時袁總統對於曹氏正深倚畀，特賜匾額及隆重壽禮。於是各部長官，自段祺瑞、陸徵祥以次，群來祝賀，壽幛屏聯，琳瑯滿目，熱鬧非凡，不在話下。又有難得之名伶堂會，正投我之所好。壽堂係借那家花園，有現成戲臺可用，戲提調為同鄉張繆子兄（名厚載，又號聊止）。張對戲極在行，本在北大攻讀，因喜平劇，為北大教授之新派冬烘所不滿，彼等以為此不過是地方戲，詞句俚俗，何能與莎士比亞等相比，不配稱為中國文化。張遂不見容於校，改入交通銀行，暇寫戲評，深得內外行推重。愚每至京，均蒙招待，並介各名伶往還。唯獨譚鑫培家，我不願去，因聞其架子甚大，友人往往自滬北上，輦重金，送厚禮，只向譚學得一二句戲腔，便自得其樂，傲視儕輩。直至民國五年，老譚末次在滬演出，因其壻夏月潤之介，我始與譚相見，則譚已衰老瘦削，而談吐甚為謙恭，並不如所傳之倨傲，反覺自己主觀太甚。

是晚堂會之戲，精彩非凡，戲碼甚多，不能全記，聞戲碼本不多因有名伶如龔雲甫等打電話來，願來報効，所以演至黎明才散。今記得有九陣風之《蟠桃會》，劉鴻聲之《上天臺》，陳德霖、王鳳卿、梅蘭芳、龔雲甫、姜妙香之《四郎探母》，譚鑫培、王長林、錢金福之《打棍〈出箱〉》等。梅蘭芳時年尚幼，由馮幼偉（耿光，中國銀行總裁。）領其到壽堂來，向老壽星及曹潤老請安，粉嫩的小臉蛋，答話柔媚，看上去好似一小閨女男裝打扮，稍坐即去，往戲房上裝。《四郎探母》上場，已在午夜，陳德霖之蕭太后，手拎絲巾，緩步而出，旗裝華貴，儀態萬千。聞陳伶在宮中當差時，即專留心西太后之神態，故演蕭太后頗為神似。《探母》演完，已在深夜，女賓多半星散。大軸譚鑫培登場，自〈問樵〉起至〈出箱〉止，錢金福之煞神，王長林之樵夫及差人。譚氏究竟比兩年前，老了許多，惟因聽客多係要人，且多知音，演來不敢鬆懈，出場踢鞋落頭，照例得滿堂彩，低身坐下時，用手在頭上按住，〈問樵〉及〈出箱〉時，與王長林搭檔，身段或高或矮，或前或後，〈出箱〉之眼神手足，二人緊密湊合，真堪叫絕，足見其腰腿工夫，老而不衰。惟嗓音較以前稍細，年將古稀，亦無足怪，然其行腔之美，運用之妙，無法形容，後無來者。其在滬末次演出時，愚曾語夏月潤，欲點此戲，老譚回說，錢王二人，未曾同來，沒法演出。牡丹而無綠葉，竟好不來，可惜可惜。

英使一言・袁氏登極

帝制運動，如火如荼，而袁世凱本人，似尚在游移不定。因國內國外，尚有反對之聲，袁氏幾位心腹老友，如徐世昌、段祺瑞、馮國璋等，均曾直言諫阻無效，同時袁氏看見南方報紙，頻有歌頌帝制之新聞，各地勸進之書表，似又怦然心動。其實乃是大公子袁克定及薛大可等，將上海報紙內容更換，假造新聞，重行印刷。袁氏見之，信以為真，以為天下果已歸心。惟覺日前五國公使對陸總長之言，顯係反對我國變更國體，不無顧慮。

忽有一日，英國公使朱爾典由蔡廷幹陪同，謁見袁氏，密談良久。俟其行後，袁喜形於色，遽告左右云，朱公使前曾同五國公使，到外交部反對，現在來勸我早定帝制，奇怪奇怪，大笑不已。究竟朱使所說何語，外交部，均無所知。後來仍由袁氏自己向人露出，大意是說你最好照老百姓意思做，各國不會反對的，老百姓要你做總統，你就做總統，老百姓要你做皇帝，你就做皇帝好了。袁氏聞之，大為高興，迭召各員商議，興奮異常，以為中外皆已贊成，於是稱帝之心遂決。

此時徐世昌相國，首先引退，派由王士珍代理。陸軍總長段祺瑞稱病告假，避往西山。江蘇督軍馮國璋，則早先曾有密電詢問真意，袁覆陸曹兩長電決無此意，不為自己，亦要為兒孫設想等語，馮乃放心。不意今聞實行稱帝，乃大怒曰：「對我都不說真話，太對不起人了。」由此遂懷貳心。於是參議院議長梁士詒進呈各省勸進表，擁戴袁氏為中華帝國大皇帝。即在國務會議時，袁氏宣布接受民意，變更國體，實行帝制。自明年起，改為洪憲元年，定於十二月十日，先即帝位。

至十二月十日，新皇帝行登極典禮。文武百官，齊集大禮堂，惟國務卿王士珍病假未到。袁氏御新製戎裝，受百官祝賀，儀式簡單隆重。袁新皇帝演說一番，各報登載，有「順從民意，跳入火坑」之語，京中人士，相傳以為不祥。

濡筆至此，蒙老友周志輔兄，以袁氏小站練兵時照片及袁徐二公手扎之影印惠贈，世所罕見，彌足珍貴，特載於此，光我篇幅。書中即常熟言敦源先生。照片係清光緒三十一年，在直隸陸軍秋操時所攝，由陸軍部尚書鐵良主其事，故與直隸總督袁世凱並肩中立。

霹靂一聲・雲南起義

洪憲新朝，興高彩烈，攀龍附鳳之徒，正在彈冠相慶，不意霹靂一聲，雲南起義，蔡鍔、唐繼堯等組織護國軍，通電各省，聲討帝制，京中人士大為震驚。時陸徵祥兼代國務卿，急捧電文入見。袁皇帝頗為鎮定，說此事不必驚慌，蔡松坡這人，小有才幹，而有陰謀，但面有反骨，壽必不長，我早防備他，故調其來京，現在川邊有曹錕、張敬堯駐守，廣東龍濟光對我忠心，廣西陸榮廷不敢妄動，新近又派陳二庵（宧）帶新兵入川，料可鎮壓得住。

提起陳宧奉派入川，當時報載其辭行一幕，頗值得在此補述。陳係鄂人，武人而具政客技倆，與袁大公子換帖弟兄，故得袁氏信任當其奉派赴川時，袁曾囑照他好好的幹，一抵川，即發表為川省督軍。陳宧諾諾連聲，感激涕零，及將出發，向袁辭行，竟行三跪九叩首大禮，袁說何必如此，陳口稱陛下登極大典，不能趕來參加，故預先慶賀，袁大悅，說即改國體，跪拜亦須廢止的。此為當時爭傳之一段珍聞。

蔡鍔字松坡，湘人，梁任公（啟超）在湘講學，蔡受其教，師生甚相得。蔡後奉派赴日學陸軍，先入振武，後入士官。振武為成城學校分出，兩校有門可通，兩邊學生，雖文武各分，而朝夕相見。我在成城肄業，湖南同學極多，時見蔡鍔，不大與人談笑，惟甚用功讀書，人亦不多加注意。同時陸軍學生，另有一人，情形與蔡相似者為黃郛，字膺白，亦不多言，而好讀書沉思，常有病容，後來未能進入士官學校。二人在校，人只知其中文佳而好學，其他未見有過人之處，又誰知其後來，皆為國家建立非常之功業。膺白先生回國後，適與余同船，彼時尚無飛機，由橫濱到上海，船行須四天多，承以所譯《肉彈》一書，請代校正。此書為日本名著，歐譯甚多，敘廣瀨中佐（即中校）於日俄戰役壯烈犧牲事。在旅順俄軍布置險要甚多，日軍以武士道之精神，奮不顧身，前仆後繼，多為衝破克復，但傷亡甚重，後方不斷補充，日本國內每逢壯丁出發，其家族及鄉鎮人士，均以「祈戰死」之標語，揮旗送行。此時旅順口有一處險要，俄軍埋伏水雷，無法渡過。主帥乃木大將，見犧牲日多，幾欲自殺。廣瀨中佐偕一軍曹，竊於夜間私乘一小型兵船，開往險處，觸雷炸沉，而險要以破。日軍急行渡過，以一當十，向俄營衝鋒急進，俄軍猝不及防，紛紛潰退，日軍乃告大捷。廣瀨後被封為軍神，在東京小石川立有銅像，同死之軍曹某，亦含笑坐在其身旁，其處為行人必經之路，每日經過之人，總向之行禮，筆者亦時與焉。此外教科書中，均有廣瀨中佐事績，電影話劇，亦常演出，有某文學名家，乃著《肉彈》一書，文筆酣暢淋漓，銷遍全國，家有一冊。今見膺白先生所譯，文字清新，筆筆可使國人讀之，激發尚武精神，喚起愛國信念。校之擬交商務印書館出版，不知銷行如何。今述蔡黃二公往事，忽連帶想到又有二位與此相反之陸軍學生，為吳祿貞與良弼，俱係才氣縱橫，胆識過人，惟吳倡言排滿，加入同盟會，良弼係旗人，或云係滿清宗室，與吳氏積不相能。回國之後，吳在東三省為軍官，從日軍手中，收回間島，建立奇功。間島本係中國屬地，因近朝鮮，日本人說是屬於朝鮮，駐兵開發。東京中國留學生乃電告清廷速予交涉，詎清廷遍查宗卷，無案可稽，又無地圖可資佐証。（今之釣魚臺及西沙群島情形恐即似此）幸有同盟會宋教仁先生在東京，買通日本參謀本部之人，盜得地圖文件，送交使館轉京。按：宋教仁先生，字漁父，湘人，才智俱全，實為有數之政治家，惜為袁世凱所忌，派人暗殺身死，此乃中國之大損失。清廷得此地圖後，即發交東三省總督，令速交涉，遂由吳祿貞主辦此事。吳先探得間島日將，乃係其士官學校之教官，又預先將島上土匪買通，乃往謁見其師，極為恭敬，先禮後兵，卒使日將退出，收回該島。於此一端，已可見吳之才智過人，清末已升任署理山西巡撫。當時吳手握重兵，與南方民黨聯繫，又有灤州藍天蔚等呼應，不意即在此時，為良弼派人暗殺，死於石家莊。良弼其時任軍諮府要職，軍權在其手中。袁世凱被起用，自彰德回京，被任為總理大臣，良弼往謁，在途中亦被民黨炸斃。良弼死後，滿人王公大臣，俱是尸居餘氣，不亡何待。倘使吳祿貞不死，則南北呼應，革命可以早日成功。倘使良弼不死，則清廷亦可多延時日，一幕一幕，冥冥中豈真有氣數之說存在耶？

蔡鍔畢業回國之後，在雲南教練新軍，光復後，被推為雲南都督，袁世凱忌之，調其來京，時與接談，任為經界局督辦，暗中派人監視其行動，蔡亦佯為不知。梁任公時在清華大學教書，師生祕密來往。自籌安會發生，蔡即蓄意離京，於是終日花天酒地，假與夫人吵鬧離婚，每天住在北妓小鳳仙家，竟得化裝逃往天津，一切情形，宛如做戲。後來電影話劇所演，雖有穿插附曾，卻與事實不離。其間蔡鍔構思之精，用心之苦，可說百密而無一疏，否則袁之爪牙，豈能瞞過。然蔡公因此體力大傷，回滇興兵，更復心力交瘁，不治之症，早伏於此矣。

梁任公知蔡離京，乃亦由日本使館之人，陪其赴津。俟蔡赴滇後，任公即發表一文，題為〈異哉所謂國體問題者〉。此文一出，傳遍天下，中外報章，競相轉載，成為歷史上之文獻，對於討伐帝制，實具有千斤之威力。梁任公旋即乘輪赴滬，與蘇督馮國璋時通函電，馮早已不滿於袁，乃亦與西南各省聯絡。蔡鍔、唐繼堯舉兵不利，初與北軍張敬堯師交鋒，滇軍大敗，餉械俱成問題，蔡公苦慮焦思，聞在軍中咯血，仍不肯休息。幸梁任公親往西南，說得廣西陸榮廷宣布獨立，各省響應，龍濟光獨力不支，餘省皆惟馮國璋之馬首是瞻，曾幾何時，形勢大變，一般興高采烈彈冠相慶之徒，此時噤若寒蟬，一籌莫展，至是袁氏知大勢已去，悔之晚矣。

取消帝制・新皇駕崩

不意此時，忽接川督陳宧來電，亦勸袁皇帝退位，順從民意。袁氏大怒，想起他辭行跪拜之情形，愈加火冒，自恨糊塗，現在無法挽救，由此憤鬱成病，日進湯藥。以前英使朱爾典之勸進，可說是洪憲帝制之催生符，現在陳宧來請退位之一電，可說是袁皇帝之送命湯矣。袁氏病中，仍勉強治事，惟眾叛親離，徐世昌、段祺瑞，固已久不見面，王士珍亦早稱病辭職，國務卿由外交部總長陸徵祥兼代，開會方畢，陸氏即遞辭呈，辭去本職各職，隨即偕其洋太太，往北戴河而去。袁嘆曰：到此時還不肯與我共患難，隨即批准，面命曹次長代理外交總長。隨又親繕兩函，派曹氏赴天津，召徐世昌，派唐在禮到山西，召段祺瑞，詎皆以病不來。袁氏見此情形，長歎一聲，毅然自決，下罪己詔，取消帝制，以謝國人，自洪憲稱帝以來，僅八十餘日耳。

帝制取消之後，段祺瑞即來京相見，據傳二人握手而泣。隨即恢復國務院，任段氏為國務院總理，通電各省。西南尚有主張袁氏去位懲辦禍首者，經馮國璋之調停，始告無事。

蔡鍔護國軍，大功告成，功成不居，盡推讓於唐繼堯以及諸將領。旋舊病復發，赴日就醫而竟不治，天喪斯人，亦國家之不幸，袁世凱謂其不能長命之言竟驗。

袁氏之病，亦日漸沉重，竟至危篤。徐世昌、段祺瑞等各舊人，均到榻前，袁已昏迷，不能言語。徐世昌就其耳邊問道，有什麼吩咐嗎？袁以手向空亂抓，喉間彷彿有泥字之音，徐問，是黎元洪吧？袁似微點首，徐段二人即高聲說，知道了，放心吧。不逾時，袁即一瞑不視，一代梟雄，惑於僉壬，飲恨以歿，徒供後人慨歎！

楊度誤認袁世凱為「真命天子」

雲從龍

民國初年，有兩個讀書人搞政治，都是失敗者，都搞得焦頭爛額；但兩人的知名度都不小：一個是梁啟超（任公）；一個是楊度（晳子）。

梁啟超在文章上有成就，不管後人對他那搖擺的政治立場有多少批評，卻皆一致崇拜他的文章；楊度在文章上沒有梁啟超那麼大的成就，而因為捧袁世凱做皇帝，搞所謂「籌安會」的關係，卻留下千古罵名；可是他很執拗，一直鼓吹君主立憲。他既不附和康梁的保皇黨，更不贊同中山先生的革命黨，他要找到一位「真命天子」而輔佐之，在他心目中「真命天子」便是袁世凱。如果袁世凱是朱元璋，楊度也許可能成為劉伯溫，怎知，這位「明主」穿起龍袍，不像皇帝，帝業只維持了八十三天，就宣告結束。

留學日本是個活動分子

楊度字晳子，湖南湘潭人，是湘潭王湘綺（名闓運、字壬秋）的得意門人。家道富有，少年喪父，苦讀成名，和他的妹妹楊莊（字少姬）有才男才女之稱。少姬成長後嫁給王湘綺的第四子王文育為妻，文育字季果，學問遠遜乃父，而脾氣壞透，王、楊結褵後，勃谿時起，情同陌路，楊度聞其妹之遭遇，大為不安，曾寫信給少姬說：「夫婦之道，同於君臣，合則留，不合則去。」但在當時的社會，這種想法簡直是叛逆，亦可見楊氏的通脫不羈處。

光緒廿九年五月的經濟特科，一等第一名是梁士詒；一等第二名便是楊度。梁楊兩人後來在民國初年的政壇都曾翻雲覆雨，毀多於譽。

楊度雖得意於經濟特科，但在北京一時並無若何好的出路，於是悄然東渡，到日本求學。他是個活動分子，在東京住了不久就風頭十足，擔任了東京留學生會的會長；副會長是湖南湘陰人范源濂，范在民初年間也是北京政壇的有名人物，曾任國會議長。楊家本來富有，所以楊度在日本不愁接濟，據說他在北京時，張之洞頗賞識他，叫他遞了門生帖子，因此他抵日後，張香帥也接濟他不少的錢，他則把東京留學生的動態不時報告張之洞。

楊既然有錢，又有活動能力，所以他在東京便成為中心人物，他所住的飯田町寓所，儼然成為「湖南會館」和「留日學生俱樂部」，天天開大鍋飯，座客常滿，而他所交往的，有各黨各派的分子。其中最莫逆的有黃興、陳天華、宋教仁、楊篤生等，這幾位都是湖南人。黃興和宋教仁不用說大家都知道他們後來是開國元勳，而陳天華也了不起，他是早期革命黨的大文豪，湖南新化人，光緒卅一年十一月十二日在日本投海自殉，著有《警世鐘》、《猛回頭》等革命文獻。楊篤生是湖南長沙人，吳樾行刺五大臣的炸彈便是他所製造，後來亦在倫敦蹈海而死。

反對革命贊成君主立憲

光緒卅一年七月，中山先生由歐洲到日本，擬在日本大規模策動革命事業，這時候維新黨人在日本聲勢很大，中山先生頗有意把維新派拉到來，因為維新派如康有為、梁啟超都是廣東同鄉，無論學問文章都出類拔萃；可是革命陣營維新派卻是保皇黨，不願參加革命，使中山先生的希望落空。於是，退而求其次，發現了楊度，楊雖不是革命黨人，但亦非保皇黨，既有才氣，又有活動能力，倒是一個搞政治運動的好手，於是在某一日，中山先生由程家檉陪同，赴楊寓造訪，大談排滿革命種種。同時認為和滿清談改革等於對牛彈琴，康、梁前車可鑒，救中國唯有革命。楊聽了中山先生一番話後表示：

「革命的破壞性太大，中國積弱已久，國勢已疲，不堪服以猛劑，猛劑徒召危亡之禍，非中國之福，轉不如以君主立憲達到改造中國的目的。」

孫、楊的談話並不合拍，但楊對孫極表好感，最後楊說：「我們雖意見不同，但都是為了救中國，殊途而同歸，任何一條路成功，於國家都有利，我雖不能參加革命，敝同鄉黃廑午（即黃克強）等人的主張卻與閣下相符，我很想介紹二公相識。」孫、黃兩大革命領袖的相識，乃是洪憲罪魁的楊度所介紹，這是後人所不曾想到的。

當時黃克強在東京創辦華興曾，鼓吹革命；中山先生則組織興中會。孫、黃一見即合，於是兩大革命力量遂告合流，兩會併為同盟會，由中山先生為最高領袖，從此革命陣營遂益見強大。

在這個期間，同盟會在東京的機關報是《民報》，保皇黨的機關報是《新民叢報》，而楊度亦有一喉舌，名叫《中國新報》，始終與革命黨和保皇黨若即若離，以第三者自居。

熊希齡推薦楊度任槍手

滿清末年因為革命勢力的威脅，同時清廷鑒於日俄之戰，日本以蕞爾三島戰勝了廣土眾民的俄國，推其原故，是因為明治維新，君主立憲而富強，乃於光緒卅一年六月，派鎮國公載澤、戶部侍郎戴鴻慈、兵部侍郎徐世昌、湖南巡撫端方等赴歐美各國考察憲政，後又增派紹英，這就是清末著名的「五大臣出洋考察憲政」之舉。

五大臣於是年八月廿六日由北京啟程，不幸在北京前門外車站被革命黨人埋藏炸彈，載澤和紹英被炸，幸僅輕傷。徐世昌和紹英中止出國，清廷改派山東布政使尚其亨、順天府丞李盛鐸代行。

老實說，這幾位大臣出洋遊山玩水是可以的，真要考察憲法，則是用非其才了。五大臣隨員中有一位湖南人熊希齡，後來是民國第二屆內閣的國務總理，他也是維新人物。他向五大臣建議，考察歸考察，至於將來的報告，則非找專家來寫不可，五大臣深以為然，於是由熊希齡推薦在東京的楊度擔任「槍手」。五大臣並派熊滋赴東京訪楊度，楊欣然應允，再由楊找梁啟超，兩人負責分撰報告，梁啟超寫〈世界各國憲政之比較〉；楊度撰〈憲政大綱應吸收各國之所長〉及〈實施憲政程序〉。五大臣的「憲政報告」彙齊後，同時奏請清廷立憲。光緒卅二年七月，御前會議決定下詔「預備立憲」，並保楊度才堪大用。光緒卅三年七月，清廷改「考察政治館」為「憲政編查館」，賞楊度四品京堂，擔任編查館提調。

一篇演講使親貴們動容

楊度奉到委命後，並不積極赴北京上任，卻悄悄的回到湖南閉門守制，一方面和友人梁碧恆組織了一家華昌公司在湖南開礦。不料經營失敗，虧了老本，甚至債臺高築，梁碧恆一急，急瞎了一隻眼睛，楊度也一籌莫展，所以北京方面雖有錦繡前程等他，他也困於債務無法前往。當時清廷的軍機大臣是張之洞和袁世凱，都很賞識楊度，認為：「斯人不出，如憲政何？」所以特派專差赴湖南請楊，楊覆信給張之洞和袁世凱，說明為了華昌公司債務無法分身，張和袁立予支持，這麼一來，華昌公司不僅還清了債務，同時還增添了新的資本。楊度面子有了，於是飄然而至北京。

北京在天子腳下，當時仍是一個封建社會，對於所謂立憲，總是格格不入，慶親王奕劻接納袁世凱的建議，召集滿清親貴在頤和園開講憲政，請楊度主講。楊度很會講話，他對這些親貴們說：

「立憲乃是保障君主皇權的唯一法寶，如果拒絕立憲，就一定會引起革命。」

他這篇講演頗讓聽者動容，大家都承認「立憲」是救世的良藥。

袁世凱身邊兩個智多星

袁世凱賞識楊度，就在頤和園主講「立憲救國」時開始。老袁是個最善於利用時勢的人，他知道大勢所趨，立憲已不可避免，他便要順應這個潮流，抓住主流。他在戊戌政變時得罪了康、梁一派維新人物，因此，他見到楊度便如獲至寶，立即曲意延攬他作為智囊。

楊度既受知於老袁，在當時的情勢下，楊即開始在袁世凱身上嗅到了「帝王氣息」。楊度以君主立憲為政治理想，卻把政治事業寄託在袁的身上；可是不知是他自己的運氣壞，還是老袁的運氣壞，他們一開始發生良好關係時，袁的政治生涯就受到了嚴重的打擊，這就是西太后和光緒同時駕崩，溥儀登極，光緒的親兄弟載灃任攝政王。傳說載灃想替其兄光緒報仇，要殺袁世凱，幸得張之洞的力諫，袁世凱才得以足疾為由，貶逐出北京。由這時起，袁便回到河南彰德府洹上村歸隱，楊度因此亦失去了飛黃騰達之梯。

不過，老袁雖然息隱林下，可是在政治上仍有力量，他有北洋軍做他的後臺，他的老朋友徐世昌在清末官場中，是個光滑得透明的水晶球，不但沒有因為袁黨的嫌疑而受到滿清貴族的排斥，反而外放總督，內調尚書，紅極一時，在這個時代，徐世昌竟然爬到內閣協理大臣（等於副總理）的地位。

至於總理大臣慶親王更是老袁所收買的滿族王公，還有袁的長子袁克定正在郵傳部當丞參，巡警部侍郎趙秉鈞也是老袁一手提拔的特務頭子，北洋大將馮國璋、段祺瑞等則經常輕車簡從地到彰德來向老袁提供情報或有所請示。他所居的洹上村頓時車水馬龍，有如山陰道上。袁這時的做工也很好，他一副禮賢下士的面孔，凡是來訪他的，他都以禮相接，臨別時還要致送一筆豐富的路費。因此他雖然是奉旨退隱養痾的洹上釣叟，而其權勢竟和朝中的達官顯宦一樣。

這期間袁世凱身邊有兩個智多星：一個是多才善辯、有憲法專家之譽的楊度；一個是安徽泗州人，北洋總督楊士驤之弟楊士琦。這兩楊經常僕僕於北京、彰德間，是袁的耳目，也是袁的靈魂。

理論高明軟化黨人敵意

辛亥革命後，老袁東山再起，他因勢利導，使自己變成了時局的中心人物，這一期間楊度對老袁的貢獻最大。當革命軍和清軍停戰期間，全國都希望透過和談達到滿清讓國的目的，由滿清內閣大臣的全權代表和革命軍選出來的代表進行和談。袁世凱派唐紹儀為和談的全權代表，楊士琦對袁說：「少川（唐紹儀別號）是廣東人，廣東人最講鄉誼，革命領袖孫文也是廣東人，革命軍的全權代表伍廷芳也是廣東人，廣東人和廣東人碰頭，說幾句老友記，就變成朋友了，倒不可不提防一下。」

老袁笑著說：「杏城（楊士琦別號）你放心，我就請你和貴本家楊度隨少川南下吧。楊度是湖南人，革命軍方面不少湖南人，讓湖南人和湖南人碰碰頭，說幾句湖南話吧。」

老袁之所以屬意楊度，是因為他知道楊度在東京時和中山先生很熟，又和黃興、宋教仁過從甚密，孫黃的相識還是楊的介紹，因此楊可能對和談有很大貢獻。

楊度果然不負老袁所託，他對革命黨人散播如下一種理論：「今天的革命事業，非袁項城不易成功。項城不是曾國藩、胡林翼，可是革命黨人千萬不要迫著他走曾、胡那條路。今日大勢不是革命黨和清廷之間的問題，而是革命黨和袁項城之間的問題；項城的問題一解決，革命就成功了。至於項城的問題是什麼呢？只是條件問題，不是原則問題！」楊度的這番高論很能打動許多革命黨人的心，當時大家都認為革命是為了推翻滿人統治，只要滿人讓國，大家是漢人，無話不可以談。袁世凱有北洋軍在手，如果逼老袁走曾國藩的舊路，是不智的，因此爭取老袁加入革命陣營不失為明智手法。袁世凱用楊度來軟化革命黨人對袁的敵意，是極高明的政治作戰，後來果然實現了這個願望。

放棄同盟會組成國民黨

和談成功，清帝退位，中山先生在南京實現了承諾，把總統讓給了袁世凱，老袁怕南方對他不利，所以堅持在北京就職。南京臨時政府結束時，中山先生主張將政權讓給袁世凱後，同盟會退而為在野黨以鞭策政府；宋教仁則主張「毀黨造黨」，放棄同盟會的名稱，吸收其他小政黨，組成一個大政黨，在國會中成為第一大黨的地位，由國會的多數派進而組織責任內閣。按宋教仁的主張是：放棄在總統問題上、軍事實力上對袁鬥爭，而在國會方面、內閣方面取得優越地位，使老袁的總統沒有權力。這個主張很快就得到同盟會會員的熱烈支持，遂有國民黨的組成。

這一時期的國民黨，組成分子龍蛇混雜，投機分子甚多，因此宋教仁的「毀黨造黨」目的只達到了擴大同盟會的組織，並未把國民黨變成一個堅強有組織的政黨。

國民黨成立後，宋教仁所致力的是在國會中控制多數，同時準備在正式國會議員選舉中贏得勝利，以備將來組成一黨內閣；黃興則致力爭取各色各樣的人入黨，他以為無論你是何等樣人，只要入了國民黨，就可以漂染你成材。民國元年秋，孫、黃先後應老袁之邀赴北京，黃興到處勸人入黨，而且當面邀袁世凱入黨，並且承諾推袁為黨的領袖。他認為：不論生張熟魏，不論為敵為友，只要今天肯加入國民黨，大家就是同志，所以他除了拉老袁入黨外，還以十二分的誠意拉楊度等入黨。

覆書黃興提出入黨條件

楊度本是中山先生和黃興締交的介紹人，早在東京時代，楊度就曾婉拒中山先生的邀請加入同盟會，所以他對革命和國民黨都是沒有信心的，他這時已死心塌地的選中了「真命天子」袁世凱，因此黃興的提議。他根據袁世凱的意思寫了一封信給黃興，函云：

「前承不遺，邀入國民黨，只才識無似，未敢遽諾。近日京中貴黨幹部諸君繼續招邀，議及黨略，度以為貴黨以前之經過，及以後之行動，皆不免於困難者，實為政黨內閣四字所縛，雖云根據學理，然貴黨從前對於項城尚未充分信任，含有防閒之意，亦事實之昭然。度意此後貴黨對於民國，對於總統，宜求根本解決之方，若不信袁，則莫如去袁，而另舉總統，度必勸袁歸隱，袁亦必樂從;若能信袁,則莫如助袁,而取消政黨內閣之議,以求實際溝通,度方可有效力之處。若仍相挾相持,互生疑慮,實於國家大計有損,非上策也。度姑以黨外之人預為建議,自分於貴黨黨員,關係甚淺,不敢輕於宣布全國投身,乞公據度此電,通電全國貴黨本部支部,徵集意見,若多數贊成鄙意,見諸實行,方敢追隨左右,不僅以此覘貴黨之方針,且以此卜一身之信用。進退所關,伏維裁察是幸。」

楊度當時的這種表示,使得黃興等大為光火,入黨居然還附有條件!於是國民黨對楊度只好關門了。

楊士琦分析袁世凱動向

民國成立後,袁世凱在滿清皇朝和革命黨中間坐收漁人之利,得任民國第一任大總統,楊度在老袁的總統時代並不得意。國民黨二次革命前,有一天楊士琦和楊度閒談,楊士琦分析當時政局和袁的動向時說:

「辛亥南方鬧革命時,項城(指袁)不便直接取天下於清朝,所以要利用革命力量推翻清朝;可是項城並不是真心要和革命黨合作,清朝垮臺後,項城和同盟會的合作就到了一個分歧點,項城不會容許同盟會獨霸天下。同盟會改組為國民黨後,聲勢更大,項城自然非排斥國民黨不可。等到國民黨被他剷除後,他就會廢止內閣制的臨時約法,而代以總統制的新憲法。到那個時候,他的政治趨向不外乎兩途:『維新』或者『守舊』。維新就要起用新人才、新面孔。守舊則會搬出舊官僚、恢復舊制度。哲子，你是項城新人才中的一張王牌，我看不久你的好運就會來臨了。」

楊度聽了楊士琦這番話，大為動心，他知道楊士琦這個人最工心計，與袁的關係很深，對袁的政治風向知之最切，對老袁的揣摩不會太離譜的。於是楊度便以未來宰相自居。

答覆熊希齡幫忙不幫閒

在國民黨二次革命時，外間果然有楊度或楊士琦組閣的空氣；然而空氣畢竟是空氣，到了民國二年（一九一三）七月卅日，袁選出來的新閣揆卻是當年拉楊度替五大臣寫「憲政考察報告」的熊希齡。熊是進步黨人，曾在唐紹儀內閣中擔任財政總長，辭職後外調熱河都統，熱河行宮盜寶案曾把熊氏牽連在內。

熊希齡拜命組閣時，很想組成一個全國第一流的「人才內閣」，把全國名流都拉入閣。熊氏和楊度既然是舊交，又是同鄉，當然想拉楊度入閣，楊則表示願任交通總長，熊亦慨允；結果，臨時卻發生了變化，楊度未能出長交通。

熊希齡想起過去五大臣出洋時，得到楊的慨然相助，如今自己做了國務總理，面允楊的交通總長竟落了空，越想越過意不去，乃欲以教育總長相屈，熊氏期期艾艾地向楊說：「請哲子幫幫我的忙。」楊度是個直性人，他率直的回答熊說：「我幫忙不幫閒（因為教育部當時是個冷衙門）。」這是一句雙關語。後來熊希齡終以漢口商場督辦畀予楊度，以資調劑。

受國會牽掣厭倦做總統

袁世凱本是個舊官僚，做了民國大總統後，受到國會的牽掣和責任內閣的壓迫，使他痛感民國的大總統，和昔日皇帝的威風不可同日而語，因此他對總統職位逐漸感到厭倦，這時守舊派推波助瀾，老袁的兒子袁克定想做太子，而積極策劃帝制，於是帝制自為一幕遂呼之欲出。

民國三年（一九一四）四月楊度辭去了漢口商場督辦回到北京，擔任參政院的參政，參政都是第一流知名之士，楊這時由老袁的智囊一變而為太子袁克定的智囊。這時老袁身邊最接近的是內史夏壽田，夏是楊的同鄉又兼同學，年少而有才名，其入袁幕是楊所介紹，內史長阮忠樞雖是老袁在小站時代的老幕僚，可是他這時鴉片烟癮很重，另一小站時代的老幕僚張一麐則專任政事堂的機要局長，袁每天一大早就到簽押房，按時到公的只有夏壽田一人，所以遇事都和夏商量，夏由此一變而為老袁身邊親信，知道老袁的動向和意圖。夏既是楊度所介紹，楊夏關係便極為接近，夏經常到楊家吃晚飯，因此夏所知道的事，楊也知道。

當時，老袁父子本來想拉攏中外知名之士共同進行帝制運動，可是楊度想一手包辦，袁克定有意拉梁啟超，曾以春宴為名邀梁到湯山款談，但談得極不入港。梁啟超走後，楊度對袁克定說：「梁是個書呆子，「研究政體而不研究國體，是不會反對帝制的。」

君憲救國論袁擊節贊賞

楊度既然對袁的意圖完全了解，乃撰了一篇〈君憲救國論〉，交夏壽田轉呈給老袁，老袁看了擊節贊賞，連聲說：「真乃曠代逸才也。」遂把這篇大作寄給湖北督軍段芝貴，令他祕密付印。

「曠代逸才」四字是民國三年（一九一四）五月由老袁親題橫匾頒贈給楊度，楊有謝恩摺云：「為恭達謝忱事：五月卅一日奉政事堂頒到匾額，賜題曠代逸才四字，當即敬謹領受。伏念度猥以微才，謬荷品題，維袚飾之逾恆，實悚惶之無地。幸值大總統獨膺艱巨，奮掃危疑，度得以憂患之餘生，際開明之嘉會；聲華謬竊，返躬之疚彌多。皮骨僅存，報國之心未已。所有度感謝下忱，理合恭呈大總統鈞鑒！」

此時有投機政客徐復甦、丁世嶧等看出老袁的隱衷，祕密呈請老袁改行帝制，老袁命夏壽田把這些意見就商於楊度。袁初意是想叫楊度做一個居間人，與徐、丁等聯絡，幕後指揮徐復甦等組織一個研究國體問題的學術團體，並網羅一些名流參加，使這個團體能影響和領導民意，藉為帝制打下基礎。老袁自己既不能發號施令，也不能親自指揮，因此由楊度擔任最為適當；但亦不要楊出面，因為楊和袁關係太深，色彩太濃，楊出面就讓人看出這是自拉自唱的戲。可是楊度卻願意親自出馬，不願做無名英雄。

夏壽田雖轉達袁的意見，叫楊聯絡當時知名之士研究帝制問題，楊度卻急不及待地邀請了五位有名人物：孫毓筠、胡瑛、劉師培、嚴復、李燮和。加上楊度自己，總共六位，後來大家遂叫他們為六君子。

六君子實際是獨腳戲，完全由楊度一人自導自演。他摸透了老袁的內心，創立了籌安會以推動洪憲帝制。當然，如果洪憲帝制成功，楊度論功，毫無問題是「新朝」的第一人了。

帝制失敗楊成眾矢之的

民國四年（一九一五）十二月十二日，袁世凱接受全國「推戴」，為洪憲皇帝。訂民國五年元旦起改元為「洪憲元年」。改中華民國為「中華帝國」。

這位總統皇帝，以陰鷙通變之才，逢饑渴望治之會，幾乎造成了一時的偶像，如果能逆取順守，也許真會成為華盛頓第二。不幸他一念之差，竊國稱帝，殘殺民黨，蔡鍔首先在雲南登高一呼，紛紛響應，終於粉碎了老袁的一場皇帝夢！

民國五年（一九一六）三月二日，袁世凱在四面楚歌聲中被迫撤銷帝制。當全中國人民都反對老袁稱帝時，大家都把發起籌安會、鼓吹君憲救國的楊度指為罪魁禍首，要求誅楊度等十三人以謝天下。

是年六月六日，袁世凱在四面楚歌聲中與世長辭了。袁死後，洪憲禍首楊度成為眾矢之的，但是他卻泰然自若。他輓老袁的一副輓聯很精采，內容是：

民國誤共和，共和未誤民國，千載而還，再平是獄；
明公負君憲，君憲不負明公，九原之下，三復斯言。

到了是年七月十四日黎元洪總統下了懲辦洪憲禍首令：「自變更國體之議起，全國擾攘，幾陷淪亡，始禍諸人，實尸其咎：楊度、孫毓筠、顧鰲、梁士詒、夏壽田、朱啟鈐、周自齊、薛大可均著拿交法庭詳確訊鞫，嚴行懲辦，為後世戒。其餘一概寬免。此令。」

通緝令將下前，楊度已赴天津，他是替袁世凱打天下的開路先鋒，帝制失敗後，楊在天津屢欲赴京自首，但被家人環阻，而楊亦始終未被拘捕。

楊度輓蔡鍔黃興中山聯

護國倒袁的第一人——楊度的好友蔡鍔於是年十一月八日在日病逝，噩耗傳來，全國震悼。蔡鍔和楊度是湖南同鄉，早年在東京留學期間又是好友，可是一為護國元勳，受全民愛戴；一為洪憲禍首，為國人唾棄。楊度有輓蔡鍔一聯云：

魂魄異鄉歸，於今豪傑為神，萬里江山空雨泣；
東南民力盡，太息瘡痍滿目，當時成敗已滄桑。

楊度是楹聯好手，這副輓聯並不工整，是因為在下筆落句時確實太難。下聯楊度則完全站在反對護國的立場，評論護國之役除了消耗民力外，毫無成就。

楊度輓黃興的聯語是：

公誼不妨私，平日政見分馳，肝胆至今推摯友；
一身能敵萬，可惜霸才無命，死生從古困英雄。

還有楊度後來輓中山先生的聯語是：

英雄做事無他，只堅忍一心，能全世界能全戰；
自古成功有幾，正瘡痍滿目，半哭蒼生半哭公。

下聯也有不敬之意，因為他是君主立憲派，所以有此句。

楊度自洪憲帝制失敗後，益發坎坷，他時時自嘆說：「伊藤博文的命太好，我的命太苦。」袁世凱死後的第二年（一九一七），張勳在北京擁滿清廢帝宣統復辟。楊度雖抱「君憲」立場卻反對滿清復辟，曾通電痛詆康有為和張勳。他對於北洋軍閥並無好感，可是卻又無他路可走。有一時期他蟄居上海，閉門思過，覺得中山先生的革命路線倒是救中國的光明之路，這時恰是陳炯明叛變，中山先生在廣州蒙難後到上海，一般人都說中山先生受此巨創，革命事業恐無成功之望；楊則獨行其是，逕程晉謁中山先生，痛陳往日錯誤。兩人拊掌大笑。

張宗昌保楊做教育總長

民國十三年（一九二四）曹錕、吳佩孚當政，楊度的好友夏午詒在保定為直系上賓，楊以之為媒介，曾北上說曹、吳參加革命，不得要領。曹吳倒後，楊以參贊名義居姜登選幕中，不久姜被殺，楊返天津卜居，又為張宗昌所招，聘為總參議，移居濟南。

楊在張宗昌幕中時，李石曾等鑒於北方教育倍受摧殘，勸楊度活動教育總長一席，楊也頗為動心，過去楊度薄教育總長而不為，如今時移勢易，求此席而不可得了。

於是有人替楊度策劃，先在北京刻字店用「北京教育促進會」和「北方教育問題研究會」名義刻了兩個圖章，然後用這兩個團體的名義，以代電方式拍電給張宗昌，要求他保薦楊度為教育總長。張宗昌出身綠林，是個老粗，平素認為教育界中人最瞧不起他，突然接到北京兩個教育團體的代電，對他頗為恭維，又請他力保楊度為教育總長，覺得教育界中人對他很看得起，大喜過望，便喜孜孜對楊度說：「晳子，你看，他們教育界居然找到俺這個綠林大學出身的人來了。」然後一個大巴掌拍到楊度背脊上，朗聲大笑說：「俺保你，一定保你！可不要辜負了人家一番盛意。」於是張宗昌要楊自擬電稿給北京的張作霖，推薦楊度為教育總長。果然張作霖覆電請楊入京。楊入京後，見到張作霖，張說了許多「借重，幫忙」的話。楊辭出後，順道一訪張的智囊楊宇霆，作普通寒暄後即辭出。

輕輕一句話總長做不成

楊度回到寓所，那個替他策劃的人來問消息，楊一五一十的告訴了他。

那人問楊：「你見了雨帥後，有沒有見一下鄰葛（楊宇霆字）？」

楊說：「我順道看了他一下，敷衍幾句就出來了。」

那人跳了起來說：「什麼？敷衍幾句？」

楊淡然說：「是的，他的老帥都已答應，又何必和他多談。」

那人嘆了一口氣說：「完蛋了，你的總長做不成了。我的巧計也成畫餅。」

楊頗不謂然。過了一些時日，果然毫無動靜，他便跑到另一奉方要人處探聽消息，這人說：「前幾天老帥提過你做教育總長，鄰葛在旁說，晳子政治色彩太濃，只輕輕一語就把老帥的意思打消了。」

北伐成功後，楊度在上海賣畫，他原來自號虎公，以畫虎為號召，潤格很高，起碼八十元，其實所畫非驢非馬，類虎類犬。他抱著太公釣魚、願者上鈎態度。這時他已成了杜月笙的食客了。他本患肺病和胃病，在上海時發時愈。民國廿一年（一九三二）舊疾復發，終於臥床不起，與世永訣。

楊度的故事是書生搞政治的一幕悲劇！

六十年前的「洪憲皇帝」

舊史氏

袁世凱搞「中華帝國」，改元「洪憲」，發動於民國四年乙卯（一九一五），今年歲在乙卯，恰為花甲一周，事隔六十年，今日一般人對袁世凱稱帝一幕已無印象了，就拿筆者來說，上一乙卯年我才七歲，在廣州初入家塾讀書，只聽見老師同年紀大些的人談到什麼袁世凱快做皇帝了，我知道袁世凱是大總統，但不知何以袁世凱又要做皇帝，本來總統是全國最大的官，袁既不想做總統，那麼，皇帝當然比總統大得更多了。不久後，又聽說袁世凱登基了，接著又聽說他死了。從此「中華帝國」、「洪憲皇帝」的影子已不在我的腦子裏。到十四五歲以後，在學校讀書，又到外國混了幾年，雖然還知道有「袁皇帝」這個故事，但對於這件事的來龍去脈是完全不清楚的。以生活在二十年代的人，對這一段史實都不大清楚，何況生活在七十年代的少年人呢？所以不辭謭陋，試來一談洪憲故事，使讀者得溫舊知新之樂，亦可作鑑往知來之用，非敢謂作史也。

中國專制政體行了三四千年，到辛亥革命後，推翻了獨裁政體，出現了「民主共和」的政制，這是中國人的一大進步，人人都想到，以後中國再不會有專制政體了。豈知，袁世凱登上總統寶座，不到四年就要推翻民主政制，恢復專制政體，稱帝自娛。雖然短短八十三天的帝國春夢，倒也在民國史中留下了痕跡。這痕跡倒也「多采多姿」，使人如在山陰道上，目不暇給，故此更值得一談了。

袁世凱好好地做終身總統為什麼還不滿，為什麼還要做皇帝呢？是不是正如我小時候所想的總統的官不夠皇帝大？是也。善哉，沃丘仲子之言曰：「世凱者，恃權冒利人也。且挾其恃權冒利心以衡天下，以為信義廉恥者，皆迂儒膚濶語，詎足信法！苟有權以制人，有利以餌人，則國之人任其操縱矣。」（見《當代名人小傳》袁氏本傳，民國八年七月出版。沃丘仲子名費行簡）費君所評世凱之語，頗有一針見血之妙。袁世凱最懂得皇權之可貴，所以稱帝自是意中事。當乙卯年他醞釀帝制時，有個長沙人黃毅著《袁氏盜國記》說：袁世凱除了個人的富貴權位外，什麼都不管，所以他才有謀帝位家天下的心理。他列舉袁氏陰謀盜國的動機有五，雖未必盡可信，但也還不十分荒誕。最有趣的說法是：袁世凱迷信風水，認為故鄉項城中學有王者氣，就要毀校址改葬其母，經其兄之力阻，始以本人的「長生祿位」牌移往供之。袁世凱是個很迷信的人，信鬼神、祥瑞是他的本性，毫不足異。今人陶菊隱著《六君子傳》：據馮國璋所傳，袁世凱的動機是自信「金龍再世」，這一傳說最為有趣。據說，袁世凱每日必午睡，一睡必一二小時之久。醒後則必喝茶，他有一隻極心愛的玉杯，由老僕或書童按時獻茶進去。一天，書童進房來，眼睛忽然一花，好像看見一個絕大的癩蝦蟆躺在床上，不覺吃了一嚇，手一鬆，把玉杯摔破了。幸袁世凱熟睡未醒，書童躡足退出房，哀求老蒼頭替他想法子，彌縫這場禍事。老蒼頭凝神一想，教了他幾句話，保他太平無事。

袁醒來喝茶時，看見不是那隻玉杯，按鈴叫人進來問，書童馬上進去，袁問玉杯那裏去了？書童老老實實說摔碎了。袁很生氣，指著他大罵。書童不慌不忙說：「不是小的之過，有下情不敢上達。」袁口中喃喃罵道：「快說，快說，看你編排什麼臭話來！」那書童卻指手畫腳地說道：「小的泡茶進來，一腳踏進門，看見牀上躺著的不是大總統。」袁聽後大聲喝道：「是什麼！混帳東西！」書童垂手答道：「小的不敢說。」袁發怒道：「你不說，打斷你的狗腿！」

那書童結結巴巴地低著頭說：「是一條五爪大金龍！」老袁聽了心中暗喜，但臉上卻裝做一種似怒非怒的怒容，喝了一聲「胡說！」然後從抽屜裏拿出一百元鈔票賞給那小廝，一面吩咐他不許在外面胡說，說了會撕破你的嘴。

馮國璋散播這個神話之後，他的結論是：老袁當初並沒有搞帝制的決心，因書童證明他是真龍轉世，才確信他有穿龍袍、登龍位的福分。他的先世歷代相承，都沒有活到五十九歲的，他那時歲數已相差無幾，所以才迫不及待地籌備起來，據陶君說這確是馮國璋的話，他的話確實是真人真事，只畫蛇添足，添了「看見大蝦蟆」一句鬼話，這句話也許是總統府的人傳出來的，並非出自馮國璋的虛構。

不論是袁世凱親自導演這齣戲來騙人使人信他是「真命天子」，抑或他的左右要投其所好而搬演，結論還是袁本人對做皇帝的興趣濃過做總統，所以才決心搞帝制，一切與其手下無關。老袁一生最怕洋人，又最崇洋，他心中常有一個概念，認為「列強」不承認中華民國，中華民國就不是合法的組織，故此他要稱帝，亦汲汲要求得「列強」承認，尤其是鄰邦日本。這時候，歐洲正在廝殺連天，西方「列強」無暇過問遠東的事，有能力過問的，只有日本一國，只要日本一承認，他的「中華帝國」就可以「開張」了。

袁世凱急於要日本承認，所以才答應日本的二十一條要求，來做交換條件。日本方面已有暗示，總統可以高升，高升什麼呢？就是由總統升為皇帝，也即是由公僕變為主人，奴役四萬萬同胞。

除日本之外，英國、德國也是暗中贊成老袁稱帝的。歐洲這兩大帝國，對遠東有極大野心，他們能培植一個聽話的袁皇帝來做買辦，豈非有利可圖？就算袁扶不起，受到大家反對，屆時中國又發生分裂，打個不停，那就更有利於西方了。因此英公使朱爾典慫恿他，而德皇威廉二世，更早就有具體的表示。

原來袁世凱自小站練兵時起，對德國的陸軍最欣賞，後來他做了山東巡撫，和德國人接近更多，而青島又在山東境內，他是見到德國陸軍的「雄姿」的，何況他又曾聽過李鴻章不斷的贊德國陸軍世界無敵呢。民國元年或二年之間，袁克定曾往德國遊歷，威廉二世對他優禮有加。某日，德皇招待克定晚宴，宴後同坐小室中吸烟喝咖啡，威廉對克定說：中國如不改為帝制政體是不會強起來的，因為沒有一個中心，各自為政，這樣一盤散沙的國家，怎能望有強盛之日。他叫袁克定回國後告知老子，中國如不實行帝制，前途一定沒有希望的。威廉更切實的說：袁世凱如果有決心，德國當以全力贊助，樂觀厥成。

克定回國後，把德皇這些「金石良言」對老子說了。其實老袁一向就有帝制的打算了，不過經德皇這番勸告，好像打了強心劑一般，稱帝之心愈為堅定。自此之後，老袁一切皆以德為師，又命他的兒女們放棄學習英文，改習德文。

最妙的是，老袁又仿製一種德國親王陸軍制服，分給袁克定兄弟穿著，共拍一相。這都是洪憲帝制前的趣事。後來老袁稱帝，德國並沒有什麼「贊助」，則以威廉正在傾全力以攻英法，沒有精神顧到袁皇帝了。

舊時的帝王取得天下，無不自稱「順天應人」有百靈扶助的「真命天子」，老百姓絕對不敢懷疑。「真命天子」的鬼話一直連續了二千多年。到辛亥革命後才壽終正寢。袁世凱是看得很清楚的，如果還拿古時這套神話來騙人，老百姓一定不會相信的，最好的方法，無如學西洋的「先進國家」的民意選舉了。但選舉皇帝，似乎太過不倫不類，虧他的手下聰明，替他搞出兩個什麼「民意機關」。

一個叫做籌安會，另一個叫請願聯合會。籌安會是楊度發起的，拉攏名流嚴復、劉師培、李燮和、胡瑛為理事，楊度和孫毓筠分任正副理事長。民國四年八月十四日，籌安會發表宣言，鼓吹帝制，略說自民國成立以來「國家所歷之危險，人民所感之痛苦，舉國上下，皆能言之，長此不圖，禍將無已」，所以組織此會，研究國勢前途，及共和之利害，以籌一國之治安。發起人為楊度等六人，即後來的所謂「六君子」了。

籌安會的章程只有六條，願加入為會員者，先由該會會員四人介紹。什麼「理事長認可」後即可成為會員的話是騙人的，只要有人肯加入，無不倒屣歡迎。會既成立，即用會的名義，分電全國軍政商學工農各機構發電，舉出民主政體種種不合國情，不如廢民主而行君主立憲，宣言中說「此本會討論之結果也。」

繼籌安會而成立的是請願聯合會，由梁士詒在幕後主持，而正副會長卻是沈雲霈、那彥國、張鎮芳。文牘主任謝桓武、副梁鴻志，請願團體之多，真是五花八門，令人大歎觀止，現舉一二以博讀者一粲。（一）人力車夫代表請願會，由北京人力車夫發起；（二）乞丐代表請願團，由北京乞丐發起；（三）婦女請願團，由安靜生發起。……各省的請願人，亦多知名之士，他們大多數是被圈定的，一經指定就無從辯白了。

有了一個請願聯合會之後，各省和各機關的請願書，紛紛飛入北京，請願聯合會就把這些「民意」向參政院提出，全國人民都贊成變更國體，廢民主而改為君主立憲，並擁護「今大總統」為皇帝。老袁惺惺作態，再三推辭，終於尊重「民意」，勉為其難，遂於十二月十二日答覆參政院，答允做「中華帝國皇帝」，十三日，老袁在居仁堂受百官朝賀，同時發表明令：

大位在身，永無息肩之日。故皇帝實為憂勤惕厲之地位，決不可以安富尊榮視之。且歷代皇帝子孫鮮有善果，平時一切學問職業，皆不得自由，故皇室難求發達。予為救國救民計，犧牲一身，犧牲子孫，又不敢避。

做皇帝第一件大事當然要有國號，然後又來一個年號。國號叫「中華帝國」，似已鐵定了，接著就定年號為「洪憲」，並於十二月三十一日明令「明年改為洪憲元年」，並改總統府為「新華宮」。從此新華宮之名，在民國五年以後的文壇上，時有出現，什麼《新華春夢》《新華宮秘史》的書名，不斷出現了。

當洪憲年號未明令宣布以前，一班禮臣奉命恭擬年號，真是聚訟紛紜，各張一說，有很多人主張用個「武」字的，引「光武」、「洪武」為例。又因未來的「太子」已內定為袁克定，故主以「武定」為年號，意謂冠「武」於「定」，所以別前朝之「定武」也。另一派則主用「文」字，理由是「今上」之得天下，乃俯順民意，上應天心，並非專用武力來開國的，應以「文功」為紀元。這兩派爭持不下，歷久不決。因為年號關係重大，老袁下令要慎重處理，登基吉期尚遠，不可草率從事。

文武兩派「不和」，於是主張符應圖讖的一派，居然大合「聖意」，得到批准，遂定為「洪憲」。這一派的理由是：洪範五行之義，為帝王建號之基。天數五，地數五，五百年必有王者興。大明洪武開國以來，到民國四年，恰恰是五百年之數。此五百年中，為外族與漢裔消長之運。前有洪武驅胡元，光復大漢，後有洪秀全抗滿清。辛亥武昌黎元洪一舉義旗，清室禪位，大功實集於今上一身。如果拿德國圖書館影印的《推背圖》來作證——「小小天罡、垂拱而治」一條，判詩有：「洪水乍平洪水起，清光原向漢中看」句，又如黃蘗山人禪詩，歷序滿清朝代，最後詩曰：「光芒閃閃見炎星，統緒旁延最有憑。繼統偏安三十六，洪荒古國泰階平。」《推背圖》演周易各卦，闡發五行；黃蘗山人以梅花數述周易卦理，亦本五行，得見天地之心。原本洪範，歷察讖緯，洪字纍纍如貫珠，所以帝業紀年，洪字先行決定，再擬他字。

袁世凱認為擬議很有道理，御筆批准，即以洪憲為開國年號。自此之後，也有人稱袁世凱做「洪憲皇帝」，亦如一般人稱清聖祖為康熙皇帝，高宗為乾隆皇帝云。

「中華帝國」的「太祖高皇帝」既然是民國的大總統袁世凱，那麼，一個開國之君的世系，我們就要弄清楚一下。他是河南項城縣人，清咸豐九年（一八五九）八月二十日出生於縣北的張營，因為當時有太平天國戰爭，又有稔軍起義，天下大亂，袁家徙居營東二十里之地，築寨聚居，名叫「袁寨」。他的父親袁保中，字受臣，正在故鄉辦團練，保衛桑梓。胞叔保慶，字篤臣，跟隨堂叔袁甲三轉戰於皖豫之間。保慶因自己年已四十，尚無兒子，就向哥哥保中要了袁世凱過來為子，八歲時就跟著嗣父保慶在山東濟南生活。世凱的生母姓劉，嗣母姓牛，第二胞兄名世敦，字厚甫，第三胞兄世廉，字清泉，世凱行四。

袁世凱既接納「民意」為皇帝，就在民國四年十月十九日明令設立「大典籌備處」，籌備產生帝國的禮制。其實這個機構早已成立，不過未敢公開。處長是朱啟鈐；梁士詒、周自齊、張鎮芳、楊度、孫毓筠、唐在禮、葉恭綽、曹汝霖、江朝宗、吳炳湘、施愚、顧鼇為處員，下設總務，撰述、法典、內儀、禮制、會計、文牘、警衛等科，科設主任。

大典籌備處開張，自然要積極推進工作，首先把紫禁城中太和殿改名承運殿，以備下一年元旦皇帝登基受賀。據說單是「御座」就價值四十萬元（御座的附屬物有御案、古鼎三、古鑪三。座後有寶屏，屏之左右列有日月寶扇一對。此外還有座褥等等，所值不貲），龍袍一領價值八十萬元，玉璽一方，十二萬元。這方玉璽叫做「傳國璽」，上刻「誕膺天命，歷祚無疆」八字。又有一方刻「中華帝國之寶」則是金印。金印共五方，全部價值六十萬元。

據溥儀對他英文教師莊士敦說：他的堂兄溥倫，是道光嫡系曾孫，本是參議院議員，代表滿族也。袁世凱利用他，他也上表勸進，袁叫他勸溥儀命「內務府」交出交泰殿所藏清代的玉璽。

溥倫首先勾結「內務府」一些人員，詐作不知讓溥倫把玉璽拿走。但尚未偷出，袁的好夢成空，皇帝做不成了，所以玉璽還留在故宮，直到一九二四年溥儀出宮後才移交清室善後委員會接收。

歷來的皇帝對玉璽很重視，認為誰得到它誰就掌握王權，君臨天下，誰都不敢反對。所以老袁對這一事特別重視，曾吩咐朱啟鈐等人審慎從事，不得馬虎。劉成禺《洪憲紀事詩本事注》，述洪憲國璽產生經過是很有趣的，頗可一讀，今摘錄於後：

> 大典籌備處會議監造御寶，有主張用民國總統印改造者，其理由謂洪憲由民國變更，不妨緣「舊邦維新」之義。因改造不吉，此議作廢。有主張取前清玉璽改造者，其理由謂項城受清國委託，皇帝由清廷移付，非取之民國。（按：多爾衮致史可法書，有「我國家之定鼎燕都，乃得之於闖賊，非取之於明朝也。」可謂後先輝映），故段芝貴等有入故宮索玉璽之事。後因用亡清舊物，非新朝所宜，此議亦罷。於是交禮制館議定式樣，沿仿明制，決意新造。聞直隸玉田縣某舊家，藏有長方良玉多品，特派人往取，不願價購，予以官祿。某舊家獻璧獲賞，群臣致賀，謂玉田得玉，邦家之瑞。禮制館議定文曰：案明代朝廷璽共九顆，在內尚寶監女官收掌。用時尚寶司以揭帖付內監取用。其文不同，各有所用。「奉天之寶」（祀天用之）……「皇帝之寶」（詔赦聖旨用之）……「天子之寶」（祭祀鬼神用之）……以上九種，皆用玉製，故曰玉璽。特賜爵者用金印，二品以上用銀印。……至若篆刻，唐漢宋多用小篆，明代御璽王府之寶，玉箸篆疊，篆必九摺，取「乾元用九」之義。……古者天子一尊，四海外國，皆其臣庶，皇帝天子之寶，可統御一

切，不立國名。現今各國並立，對內宜鑄「皇帝之寶」，對外宜鑄「中華帝國之寶」，規摩洪武所鑄九摺篆式云云。皇帝曰：「可！」遂用長玉先製「皇帝之寶」、「中華帝國之璽」，二璽供洪憲元年元旦啟用。（錄《後孫公園雜錄》）

我曾聽說過，袁世凱早在大典籌備處未正式開張前，曾密令幾個富庶的省份物色美玉，送入北京備用。當時廣東督軍龍濟光是熱心擁護帝制，亦為袁的心腹爪牙、奉命之後，自然不敢怠慢，派人四出蒐購。結果在廣州市面買的翠玉一方，相傳價值六萬六千元，人們便稱它為「六萬六」。可惜此玉尚未動身北上，而「帝國」將要垮臺，便留在廣東。（此玉後來還有下文。一九二七年國民政府開府南京，古應芬為文官長，派秘書李蟠往廣州物色寶玉以備製璽。有人以「六萬六」介紹。李不以「不祥之物」視之，討價還價之餘，玉主亦亟欲脫手，結果只以一萬元成交。據說這塊玉的質地很好，不過在綠色裏頭兼有些花白，顏色不純，在價值上便打了個大折扣。李蟠帶回南京，經良工剖開後，製成玉璽。因為玉的本身很大，剖開後還有很多碎玉，這樣就便宜了文官處那批科秘老爺，每人都分得一塊，請印鑄局的技正為刻名印，以為紀念。二年後新疆的甘樹仁派廣祿送一塊美玉入京，才用新疆那一塊刻為「榮典之璽」，用於頒發動章、扁額等。）

國璽、龍袍、寶座都有了，袁皇帝還要大封開國功臣。內史（即舊時的秘書）把封爵諸臣的名字，開列一紙，敬陳御案，袁皇帝用硃筆按名加圈，五圈者為公爵，一圈者為男爵，親郡王則出自「特恩」，內史不敢擅列。民國四年十二月十五日，冊封黎元洪為武義親王，其申令最後數語云：「……照約法二十七條，特沛榮施，以昭勳烈。黎元洪著冊封武義親王，帶礪山河，與同休戚；槃名茂典，王其敬承！」（按：當時有封溥儀為懿德親王之擬，因張勳反對，乃止。洪憲元年一月一日，則明令「孔令貽仍襲衍聖公，並加郡王銜」。龍濟光本封一等公，元年一月廿八日，因平惠州有功，加郡王銜。）

特封一等公爵的有張勳、馮國璋、段芝貴等；一等侯的有李純、陸榮廷、閻錫山、唐繼堯等；一等伯的有屈映光等；一等男的有許世英、王揖唐、盧永祥等。有幾個老友，袁認為不便「臣」之的，則封為「嵩山四友」，十二月二十日申令云：

自古創業之主，類皆眷懷故舊，略分言情。布衣昆季之歡，太史客星之奏，流傳簡冊，異代同符。徐世昌、趙爾巽、李經羲、張謇皆以德行勳猷，久負重望，在當代為人倫之表，在藐躬為道義之交。……茲特頒嵩山照影各一，名曰「嵩山四友」，用堅白首之盟，同寶嵩華之壽，以尊國者，至喻予懷！應如何優禮之處，並著政事堂具議以聞，此令！

舊時的皇帝「授時」也是一年的大典。什麼是「授時」呢？就是古書中所說的「敬授民意」，也即是公布下一年的曆書，使老百姓根據曆書來耕種。大典籌備處以「授時」為新朝大政，議即頒《洪憲元年曆書》，所定格式，面用黃絞。向例，每年八九月，教育部即印備下年曆書分發各省，籌備處毀印好的曆書，重新設計，並發下一萬元給教育總長張一麐立刻照辦，張遂與中央觀象臺臺長高魯商量，叫他印一百部敷衍了事。洪憲曆書，中蓋「教育部中央觀象臺頒發曆書」一印，書內首列洪憲元年各省節氣太陽出入時分等表，並擬印「御容」其上，但後來因張反對，不果。一百部曆書，在五十年前每冊已價值四五十金，現在當更值錢了。

袁世凱取得臨時大總統之位，是投降革命軍，威迫宣統帝、隆裕太后的結果，所以他對著舊時清朝的同僚，每作自咎之語，現在要做皇帝了，承運殿有個洪憲皇帝登基，而殿後的乾清門以內的故宮，又住著一個清室的「宣統皇帝」，紫禁城中竟然有兩「天子」，豈非笑話。於是便有人向袁獻議，逼溥儀移宮，早日履行遷往頤和園的諾言。當時幾位太妃誓死反對，說如果迫遷，就寧可死在宮裏，故此就一時緩慢下來，待將來再作計議。清室雖反對移宮，但關於老袁稱皇一事，卻不敢反對，並且還要循例贊成。十二月十七日，清室內務府咨參政院云：

本日欽奉上諭，前於辛亥十二月欽承孝定景皇后懿旨，委託今大總統以組織共和政府。……乃試行四年，不適國情。……現由全國國民代表決定君主立憲，並推戴今大總統，為中華帝國皇帝……凡我皇室，極表贊同……

老袁讀了這一咨文後，似乎大不過意，因為如果照清朝所說委託他「試辦」民國，乃試辦四年，越辦越糟，就應該由「業主」收回自己管業，而業主並不收回，仍許他改個招牌營業，此種大恩大德，沒齒難忘，即日下令「清室優待條件，永不變更」，以示稍贖咨尤，並在「清室優待條件」原件之末，親筆批云：「先朝政權，未能保全，僅留尊號，至今耿耿。所有優待各節，無論何時，斷乎不許變更，容當列入憲法。袁世凱誌。乙卯孟冬。」

洪憲年號既頒，一俟一九一六年元旦來臨就全國要奉行了，但大登殿的好戲尚未開鑼，而全國老百姓已起而反對，蔡松坡將軍起義於雲南，義旗一舉，天下響應，老袁只好暫停登極大典。「中華帝國」的組織，皇帝之下，設政事堂，有類清代的內閣和軍機處。其他內外官制無大變更，一如民國四年之舊。趙鳳昌在北京得《洪憲搢紳》一部四冊，分刊內外官職名銜。書由北京琉璃廠榮祿堂印行，紅面黃籤，四角包綠綢，字體行格，和前清的搢紳錄無異，內容則完全不同。封面的黃簽印「爵秩全函」四字，下印「榮祿堂出版，秋季」。封面內頁，眉印橫排「中華帝國」四字，下直排「新定官制搢紳」六字。第一頁有榮祿堂主人自序一篇。此文倒也可備洪憲一朝的掌故，不可不摘錄一下：

> 本堂搢紳之刻，由來久矣……惟是新朝帝制政體變更，是書雖即隨時修改，而因革損益，或未能悉核靡遺，閱者憾焉。本堂有鑒於此，爰自洪憲元年一月一日為始，確實調查新帝國之組織，內外官制之職銜，悉心釐正，以昭我朝論官得人之盛，而基萬年有道之隆。……如有升遷調補，隨時示函，遵照增刊，尤為禱企。此啟。洪憲元年一月一日，本堂主人謹題。

序文之後就是正文。內官列政事堂、禮制館、統率辦事處、將軍府、參政院、審計院、內外城步軍統領、財政部、陸軍部、海軍部、參謀部、司法部、外交部、大理院、審判廳、教育部、農商部、交通部、水利局、立法院、蒙藏院、平政院、國史館、肅政廳。

政事堂為全國最高政令所出之處，其職權合清代內閣、軍機處為一。清代的內閣大學士為百僚之長，但大學士而不兼軍機大臣，則徒有相名而無相權。現在的政事堂國務卿則大權在握，比前代的大學士入值軍機處尤為煊赫了。現在把政事堂的組織及職銜錄後：

國務卿徐世昌、直隸東海人；左丞楊士琦、安徽泗州人；右丞錢能訓、浙江嘉善人。參議林長民、福建閩縣人，曾彝進、四川華陽人，伍朝樞、廣東新會人，方樞、安徽定遠人，李國珍、江西武寧人，許士熊，江蘇無錫人，張國淦、湖北蒲圻人，徐佛蘇、湘南長沙人。

政事堂下設：法制局，局長顧鼇；機要局，局長張一麐；銓敘局，局長郭則澐；主計局，局長吳廷燮；印鑄局，局長袁思亮，兼幫辦參事易順鼎；司務所，所長吳笈孫。

外省最高的行政官則為將軍、巡按使、護軍使，設將軍行署。將軍行署職掌有說明云：

將軍於軍政事務，承大皇帝之命令，受陸軍部之監察指示。將軍於軍事之計劃及命令，承大皇帝之命，受參謀本部之監察指示，將軍因維持該區域或城廂內外各地方之治安，依巡按使之請求，需用兵力，特得酌量情形，派兵協助。但遇緊急事變，得逕行直處，遇有上項情事，需同時呈報大皇帝，並通報陸軍部及參謀本部。

現在略舉幾個將軍、巡按使、護軍使的職銜，以見一斑。（一）特任陸軍上將、昭武上將軍、熱河都統、一等公爵姜桂題；（二）一等男爵、察哈爾都統張懷芝；（三）陸軍上將、宣武上將軍、督理江蘇全省軍務事宜、一等公爵馮國璋；（四）浙江巡按使、一等伯爵屈映光；（五）郡王銜、陸軍上將、振武上將軍、督理廣東全省軍務龍濟光；（六）廣東巡按使、一等伯爵張鳴岐等。

外官的將軍，巡按使都封爵，內官是沒有的。外省的將軍，如加「特任」兩字的，禮遇特隆。巡按使有受政府特別委任的，情節較重。雲南的將軍是龍覲光，兼巡按使，但沒有加爵，此為一特點，其不加爵則以雲南起義，未能赴任。貴州無將軍，則以起兵的劉顯興被免職之故。

海陸軍辦事處的職銜，仍首刊武義親王黎元洪。國務卿徐世昌之名，被一紙條糊上，另刊段祺瑞，因為這部「搢紳」是洪憲元年前已印成，其時徐世昌正是國務卿，後來帝制取消，徐世昌辭職，由段祺瑞出任，臨時不能重刊，只好糊名易書了。這部書流行不多，帝制取消，老袁下令毀滅一切帝制文書、文物，此書即遭燒毀，並諭令榮祿堂將木板燒去。趙鳳昌死於一九三七年，此書即為其子叔雍收藏，現在不知流在何方了。

《洪憲搢紳》裏面那個印鑄局參事易順鼎，以詩人而居高位，對帝制運動最為熱心，不過他和他的同鄉楊度略有不同，楊度是出力氣的，詩人則只在文字上捧場而已。他有一首自己的詩是為了迎接新朝在民國五年誕生，改名更生，我記得他的詩有些肉麻的句子，如云：「以前種種譬如昨日死，今後種種譬加今日生，本無五十七年前之我，帝國元年我始生，誰與我生同日者，同胞四萬萬同庚。」還有什麼「小臣今改更生名」這一句，忘記了是穿插在那些句子中的了。

洪憲元年雖說是要在民國五年丙辰（一九一六）皇帝登基才正式生效，他在籌備帝制期間，什麼都是皇帝派頭了，向老袁稱臣的大有其人，總統府改名新華宮，雖曰十二月始見明令，但在此前，即以宮易府了。民國四年陰曆袁世凱生日，發生過一件與鶯燕有關的趣事，汪彭年以告劉成禺。所記雖未盡確，但亦為洪憲宮闈一風流趣聞，頗可記的，因錄之如下：

新曆民國九月十六日，項城壽辰，宮內行家人祝嘏禮。少長男女，各依輩次分班拜跪，孫輩行中，有老嫗抱一赤子，合手叩頭。項城曰：「此兒何人？」嫗應曰：「二爺新添孫少爺，恭喜賀喜！」項城問其母為誰？旁應曰：「其母現居府外，因未奉皇上允許，不敢入宮。」項城曰：「即刻令兒母遷進新華宮，俟我傳見。」兒何人，寒雲納薛麗清所生也。麗清分娩後，離異他往，項城因兒索母，何處可尋？如是，袁乃寬、江朝宗等，與寒雲商定，當夜朝宗派九門提督翼兵，往石頭胡同某清吟小班，將寒雲曾眷之蘇妓小桃紅活捉入宮，靜候傳呼。八大胡同南部佳麗，受此驚嚇，不知所云，有逃避一二日未歸院者。事定，手帕姊妹艷稱小桃紅，真有福氣，未嫁人，先做娘。揚州方地山（爾謙），寒雲童子師也，賀寒雲聯云：「寃枉難為老杜白；傳聞又弄小桃紅。」一時傳誦。旌德汪彭年民國九月十七晨來後孫公園說事，並記濮伯欣先生一乘曰：「寒雲納小桃紅，方太師贈聯云：蘇語『老杜』，即老大，指克定。方地山曾授克文、克良蒙課，人喜呼之為太師。寒雲修禊法源寺，地山在津，一電回京，來往半日。又洪憲時，阮斗瞻娶媳，牽親太太選相福祿，多兒女，未有妾媵者，禮延某夫人。某夫人初入京，鄉氣重，堅不欲往。都人為對云：「方太師回朝；某夫人在野」。（按《順天時報》載聯凡四語：「阮大郎結親，某夫人在野；皇二子納嬪，方太師回朝」云。）」

所謂「鄉氣重」，就是廣州話的「大鄉里」，而袁皇帝的皇后于夫人，雖然做了命婦二十年，仍不脫「鄉氣」本色，劉成禺有一段文字記她的趣事，並錄孫中山先生的評語，是值得一讀的，現在把全文錄出，供讀者一笑。

洪憲元旦，官眷各御命婦制服，入宮行朝賀禮。孫寶琦夫人宮中稱為親家太太者，朝見皇后，位尊領班。內禮官、女官長、女官，整齊儀注，左右分行，排列禮堂，導皇后升堂行禮。女官奉皇后入，官眷肅立，宣稱請皇后升中位御座，受賀年禮。皇后曰：「親家太太，各位太太，皇后不敢當，不必行禮。」群曰：「請皇后正位。」女官四人，扶持皇后，端拱御座。孫寶琦夫人率各官眷，伏地行九拜跪。皇后欲起立曰：「皇后不敢當，要還禮。」女官復扶持之曰：「皇后坐而受賀，禮也。」皇后身不得動，面紅耳赤，吃吃大笑不止。女官又曰：「皇后必恭拱受禮。」禮畢，皇后退座，語孫寶琦夫人曰：「謝謝各位太太，做了皇后，連還禮都不能，真真是不敢當也。」賀后禮成，孫寶琦夫人又請賀皇帝。皇后曰：「皇帝也不敢當，不必行禮。」翌日，不敢當新語，艷傳都下。按：皇后為克定生母，人極長厚，長居彰德。洪憲登極，元旦受賀，乃於十二月二十日，克文、克良專車赴洹上，禮迎入新華宮，正皇后位，故其舉動尚帶鄉氣，未習宮廷母儀也。劉成禺記。

洪憲敗亡，先總理孫中山先生由日返滬，開大會於尚賢堂。先生演說曰：「吾人革命，對於國政，尚多外行之事，理所固然。即如項城登極，其皇后受官眷朝賀，聲聲言不敢當。豈有皇帝皇后受臣下跪拜而言不敢當者。足見袁家雖世代簪纓，身居帝位，亦是外行。吾願革命黨人，與聞國政，不作外行之事，如洪憲皇后作『不敢當』語也。」（成禺恭錄。）

「中華帝國」雖只短短的八十三天，但袁世凱卻享有此美夢者達十閱月之久，也可說是得償所願了。洪憲元旦朝賀後，四面八方反對的文件如雪片而至，雲南的大炮更把老袁的好夢轟醒。他見事不妙，連忙取消帝制，恢復做其終身總統，怎知老百姓已不許他這樣搞下去，反對的行動不停，結果他便一氣身死了！

民初倒袁歷史人物：是非功過說陳宧

耿心

陳宧先生字二庵，鄉人多稱為二先生而不名，與予同籍隸湖北安陸，予生也晚，初識先生之時，先生久已飛騰為政要，甚至將為歷史人物。民國十一年予甫弱冠，留日歸來，道經天津。適前大總統黎元洪，再度被北洋直系擁戴復職，正在醞釀之際，奉先兄仲釗之命，順道晉謁黎總統，並囑先見陳宧先生為之先容，是為相識之始。時陳宧先生年近五旬，慈祥平易，謙冲健談，使人望之樂於親近，如坐春風。此後三年時相過從遇有新知疑難，常承下問，予自審舊學略窺門徑，然倘非久親陳宧先生教益，亦不克臻此。陳先生不以貴勢驕人，齒尊慢客，能使人心悅誠服，忘年攀交，實非始料之所及。

寒門秀才人間冷暖

予少小離鄉，本不知陳宧先生身世，自相識後，陳先生常喜於風雨之夕，邀作爐邊敘舊，每於談話無意中流露其出身貧寒，遭人白眼輒思報復之故事，述之足以激勵青年發憤自強。

陳宧先生幼年喪父，生計艱難，賴母徐太夫人以紡織撫育成人，母生二子，陳先生居次，長兄治堂經紀棉業，獲利微薄，陳先生少懷大志，以苦讀擷芹入泮，於欣慰之餘，而煩惱之事，隨之而生，蓋凡應試中秀才者，照例應繳納謁見主考及儒學教諭之贄敬禮，約需銀三十兩，母子三人苦籌應付，實因家徒四壁，無可為計，不得已告貸於族中殷實富戶，不意告貸不著，反遭白眼，陳宧先生從此始悟古諺「流自己的汗，食自己的飯，靠天靠人，不算好漢」為至理名言，更益奮發圖強，志在四方，不以秀才老死鄉里為滿足，以後騰達，皆由受斯挫辱有以成之。陳家為當時湖北安陸縣陳、李、張、劉四大巨族之首，戶眾丁多，顯宦輩出，此次拒助陳宧先生，貌若寡情，亦未始非激勸之方，寓玉成於激刺之中。而陳宧先生少年氣盛，不免流於偏微，待人處世，時懷報復之心，一面不惜千金報德，令人贊揚，另一面雖非睚眥必報而心存芥蒂，難以化解，使人莫測高深。

應考中秀才對於主考之贄敬，亦名院費，雖為科舉時代之陋規，但不能不繳，陳宧先生既無法取助於族人，乃不得不求援於知交，就交情財力兩者俱備而言，當時陳先生心目中之友人有四，即號稱四大名士之劉仲武、趙伯威、郭正侯、寇息亭等四位先生，俱係飽學碩德，望重鄉里。陳先生初意在求四人分擔，乃先訪郭正侯，適值郭下鄉收租未遇，次訪寇息亭，而寇表示稍有難色，最後往訪劉仲武時，陳先生心情沮喪，未存奢望，不料劉仲武聞悉後，竟慨然一力承擔，以免另求他人，使陳宧喜出望外，自誓倘不予酬報，不足為人。當陳宧先生攜銀返家之時，而趙伯威得悉陳宧籌款困難，不待求而先送銀十兩，留置其家，於是母子三人愁眉盡展，慶幸文章有價，功名第一關之秀才中試亦有落入寒門之時。陳宧先生此時更增心理上之負荷，即如何恩則重酬，怨亦不忘薄施，以為揚眉吐氣之表徵。

此後二十餘年，陳宧先生風雲際會，歔歷中外，位躋封疆，其所以報施劉仲武、趙伯威、郭正侯、寇息亭四先生者，舉凡殷勤接待，謙冲應對，慷慨週轉甚至內眷過從之彬彬有禮，莫不一視同仁，毫無厚薄輕重之分，而對事業方面之贊助，於劉趙兩先生則不待求而先事安排，均出兩先生望外，但對郭寇兩先生，則必待求而後為，且均適可而止。此種差別，不僅局外人無從辨別，即當事人亦被蒙混，遇有奢望不遂，亦只有自嘆命薄而已。當時實際掌握郭寇兩先生窮通命運關鍵之陳宧先生，似不應以貧困時受施之大小有無，為權衡答報之標準，直至以後失勢為止，雖不忘陸續補報，惜為時已晚，力不從心。

一飯千金廉介自持

陳宧先生於秀才中試後，立即進入漢東書院，更加勤奮攻讀，求為廩生，以助膏火之需，時值除夕，因無力購辦年貨敬神祭祖，自忖愧對老母，乃決計逃避現實，夜宿書院，不願回家，此時院中同窗，俱已回家度歲，寂無一人，陳宧先生燈下形影相弔，百感交集，無以排遣，乃集句為聯，張貼室外，聯曰：「再窮無非討口；不死總要出頭」，此時枵腹難支，隱几假寐，忽聞爆竹一聲，歲序更新，正欲振衣回家為老母賀年，突見書院羅姓門衛，手捧豐盛香熱之酒肴入室，為之稱觴祝歲，並親為斟奉，表示誠敬，陳宧先生正感饑寒交迫，不暇答禮，乃先接杯痛飲，藉以驅逐寒氣，繼則狼吞虎嚥，不片刻而盡兼人之量，猶見羅役侍側奉茶，備致殷勤，人處困苦之際，最易感受恩怨之激動，陳宧先生並非天性涼薄之輩，此情此景永銘心中，十數年後，陳宧先生追隨東三省總督錫良出關任第二十鎮統制，憶及一飯之恩，特電託安陸縣令派人護送羅役赴其任所養老，不幸羅役已死，又改迎其長嗣，視若子姪，備極優待，徒因羅子思家，乃厚贈紋銀三百兩，（約值湖北官錢局制錢一千串）派心腹牙將，沿途護送到家後，又攜其親筆函件，請求安陸縣令代為洽購約值市價兩千串，而由縣令居間，實付銀三百兩，即可成交之田產，以為報答，此事曾經多方求證，信而有徵，鄉里久經傳為美談。

陳宧先生為秀才時期，因屢次歲試成績優異，順利取得廩生、拔貢，成為邑中聞人，惟賦性不羈，好鳴不平，尤喜舞文弄墨，譏刺貪官污吏，玩弄土豪劣紳，守令惡其藐視官府有傷威信，土劣忌其目無尊長，阻擋財路，設非陳姓為邑中巨族又兼陳宧先生遠房族祖陳學芬正任學部尚書，陳宧先生雖不恃為奧援，而意圖報復者，則不得不投鼠忌器，雖恨之刺骨而莫敢如何。陳宧先生聰明過人，早知鄉邦並非樂土，且男兒志在四方，亦不甘長此蟄居，老大無聞，徒因母老家貧，不忍遠離。正在躊躇莫決之時、其族祖陳學芬奉旨還鄉修祠祭祖，陳宧先生除在陳氏宗祠內隨眾見禮外，並未親至叔祖私邸謁候，已屬失禮，迨族祖致贈頗為豐厚之「族敬」銀時，陳宧先生見其封面所書「敬老憐貧」四字，傷其自尊，堅拒不受，並在封面後批覆：「家雖貧而不受人憐，母雖老而分屬晚輩不敢當敬，謹此璧謝」，頗為不遜，顧族祖齒尊量大，概置不究，且認陳宧玩世不恭為狂狷，狂者進取，狷者有所不為，凡屬不滿現狀或鬱抑不得志之時，賢者不免流於狂狷，何忍加責此自幼喪父之孫輩，陳宧先生聞悉斯言，知係叔族祖因才施教，借事感化，於是感激涕零，撤除向對族人之心中藩籬。立誓從此折節下士，謙卑自牧，不再恃才傲物，予人難堪。旋經其族祖再三敦促，始允隨同赴京，進入收容八旗子弟之南學為書記，半工半讀以待鄉試，乃志在循科考正途出身，不願依賴族祖權勢或捐獻以求倖進。

庚子之亂危城救星

陳宧先生入京之次年，歲次庚子，即西曆一千九百年，值義和團之亂，招致八國聯軍，攻陷北京，禍首西太后，如喪家之犬先逃，百官繼之，北京頓陷無政府狀態，時錫良為九門提督，亦已放棄職守，隱避觀望，聽任所部官兵四散奔逃，惶惶無主，陳宧先生目擊心傷，亟思用之以救身陷危城之苦難官民，逃離虎口，幸在南學結交錫良之子錫方，雖不學而有血性，胸無城府，豪邁過人，素為其父部屬愛重，尊為小軍門，陳宧先生亦悅其坦誠，彼亦敬佩陳宧深沉邃密之學養。互相傾倒，情逾骨肉，陳宧乃說服錫方散財解囊收容其父舊部百餘人，組織義勇服務隊，擁錫方為隊長，陳宧為提調，隊以下分十小隊以為服務單位，每隊十人，選機警、誠實者為隊長，專任救護尚在危城之官民，並沿途護送至安全地帶為止，以五小隊在城內護送，其餘在城外接應，錫方與陳宧在近畿隱蔽之處，居中聯絡指揮，雖不收護送費，而官商感激之餘，自動給與之犒賞，尚足維持薪餉而有餘，是時僅少數王公大臣已隨帝后先逃，尚有多數滿漢顯宦及紳商軍民，坐困危城，留則朝不保夕，行亦安危難測，正處進退維谷無計可施之際，賴有此種服務隊適時組織成功，在百餘日之內，使數約萬戶之官民，順利逃離險境，得慶更生，即陳宧族祖及錫良，並其多數親朋同寅僚屬，亦均賴此組織先後逃往西安行宮，莫不同聲感佩錫氏父子救助之德，任事之勇，即西太后亦微有所聞，頻加贊賞，若此事論功行賞，陳宧應為首功，自經始以至蕆事，策劃運籌，煞費苦心，惟陳宧自認牛刀小試，為所當為，且因人成事，居功跡近淺薄，故當面對錫氏父子，絕口不提此事，但錫良內心既欣賞陳宧文武兼資，胆識過人，尤愛其宅心忠厚，不自矜伐，用是自省反有掠美之嫌，愧對此與愛子交稱莫逆之青年才俊，乃決計延聘陳宧入幕，禮若上賓，言聽計從。西太后回鑾後，任錫良為山東巡撫，接替袁世凱，此後十年由魯撫一再調任為雲貴、四川、東三省總督，陳宧隨其歷練宦海，無役不從，水漲船高，最後累官二十鎮統制，威震關東，雖曰時勢造英雄，設無真才實學，焉能歷經長期考驗，光芒愈益煥發？

錫良拔擢黃興推薦

陳宧先生最為受社會疵議者為擁袁（世凱），其實陳宧擁袁為總統，則係出自心願，至擁袁稱帝，雖為袁之心腹如段祺瑞、馮國璋尚且有所不為，而謂非其心腹如陳宧先生者，甘願違背潮流擁袁叛國稱帝，顯非情理之常，其中不無懷疑之點，予久思伺機請陳宧先生解釋，而懼觸其忌諱，導致不歡，不料當予借題討論當時（民國十二年春）已被曹（錕）、吳（佩孚）擁護復職之黎大總統與袁世凱之關係時，陳宧先生立即莞爾笑曰：何不改為討論區區與袁世凱之關係，陳宧先生此言，不僅令予喜出望外，更深佩其善與人交，屈己從人之雅量。

陳宧先生以拔貢受知於錫良，追隨十餘年，歷經山東、雲貴、四川、東三省，凡屬各該省建立新軍業務，自策劃以至成軍，訓練、輔導、指揮均委由陳宧，以營務處或督練公所總辦名義負全權處理，視省之大小饒瘠而定養兵之多寡，例如雲貴貧瘠則建軍一協（旅），四川富庶則成一鎮（師）且殫精竭慮為之選將置帥，務使適才適任，故西南各省之新軍首領：如雲南之唐（繼堯）、蔡（鍔）、羅（佩金），四川之熊（克武）、鄧（錫侯）、二劉（文輝、劉湘）。均與陳宧先生有深厚之淵源，職是之故。直至錫良移督東三省。陳宧先生始直接統軍任二十鎮統制，軍中亦有兩人聲名藉藉者，一為與吳祿貞齊名之革命元勳藍天蔚，時任二十鎮協統：一為基督將軍馮玉祥時為弁目，受知於陳宧先生。提升為牙將，故陳宧在清末雖曾為統兵大員，但與以小站練兵起家掌握北洋六鎮實力之袁世凱，毫無關係，宣統元年袁世凱被載灃放逐回鄉韜光養晦，翌年陳宧亦因按規定新軍鎮協部隊長，必須正式軍官出身，而將第二十鎮統制交與張紹曾接替，後隱居天津，以待時機，斯際與退隱洹上，表面憂讒畏譏，實則亟思蠢動之袁世凱，亦無任何聯絡。

　　辛亥武昌起義，袁世凱用兩面投機方式。由臨時總統而正式總統，初則為表示與國民黨合作，曾先後電迎孫中山先生及黃興北上共商國是。先兄伯釗以舉人留日士官第五期，參加同盟會，贊襄中山先生策劃革命，民元中山先生就職臨時大總統時，任總統府祕書。黃克強為南京留守時，伯釗任留守府參謀處長，用是孫黃先後赴京，均邀先兄伯釗同往臂助，陳宧在報端閱悉先兄行踪，立即赴京就商其個人去處，時藍天蔚在座，建議三人同謁黃興先生，不料黃興先生愛才若渴，一見如故。認陳宧儒而知兵，可位之中樞運籌帷幄；人情練達，可為協調南北合作之最佳人選，允向袁世凱鼎力推介，袁亦久仰陳宧平正通達，兼為交歡黃興先生。立即用為參謀本部次長兼代部務，時參謀總長為黎元洪副總統兼任，徒擁虛名，未嘗視事，遇有緊要公事均係直接秉承袁世凱之意旨處理。而陳宧先生謀斷兼擅，極為袁所器重，凡關軍國機要，幾無不咨諏而後

民國四年二月中旬蔡鍔忽夜訪陳宧先生，告以根據種種跡象顯示袁已蓄意竊國改制，並微露其與袁談話時知袁有意借重陳宧先生出鎮西南，時距籌安會成立尚早半年，蔡鍔即已察覺奸謀，其所以轉告陳宧，旨在藉報行將外住之喜訊，就便試探意旨，當時陳宧雖神色不露，使蔡莫測高深，但內心認為袁世凱身為民國總統，既經宣誓效忠共和，不應罔顧信義，叛國改制，若一意孤行，外必誘發民黨第三次革命，內亦引起眾叛親離，自顧既為民國總長級首長，且曾蒙黃興推重，轉介袁世凱，相約通力合作，維護民國，雖因黃興先生赴美無法聯絡，但言猶在耳，未可負心，縱無力公開反對帝制，最低限度，亦應效法黎元洪副總統暗中消極抵抗，決不助紂為虐，於是密陳黎元洪，建立此種默契，自難為外人道。顧北京為是非之地，必須設法早日遠離，始能擺脫袁世凱父子及其左右之邪惡糾纏，而在尚未成行以前，又仍需虛與委蛇，不露聲色，甚至倍效忠勤，取得信任，此際陳宧先生處境之艱，應付之難，用心之苦，可謂一言難盡，而啟人疑竇，召致誤會，亦因是而更趨嚴重，所幸峯迴路轉，機運重臨，使陳宧先生逃離魔掌，有如水到渠成，了無牽強，時袁世凱檢討大局，認為我國中原及長江各省，均已布滿爪牙，納入勢力範圍，惟西南川滇黔及珠江一帶，尚無控制把握，亟應預為布置，以策安全，夙知陳宧先生曾於清末久任西南各省高級軍職，當時各該省軍政首長，非其部屬即為同寅，乃任陳宧為四川將軍兼巡按使，率領北洋精銳部隊三旅入川，可自選旅長，以便指揮靈活，旨在以四川為根據地，幅射西南各省，經營部署，納為己用，陳宧首即選中早年為二十鎮牙將當時為旅長之馮玉祥，次為曲同豐、烏禎祥兩旅，此為北洋部隊入川之始。

擁袁反袁各有宗旨

局勢發展，已屆陳宧由擁袁演變為反袁之關鍵階段，茲分兩面說明：一、袁世凱調任陳宧掌理四川軍政，並用以促進西南各省服從北京命令，陳宧志大才高，人地相宜，自亦願效馳驅，以展抱負，無奈袁世凱別有用心，僅在用其為屏障西南之工具，鎮懾反側，剷除異己，對於有實力者脅之以兵力，有聲望者，餌之以利祿，騎墻中立者，誘之以甘言，均授以全權，以收運用存乎一心之妙，而終極目的則係為其順利進行帝制舖路，但作偽心虛，從不坦誠相告，陳宧亦不敢明知故問，觸其所忌，昔司馬昭之心，路人皆知，其先莫不諱莫如深，必待時機成熟，偽裝天與人歸，效顰曹丕篡漢三辭三讓而後受，此種鬼蜮伎倆，袁世凱用以對馮國璋，今竟施之於陳宧先生。二、陳宧先生擁袁世凱為總統，出自至誠，理由有三：（一）自國民黨癸丑二次革命失敗後，陳宧誤認袁世凱為中國之重心，為促進統一，解救民生，爭取國際地位，宜助一臂之力。（二）袁世凱不學而有術，在用人之際，尚能謙恭下士，收服人心，尤對新進合作之蔡鍔、陳宧等，禮遇有加，不為讒言所間。（三）陳宧曾佐錫良戎幕，兼掌兵符，惜局面較小，未能盡量施展長才，今遇袁世凱，入為總長，出為將軍，宏猷大展，不無知遇之感。故在入川以前，曾經闡精竭慮，矢忠矢勤，以圖報答。

至反對帝制之主要原因有三：一、民國既慶成立，舉國傾向共和，且甫經奠定統一之基，並獲國際承認，豈可任意改制，自召禍亂，君子愛人以德，不忍苟同附和，陷於不義。二、陳宧入川以後，屢思迎養老母，袁世凱時藉口蜀道艱難，恐老人不勝跋涉；或以時局不靖，傳諭從緩，意在留為人質，脅其無條件服從命令，但陳宧事母至孝，更不願陷老母於政治紛爭漩渦，曾以去就力爭，始遂迎養之願，自是啟袁疑竇，猜忌日生，互不信任，雖袁世凱為投鼠忌器，不敢臨敵易將，而陳宧亦早有備以防此突變，於是相互激盪，逼上反袁之路自非意外。三、民國四年十二月二十五日，蔡鍔起義討袁。一面率師入川，一面遣使密與陳宧聯絡，陳宧乃密告來使：蔡鍔願為陳涉，予非章邯，討袁成敗，繫於鼓動風潮，造成時勢，不在力征，夙知雲南貧瘠，勞師遠征，決難持久，所幸天下仁人志士，不分黨派、南北，為反袁護國，畢集昆明，就中以屢為袁所矇騙之進步黨領袖梁啟超及二次革命湖口起義元勳李烈鈞，號召力最大，亟宜分使四方，發動各省響應，造成媲美武昌起義時咄咄逼人之聲勢，此外馮國璋段祺瑞雖為袁世凱心腹，但擁袁為總統則可，擁袁稱帝則心有不甘，蓋總統出缺或任期屆滿，彼等自料尚有逐鹿之希望，一旦稱帝，則永為袁氏之家奴，尤不滿袁克定態度倨傲，襲位以後，彼等將不免為韓彭第二。此中利害得失，彼等久經權衡，成竹在胸，倘能敦請梁啟超設法聯絡以為內應，不啻予袁致命打擊，此即辛亥年袁世凱授意段祺瑞，電逼清廷退位，所謂中央突破之戰略，今即以其人之道，還治其人之身，必能促其覺悟，知難而退，予暫承乏現職，居中緩衝，一面仍與袁世凱虛與委蛇，阻其另派大員率師入川助戰，昔王猛尚知以秦存晉，予豈不能暗中以川衛滇，一面偽裝動員抗拒滇軍以造成相持不下之局勢掩人耳目，非到最後關頭，不必劇露真相，但一經暴露，必使其猝不及防，應聲立倒，此中奧妙，蔡鍔已即知即行，唯僅一半，下餘一半，交予接棒，倘納芻蕘，蔡鍔必為黎元洪第二。非若陳涉助人成事而未身嚐勝利果實。

馮玉祥險些誤大事

蔡鍔陳宧兩人之間默契，在陳宧方面，惟其參謀長劉杏邨（馮玉祥任國民革命軍第二集團軍總司令時參謀長劉驥之胞兄）與聞祕密，並代表陳宧與蔡鍔聯絡，馮玉祥不知，蔡鍔方面惟唐繼堯及蔡鍔密使鄧文瑗（廣東名士，藍天蔚岳父，與上海李梅庵齊名之大書法家）知之，蔡之部將亦鮮與聞，時袁世凱屢催陳宧採取主動，迅以優勢川軍，消滅入川餉械兩缺之滇軍，陳宧均設辭搪塞，卒因曠日持久袁不能耐，加派曹錕率師入川增援，但曹錕既有馮國璋密諭，暫行觀望又曾與陳宧義結金蘭，屢接其密電，力阻前進，於是亦借故延緩。似此以川省掩護雲南安全，俾其爭取時間，從容策劃西南各省響應，卒抵於成，皆陳宧經始於先，苦撐於後之力。惜馮玉祥不知蔡、陳默契，竟以識時務俊傑自居，忽自前防撤兵一部，意在藉此劫持陳宧，宣布討袁，事為劉杏邨偵知，乃急赴前防，阻馮繼續撤軍，並告以陳蔡之間默契，及根據默契雙方部署經過，勸馮同赴成都，面向陳宧請罪，而由劉杏邨擔保其生命安全，馮雖畏罪踟躕，而與劉杏邨交誼素厚，並知其擔保信而有力，始隨劉同謁陳宧，陳宧於聽取報告後，一言未發，立即攜二人之手同入密室，陳宧首問馮玉祥：今日之事，如果異地以觀，汝將作何處置，馮始跪地痛哭，自數其罪，自掌其頰，劉杏邨復從旁代為申述馮玉祥悔過之誠，不無可原，畏罪之深，不無可憫，丁茲艱難時會，三軍易得，一將難求，亦跪懇予以自新機會，准其帶罪立功，於是陳宧從容面諭馮玉祥：汝自二十鎮相隨，分為部屬，情逾骨肉，此次奉命入川，予即指名索汝同行，寄以心腹，寵冠三軍，今竟倒戈相向，實出意外，設非劉參謀長機動制止，幾誤大事，縱繩汝於法，何補於事。方今天下滔滔，國事如麻，凡屬自負才智，率思不擇手段，乘時燥進，捕捉機會，本不足怪，惟汝分屬軍人，又與予私交至厚，豈可罔顧法紀與道德，擅自軌外行動，姑念良知未盡喪失，尚能自承錯誤，以求寬赦，可免予處分，惟須汝親書悔過書，由劉參謀長背書保證，永不再犯，且此事惟你、我及劉參謀長三人共知，勿再洩漏。至是馮玉祥喜出望外，立即當面親書如下悔過書：「此次擅自撤兵，罪該萬死，荷蒙赦宥，自當永矢弗忘將軍天覆地載之恩，帶罪圖功，至死不渝，謹呈將軍陳。立悔過書人馮玉祥，民國五年三月二十日」等字樣。陳宧見其文字清順，大非昔比，足見尚能以身作則，推行軍中進修，不覺怒氣全消，復假以辭色，留其共飯，並勗以為將必須修德立誠之道。馮玉祥於民國十三年冬直奉二次大戰時發動政變回師北京，推倒曹（錕）吳（佩孚），即有倒戈將軍之稱，時人多誤認為係第一次倒戈，其實首次係在四川，而為陳宧恩威並用，中途制止，未釀大患。

倒袁之役舉足輕重

迨馮玉祥返防，陳宧即與劉杏邨檢討時局，認為自護國軍起義後全國輿論一致聲討袁世凱竊國稱帝，並揭穿籌安會之鼓吹帝制。參政院之推戴，各省之勸進，統由袁世凱授意指使，本屬自吹、自推、自勸，而偽託民意以欺國人，騙親信，其結果欺人者人亦欺之。負人者人亦負之，在眾叛之後，繼之以親信如馮段等亦表示離棄拒不合作，袁世凱始於民國五年三月廿二日撤銷帝制，而尤圖戀棧總統職位，其所以恃以作最後掙扎之憑藉者，陳宧為其西南屏障尚屹立無恙，雖有滇黔之變，袁初未視為心腹大患，陳宧檢討至此，瞿然心驚，蓋當時民國之存亡，繫於袁世凱之去留，而袁世凱之去留，又繫於陳宧態度之擁叛，但擁袁則為國家之罪人，反之則不啻再造民國，既無負於黃興先生之推重，兼可表明心跡於天下，於是毅然決然於民國五年五月廿二日通電四川獨立並逕電袁世凱斷絕個人關係。袁世凱閱悉之後，如飲狂泉，立即變寄望為失望，變掙扎為萎縮，始知大勢已去，憂忿交加，病僅半月，於六月六日羞憤以亡。此一代政治魔術家，不學而有術，處天下分崩之時，以作偽為天下倡，視自私自利為當然；以投機取巧為得計，不惜欺君、罔上、背師、賣友，自以一世之雄，人莫與京，孰知以詐欺起家者，仍以詐欺自取滅亡，可不懼哉！

苦心策劃三角同盟

袁世凱死後，由黎副總統依法繼任大總統，陳宧旋亦辭職離川，原因有三：一、為避功讓賢，力薦蔡鍔繼其後任。二、前統率北洋部隊入川，開罪川人，解鈴繫鈴，自仍由彼帶出為佳。三、此次為維護民國通電獨立，僅欲逼袁知難而退，不料因是而置之死地，揆之私交，不無內疚。雖黎大總統念其倒袁有功，調任督湘以為酬庸，亦堅辭不就。於是長年隱居京津，閉門思過，淡泊自守，不思進取，惟馮玉祥知其居官清廉，生活艱窘，尚知感恩圖報，時予接濟，陳宧卻之不恭，而受之有愧，乃與約法三章：一、平日非至三餐不繼，決不接受。二、非歲尾年初，百債臨門不接受。三、銀數逾千者不接受。馮玉祥服其固窮美德，遵守上述三約，勝於曩在軍中服從軍令。

民國十三年一月孫中山先生召開國民黨第一次全國代表大會於廣州，其目的首在重振革命精神，一方面必須打倒軍閥，一方面尤須驅除支援軍閥作惡之帝國主義。故對外主張廢除不平等條約，為全國人民謀一生路；對內主張召集國民會議，以謀中國之統一與建設，上項消息自日本電訊傳出，由予編輯，在天津《益世報》發表，惟大會宣言，係以打倒軍閥為主題，自不便刊載，時予任外交部特派直隸交涉員公署日文祕書，交涉員為熊天豪先生，兼任《益世報》社長，用是邀予兼該報編輯，當即攜陳上項電訊全部資料供陳宧先生研討時局之參考，因陳宧先生無心問世，而極關心國家前途，熱望南北早日統一，開始建設，既不滿曹錕之賄選，玷辱國格。尤反對吳佩孚武力統一政策，在其再統一之構想中，第一希望孫中山先生早日奠定兩粵，用為北伐根據地，號召南方革命英豪，會師武漢，飲馬長江，然後由彼說服以三造共和自命之段祺瑞，糾合北方實力派響應，共同推倒曹吳，合謀統一建設，厚植國力，團結對外。蓋段祺瑞自民國九年直皖戰爭失敗，退隱天津，久靜思動，並曾檢討失敗，源於剛愎自用，妄自尊大，親小人，遠君子，於是修改作風，尊賢禮士，博訪周諮，暫時疏遠曹（汝霖）章（宗祥）陸（宗輿）梁（鴻志）之流，而尊禮陳宧、許世英、葉恭綽、汪大燮等為上賓，企圖東山再起，夙知陳宧有恩於馮玉祥，交往甚密，而馮玉祥雖名隸直系，頗受吳佩孚排擠，民國十一年，第一次直奉戰後，馮玉祥出任河南督軍，因見惡於虎視洛陽之吳佩孚，密請黎大總統調為陸軍檢閱使，奪其實權，削其餉糧，馮玉祥早懷怨恨，其後馮玉祥驅逐黎大總統，為曹錕賄選鋪路，仍未獲得地盤，馮益不平，陳宧雖同情其境遇，而懼其衝動僨事，一再婉勸其堅忍待時，並允於必要時為其借籌代籌，馮玉祥獲此默契，始能力持鎮靜，安心在南宛勤訓部隊，並好整以暇，敦聘黃郛常至軍中講演，黃郛即以「歐戰之教訓與中國之將來」為題材，訓練馮部愛國家、愛人民、明大義、守紀律，馮玉祥亦隨班靜聽，頗有心得，其效果表現於守紀律一點，最為顯著，例如民國十三年冬馮玉祥發動政變，回師北京，部隊係在深夜入城，秋毫無犯，一夕之間，軍警異罔，市民尚無警覺，迨民國十五年撤軍南口亦然，論者謂馮玉祥之人品心術，姑置不論，僅就其治軍尚知嚴明紀律，不無可取，且在軍中飲食起居，與士卒同甘共苦，雖被譏為作偽，而能習以為常，持之以恆，亦屬難能可貴。

當予攜陳國民黨第一次代表大會宣言供陳宧先生研討大局時，即蓄意介紹國父思想及世界新知，以助其端正從事政治活動之趨向，並盡量蒐集報社與私人祕存之國父著作，供其閱讀，陳宧先生智慧過人，甫經兩月，竟能提出下列有關政治經濟學術上之名辭與內涵，有所質疑，命予解答：

一、何謂帝國主義？美國既屬民主共和國，其與帝國有何區別？何以亦被指為帝國主義？
二、民主政治與中國固有之民本、民貴觀念，有何區別？
三、資本與資本主義有何區別？
四、資本主義與社會主義不同之點，可否用一言以蔽之方式扼要解答？
五、現在中國百廢待舉，正須講求發展資本，何以中山先生主張節制資本？如何節制？
六、南方喜談革命，北方厭聞革命，革命一詞，源於易經「湯武革命順乎天而應乎人」一語，歷代鼎革之際，率用流血暴動手段發動政變，可云革命，何以屬於經濟領域內之改進生產方法，亦冠以革命字樣，定名為產業革命，亦號為不流血革命，豈西人亦以革命為時髦，濫用名詞？現中外學者甚至以產業革命發生之遲早及程度之深淺，為區分一國富強貧弱與文野之標準，其理安在？

予當即就上列各題，作畫龍點睛式扼要說明，由於陳宧先生天份高，悟性強，確能舉一以知十，不僅疑難解盡，益增其繼續研究興趣，予亦因在相互辯駁之際，多所承教與啟發。尤足稱者，兩月以前，陳宧先生尚不能首肯國父之革命思想與偉大人格，連同其所著《三民主義》、《建國方略》、《建國大綱》，已深入廣大智識青年之腦海，奉為救國建國之導師與藍本，今則深佩國父知難行易之學說，其言曰：中山先生倡導知難行易之說，因國人習聞傳說「知之非艱行之維艱」，短期間自難接受，故不惜辭費，多方舉例證明，倘或有幸遇見中山先生，定請其舉我為佐證，因我今在黨外擁護《三民主義》，即係先下過一番研究功夫後，油然而生信仰，此後遇有機會，並願現身說法，以廣流傳。予至是始覺與陳宧先生心靈相通，並深自慶幸年齡上之懸殊，尚未影響思想上以心傳心之契合也。

對段祺瑞三點畫策

民國十三年前後，曹錕自賄選總統成功，驕矜自大，吳佩孚更因先後戰勝皖、奉兩系，氣焰逼人，竟視段祺瑞為手下敗將，尸居餘氣，不足齒數，段不能堪，乃請求陳宧先生為其策劃報復，陳宧亦思藉此撮合南北統一，以遂平生之願，時段祺瑞自民國十二年蘇浙戰爭盧永祥失敗後，皖系實力喪失迨盡，在其心目中惟有依恃陳宧先生足智多謀，設法製造於彼有利之局勢，俾便重操政柄，更欲借重陳先生運用其多年苦心培植維護之馮玉祥實力，以為後盾，於是陳宧先生乃坦陳其蓄之已久，差可媲美諸葛隆中對之高見三點：一、今天下又復三分，曹錕竊據中央，吳佩孚任直魯豫巡閱使，虎視洛陽，為其羽翼，聲勢最強，但樹敵太多，內部亦極不穩，吾儕可伺機予以分化，運用中央突破戰略，攻其不備，乘其土崩瓦解，大局未定之際，段祺瑞以三造共和及北洋元老之聲望，取而代之，並用誠摯純潔之心理準備，公告天下，以和平統一救國濟民為鵠的，以民意為依歸，一面糾合各方志同道合之賢豪，共商國是，則進可措國家於統一，退亦將留令譽於歷史。二、中山先生現已平定兩粵，提兵北伐，憑其偉大人格、革命思想及創建民國之光榮歷史，早已為廣大智識青年所崇拜，吾人不僅應結為外援，共同討曹，更應虛心研採其救國建國之方略，以奠國家長治久安之基，現事不宜遲，未知可否敦請許世英赴粵，面謁中山先生，密陳聯合討曹大計，並盡量徵求其淑世匡時之卓見，以備參考。三、張作霖自民國十一年直奉戰爭失敗後，退處關外，自任東三省保安總司令，雖號稱保境安民，其實頃刻不忘湔雪前恥，現直奉雙方俱已劍拔弩張軍事衝突，勢不在遠，亟應密派親信妥人前往聯絡，共結盟約，一致討曹，未知可否指派吳光新（段祺瑞妹夫）出關，與張作霖面商一切，並請吳光新常駐瀋陽，隨時留意對方軍事行動，立即密報，以便適時配合，俾免貽誤。

陳宧先生以上三點策劃，均為段祺瑞欣然採納，隨即密遣許世英，吳光新分赴廣州瀋陽洽訂盟約，此即世稱三角軍事同盟之概略也。民國十二年冬直奉雙方動員，吳佩孚任討奉總司令，竟在北平南海懷仁堂高坐堂皇，效平劇點將式，任馮玉祥為第三路總指揮，沿京張鐵路繞承德進攻奉軍之側，吳佩孚自率大軍沿京奉路出山海關正面迎敵，於是陳宧召馮玉祥密授方略，乘吳佩孚正面作戰十分緊張之際，回師北京，改組政府，廢曹錕而擁段祺瑞為過渡，屆時電迎中山先生北上，共謀統一建國大計，並告以報復個人恩怨事小，促成國家統一建國事大，此次計助回師，並非長人之惡，亦不欲從中漁利，實係於閱讀中山先生所著有關救國、建國之革命主義，受其感召，亟思竭盡愚衷，從旁協助，以表區區景仰之微忱而已，隨即面交段祺瑞致馮玉祥手書，表示回師之謀，有段祺瑞撐持，毋須徘徊瞻顧。

不隨流俗克保晚節

曹吳既倒，由馮玉祥、張作霖於黃郛攝閣之後，共擁段祺瑞為臨時執政，由許世英組閣，不料權力使人惡化，段祺瑞故態復萌，剛愎自用，雖電迎孫中山先生，而拒其開國民會議之主張，擅自獨斷獨行，召開善後會議，其組成分子，率皆失意政客與無知軍人，顯違南北合作共商統一建國之初意，陳宧極表不滿，既婉拒許世英，邀其入閣任陸軍總長於先，復力辭段祺瑞挽其接替蕭耀南督鄂於後，僅允接受執政府參政名議，不過表示君子不為己甚而已。翌年孫中山先生逝世北京，國民黨旅京同志及全國智識青年在中央公園（十六年改名中山公園）集會追悼，邀段祺瑞主祭，而段祺瑞託辭足疾，不欲與祭，經陳宧力爭無效，至是陳宧先生始覺前者助其再起，本係出乎與人為善之一念，今竟變為助長其惡，誓不再為之設謀定計，以示決絕。

自是以後陳宧先生自我檢討，深覺由於望治之心太切，又有一腔與人為善之赤忱，用是不免捲入政治漩渦，擔當帷幄運籌之任不惜嘔心瀝血，竭盡才智，求於國家有補，但結果往往被野心人家所利用，無益於國，召謗於身，乃決長期退隱，不再為人作嫁，生活雖苦，心境恬適，頗能自得其樂。惟自抗戰發生，平、津淪陷，漢奸蠢動，多係段祺瑞舊日僚屬，不甘獨為小人，常來遊說拖人下水，甚或慫恿倭寇，親來勸駕，極盡威脅利誘之能事，陳宧先生心如止水，不為所動，其北平後門東不壓橋住宅距吳佩孚居處甚近，二人乃盡棄前嫌，互相砥礪，共謀抗拒敵偽陷阱，保全清白，不辱晚節。陳宧先生直至抗戰勝利後，病逝北平，臨終雖明知身後蕭條，而猶以親見抗戰勝利為榮。論者謂當時北平群魔亂舞，泰半北洋軍閥餘孽，段系顯要，而陳宧與吳佩孚獨能認清民族大義，珍惜羽毛堅貞自守，可謂大節不虧，縱有其他細行不修，僅此一端，即可掩蓋而有餘。

追憶陳宧參加倒袁運動的一幕

劉大元

民國四年陳宧奉袁世凱命令督川，為成武將軍，初兼巡按使。集軍民之權於一身、駐成都。先父世卿公與陳宧為訓育四川軍官之先導，舉凡武備，速成，小學，皆陳宧與先父所籌劃。余因以習陸軍。陳入川，先父以故人，又因陸軍關係，被招致入幕。余亦為其參謀，故於陳宧參與「倒袁運動」的一幕知之頗詳。今年適為「倒袁運動」之五十週年，本月十二日又為「護國紀念」，撫時感事，頗多悵觸。因就追憶所及，特寫此篇，用饗讀者。

陳宧的兩條路線

陳宧，號二庵，湖北安陸人，為前清總督錫良、趙爾巽所識拔，任雲南鎮統。後在四川辦軍事學校，作育人才不少。故與西南等省素有淵源。

民國成立，袁世凱繼國父孫中山先生而出任總統，其時黎元洪為袁之參謀總長，陳以次長代行，因是與袁世凱建立較深關係，雖非北洋系，固亦雅附驥尾者也。

袁世凱為了背叛民國，遂行其帝制自為的野心，對西南各省如何控制，自為其特別注意之問題。當時滇督蔡鍔奉調入京，而繼之者為唐繼堯，袁則以全力收買之（唐虛與委蛇）。貴州為劉顯世，老軍人耳，袁以為不足慮。惟四川為天府之國，得之可以控制長江上游，可以扼守西南。袁世凱雖利用四川內亂，勾結胡景伊而去尹昌衡，並扣留於北京，然以胡為川人，終不可靠。於是北洋嫡系之陳宧，遂因袁之特別青睞而榮膺督川之命矣。

陳宧與北洋軍人比較，可謂足智多謀，能武能文。袁世凱深愛之，而又深防之。陳宧正利用袁之矛盾，以增高其地位。然最後則因受袁世凱不堪之侮辱，已蓄意不忠於袁。袁固不能用人也。

袁用陳宧安定四川進而鞏固西南，當時可謂得人。陳宧受命叩辭時，亦曾拍胸負責。

袁忽令陳與大公子袁克定一談，至則克定已備好蘭譜，懇請陳宧與之結為異姓兄弟，陳雖感意外，然亦無如何也。及既結盟，因再謁袁世凱，稱之為義父，又從而叩頭九拜。陳袁本同輩，年齡亦相去不遠，歷年兄弟之交，一旦變為父子之分。陳宧至此，萬分忍耐，心實不甘，袁世凱不知也。

陳宧由北京赴任，袁世凱令文武百官，恭送如儀，沿途亦電令各省將軍恭迎恭送。陳宧後謂先父：「吾前以販夫走卒，一人夾布包來川。今則衣錦赴任，大丈夫不當如是耶？」

然陳讀書人也，讀書人有讀書人之氣節，故終以被迫與袁克定訂蘭譜一事，認為跨下之辱。於是偶露詞色，革命黨人遂乘機而入。故其入川，其夾帶中多倒袁之人，陳宧豈不知之？

蔡鍔與陳宧以兩湖同鄉，本有交誼，蔡敢於赴滇起義，即知陳宧之兩面作法。袁世凱本視陳為洪憲之長城，而蔡等反袁，亦視陳為護國之樞紐。此袁所以敗而蔡終勝也。

尤有兩重要關鍵值得併此一述者：即黎元洪始終反對洪憲，黎陳關係極深，陳終附黎。馮國璋尤反對袁世凱稱帝，陳又以馮之態度為態度。先父屢與陳說及國事，陳秘告：「我以黎馮為轉移，袁倒而我不倒也。」陳確為軍人中之有政治頭腦者。

西南既定帝制開始

陳宧入川後，其氣勢之大，甚於明末清初之藩鎮吳三桂，彼率領之李長泰、伍祥禎、馮玉祥三旅，分駐川西北。前任都督胡景伊幾被逼自殺，陳宧出巡遊街，馮玉祥打馬開道，形同侍衛，威風可見。

然袁世凱固不能完全對陳放手，派政務廳長馮某監視其民政，派參謀長張某監視其軍政，派黃某為清鄉督辦執法處長，專殺民黨，在成都每日戮三十人以上。民黨前財政廳長董修武即為其中被逼自殺之一員。

原川軍完全改編，僅劉存厚一師將裁而變作。即後來赴義在敘瀘以抗袁軍者也。

陳宧見四川既定，以為滇黔皆無問題，遂以西南鞏固入告。

袁世凱由此遂認為西南無慮，而此時其他各省將軍巡按，也因袁之極力籠絡收買而大都成為其鷹犬爪牙。自國際關係而言，近鄰之日本，在與袁簽訂了二十一條之後，也請袁高升，其他各國則因歐戰正酣更無力東顧。於是他所欲一手製造之洪憲帝制，遂由楊度之希意承旨而進入所謂籌安會的緊鑼密鼓階段矣。

方籌安會電訊論文之來川，原極祕密，陳宧密召先父與余而告之曰：「北京將有大變」。自此即將本案面囑先父專辦，而命余襄助之。蓋陳深知余雖一青年，已與革命黨通聲氣。彼之所以側面露出消息，意謂袁成功則不過犧牲一青年；若反袁成功，彼則早已與革命黨搭上了線。陳之用心亦狡矣。

某日陳又持袁一密電，氣色憤怒，密告先父曰：此大總統來電。電中竟稱「二庵覽」，儼然義父口吻，略謂「籌安會事希竭力維持，西南由汝負責，將來開國之功，必居上乘。凱印」。陳獰笑，余當時雖涉世不深，然覩此固已審其不為袁用矣。

籌安會既於民國四年八月成立於北京，各省復設分會，乃一面倒主張君主立憲。楊度密電陳宧，此總統之真意，吾兄須切實宣傳之。並囑以後對袁文電，宜照滿清皇帝稱謂。於是陳宧又由義子而兼為奴才矣。

袁知楊度文人，不足與聞政治密謀，深悉梁士詒不特有政治經驗，亦有經濟基礎。乃借五路參案迫其落水。梁士詒乃有「請願聯合會」之組織。然梁狡詐，只居幕後，而以沈雲沛任正會長，幕前活動。九月十九日成立，距籌安會之成立，不到一月，此袁世凱之雙軌政策，楊深恨梁，而不知此袁之計也。

籌安會為學理的研究，請願聯合會為實際的行動，籌安會只談君主立憲，請願聯合會則直接擁袁為大皇帝。

楊度見大功已被梁士詒奪去，遂改籌安會為「憲政協進會」，意圖於帝制下為一政黨。功狗結局，殊可哀也。

梁士詒與陳宧交誼頗深，梁組織請願聯合會後，致陳密電，略謂：「弟已落於火坑，盼兄救我。」此電雙關極妙。陳仍交先父研究，由此愈證其奸詐也。

一束製造帝制的文電

自此以後，即為袁世凱假借全國民意，製造所謂國民代表大會，投票贊成帝制，並恭戴袁為皇帝。其由袁用顧鰲主辦之國民會議選舉事務名義，及段芝貴名義，陸建章名義，朱啟鈐、周自齊、梁士詒、阮忠樞、張鎮芳、袁乃寬、張士鈺、唐在禮、雷震春、吳炳湘連名名義，電各省將軍，及巡按使電，不下百十通。

此項電文皆用袁世凱與各省軍民首長密電，即「華密」、「堂密」本。電到四川，陳宧令余父子密為保存，然余連夜抄送民黨，故四川揭露最早。後輯為《洪憲紀實》印行，陳並不禁止，其意可知。茲錄其露骨之原文大意如下：

一、所有文電，恐貽痕迹，留為開國缺點，一律查明燒燬。（然余皆密存，已成為希世之秘寶。）

二、凡推戴書，由北京擬定，必須照敘。文曰：「國民代表者，謹以國民公意，恭戴今大總統袁世凱為中華帝國皇帝，並以國家最上完全主權，奉之於皇帝，承天建極，傳之萬世」。決不准更改。（據袁克定致陳電，此為其父袁世凱所擬定，勿得有違。）

三、電告奉袁世凱面諭，選舉代表場所，必須在公署舉行，以防反帝者搗亂。

四、舉辦選舉及投票，應濟之以無窮之運用。代表應先暗中物色。當選者不致出我範圍。
五、袁世凱亦知辦理選舉，必釀事端。特密諭：京外文武官吏必須保守治安，維持秩序。
六、距省較遠之各縣，及其他種情形，認為應從權辦理者，由省監督飭令各縣，私行將代表人選出，即行電省。
七、投票程序務必表示慎重，庶對內可以為彈壓反側之資，對外可以杜干涉責言之漸。
八、先事運用敏活，臨時再限制非投票人不得入投票場所，則雖不宣布公開，當亦不致別生妨害。
九、但求表面與規則吻合，而內部運用，只要操縱得宜，便可放手辦去。
十、先期敬謹將君主立憲四字標題，印刷於投票紙，鈐蓋監督印信，並於決定投票日期，示國民代表一律遵行。
十一、現所提議之計劃，為各省分頭選送請願代表，請願書稿，將於北京草成，而後分電各省，君等亦當與地方上贊成請願之紳商，一例列名請願，此種請願，即可於立法院召集之時，一一向該院提出。
十二、國民代表，無論何地，每縣須選出一人，且須擇各省與政府機關有關係之人物，方能對於選舉目的，不致有所誤會。
十三、委任代行立法之參政院為總代表，必須用各省國民代表名義，舉凡文件，皆預擬妥當，其餘紳商軍政各界之推戴電及登極時各界慶賀書，亦照單預為擬備為要。

十四、現在國體業經決定，帝位亦已有歸，我等均為皇上股肱心腹，誼同一體，自當努力同心，盡忠報國。至登極大典，係形式儀文，遲早無甚關係。現在我國國體已經決定，皇上已經承受擁戴，事實上已無問題。

右所輯錄，僅係舉例。原文自多。凡此皆袁世凱一人或示意其左右為之，袁雖有百喙，不能辯也。

五國警告之提出

嗣至十月三十日陳宧忽得南京馮國璋機密電，謂外交緊急，政局危險云云。陳閱之大驚，旋向駐成都各國領事探查，始悉十月二十八日下午，駐京日本代理公使會同英俄兩國公使，向袁世凱提出警告。謂總統若驟立帝制，則必因國人之反對而立即促成變亂，行見中國將復陷重大危險之境。

袁世凱立令外交部答覆，日政府不滿意，袁又有二次之答覆，並謂復興帝制一事，暫行從緩，本年斷不實行。實則欺騙中外，已於十九日設立大典籌備處，並訂於民國五年一月一日為洪憲元年。

外交之警告，固為加強國內反袁之決心，國內反袁之行動，尤促成外交之警告。

帝制所依託於日本及英國者，此時已不可靠。而袁在國內所依託之軍人亦不可靠矣。自此以後，馮國璋、陳宧雖未宣布反袁，已成中間派之中心。然其動機，實促成於外交。

至十一月十五日又由駐京日英法意俄五國公使，同赴外交部通告：日本及其他四國，以後對於中國決定採取監視之態度云云。

袁世凱因內外形勢不利，乃於民國五年二月二十五日緩遲登極之令。然帝制派則因以消極，更不可為矣。

袁世凱一面欲犧牲中國之土地、物資、主權，以軟化日本，為日本承認帝制之交換條件。另以慶祝日皇即位大典名義，派農商總長周自齊為特使，日本原已接受。周定一月十七日啟程，隨員先往，殊十六日日使忽至外交部表示：不便接待中國特使。至此外交遂成死路。

陳宧忽接馮國璋密電：囑將袁外交失敗情形，密達護國軍，無異助長反袁氣勢。此時陳宧已由中間地位，趨於反袁。而馮則隱然為反袁重心矣。

撤消帝制與馮陳運用

袁世凱本定於民國五年一月一日登極，改元為洪憲元年。殊雲南於民國四年十二月二十五日先行討袁獨立，次日貴州獨立。袁於二十九日免唐繼堯、任可澄、蔡鍔官職爵位。派陳宧、曹錕進剿，相持於川邊之敘府、瀘州一帶。

陳宧與蔡鍔本有舊誼，而西南民黨及反袁之人，又奔走川滇。於是陳宧乃不戰而觀風色，戰事遂停。

然袁形勢則日劣。計：三月十五日廣西獨立，四月六日廣東獨立，五月六日浙江獨立，五月八日肇慶成立軍務院，五月十一日陝西獨立，其餘零星之獨立尚不計焉。

是時，馮國璋已由陳宧溝通，與南方密電往還幾無虛日。忽一日陳交下馮一電，謂「大哥病將好了，二哥速準備」。陳閱之極為興奮。至此，遂與國民黨公開連絡，蔡鍔代表亦加派余負責聯繫，即其形勢，似距獨立不遠。

後來探求，所謂「大哥」是指「馮」，謂彼「將有活動」；「二哥」即指「陳」，因陳號二庵，叫他準備獨立。

三月二十二日，袁見大勢已去，廢去洪憲，焚燬關於帝制之公文八百餘件，又自稱大總統。承認「萬方有罪，在予一人」。四月四日改政事堂為國務院，以段祺瑞為總理。用徐世昌、段祺瑞、黎元洪三人名義，向南方議和。五月二十九日袁乃宣布帝制始末，意圖諉罪他人。

此時南京馮國璋已成重心，代表紛集，會議迭開，陳宧亦儼然在馮陳聯絡下為南北之轉樞要人矣。

袁世凱的一道催命符

袁世凱帝制既敗，乃欲以恢復總統為緩兵之計，活動借款為復興之謀，無如南方堅持袁必退位，而後乃能議和，實則馮亦同此心理。陳宧更欲袁退黎繼，渠將大用。

其時康有為、湯化龍、伍廷芳、唐紹儀、孫洪伊、張謇，皆露布致袁世凱文電，力勸袁退位。袁皆不為動。

卒乃經馮陳密商，由陳宧於五月三日逕電請袁退位，復於五月十二日為第二次之忠告，袁皆不納。陳乃於五月二十二日自稱四川都督宣布與袁世凱個人告絕。世傳此電為袁世凱的催命符，極關重要，特於余所藏原稿，披錄於後：

特急，北京、國務院統率辦事處、各部局、各省將軍，巡按使，並轉各鎮守使、徐州巡閱使、上海護軍使、承德歸化張家口都統、西藏辦事長官、永寧行營蔡總司令，並轉滇黔桂粵浙都督均鑒：宧以庸愚，治軍巴蜀，痛念今日國事，非內部速弭兵爭，則外人必坐收漁人之利。亡國痛史，思之寒心！川省當滇黔兵戰之衝，人民所受痛苦極鉅，瘡痍滿目，村落為墟。憂時之彥，愛國之英，皆希望項城早日退位，庶大局可得和平解決。宧既念時局之艱難，又悚於人民之呼籲，因於江日（三）徑電項城，懇其退位，為第一次之忠告。原冀其鑒此悃忱，迴易視聽，當機立斷，解此糾紛。乃覆電傳來，則以妥籌善後之言，為因循延宕之地。宧竊不自量，復於文日（十二）為第二次之忠告。謂退位為一事，善後為一事，二者不可併為一談，請即日宣告退位，示天下以大信。嗣得覆電，則謂為已交由馮華甫在南京會議時提議。是項誠所謂退位云者，決非出於誠意，或為左右群小所挾持。宧為川人請命，項城虛與委蛇，是項城先自絕於川，宧不能不代表川人與項城告絕。自今日始，四川省與袁氏個人斷絕關係，袁氏在任一日，其以政府名義處分川事，川省皆視為無效。至於地方秩序，宧有守士之責，謹為國家盡力維持。新任大總統選出，即奉土地以應命，並即解兵柄以歸田。此則區區素志，於公於私，以求無負者也。皇天后土，實聞此言。謹此電布以聞。中華民國五年五月二十二日四川都督陳宧叩。

後據帝制派某人，密電陳宧，謂袁世凱接電後，忽獰笑：「二庵（陳宧字）如此愛我，辜負我拔識一片苦心，夫復何言。」曾親筆擬有覆電，此袁之絕筆也。原電云：

昨見松坡（不稱蔡逆矣）致黎段電：請勸我退位，公誼私情，感佩交集，但尚未悉我心。我厭問世，幾不願一朝居，再商諸重要諸公，擔任善後，僉以茲事體大，且難輕放，內憂外患，相逼而來，即有亡國之禍。我年近六十，艱難萬狀，尚有貪念，愚不至此。我志已決，退位不成問題，所當研究，惟在善後。政府諸公討論多日，仍無結果。如不顧善後撒手即去，危亡立見，實不忠心至此，且亦無術足以自拔。目下要點，在速籌善後之策，但有二三分抵擋，不致立見危亡分裂，退位一議，即可解決。務望切商政府，速定辦法，力擔責任，期早定局。希即速籌，共同妥商如何？務祈嚴守密秘，電未盡言。

並聞袁擬電後，擲筆三嘆曰：「悔不該令孺子（指陳宧）坐大」。旋即發病。卒致憤恚而死。一代梟雄竟如此下場，亦可哀已！

曾記陳持袁原電交余保存時，並暗示曰：「小子志之，凡人皆有骨氣，讀書人尤有骨氣。侮人者，人恒侮之。」此蓋指袁令其與克定拜蘭譜而言。其怨憤之意，固彰彰也！

蔡松坡與雲南起義的真相——雲南起義、再造共和六十年紀念

周慶餘

當民國四年，松坡先生由北京出走，間關來滇，起義倒袁，這時滇督，還不能決心討賊，松坡先生計料如果不速決定，恐生變化，便對滇督說：「余此行為救國而來，幸君早決大計，免生他變，又聞袁氏封爵電已至，君欲安富尊榮，則請持吾頭去，並可博一公爵也！」滇督經這一激，才肯合作。

積欠糧餉電梁告急

滇人李華英氏（小川），早年在港，與筆者談松坡先生與雲南起義事，能言人之所未言，並擁有若干珍貴資料，足以澄清後人疑誤。

當蔡公率師入川時，李任行營副官處長，及蔡公離川赴日療治喉病，李又隨行，蓋所謂始終其事者。李嘗太息以語曰：「雲南首義前夕，苟非松坡以大無畏精神，劍及屨及，爭取一瞬間之

決定，則蓂賡（指唐繼堯）夜長夢多，恐局面又大不同！吾服松坡之智，吾尤服松坡之勇！而松坡之大公無私，更使蓂賡無法作一遁詞也，今安得再見斯人！」

李氏語畢，並以蔡公手書致梁任公電稿相示：「火急，上海孟淵旅社，石醉六、袁士傳兄：即轉呈梁新會先生：馬電所陳，為萬不得已之請，查鍔所部，自滇出發，僅領滇餉兩月，關於給養，後方毫無補充，以致食無宿糧，衣不被體，每月火食，皆臨時東挪西湊，艱苦度日，今大局既定，欠餉不能不發，所借紳民貸款，更不能不依限償還，以安眾心，而全信用，計所需各款，在二百萬元以上，除派員赴京交涉，請中央從速籌發。如承函丈據電政府，提前撥領，俾鍔得以早日脫身養病為感！鍔叩敬。」李氏復為說明曰：「今讀此電，可知松坡之領兵征川，冒有八分危險！餉既不濟，兵又單弱，倘非松坡之善於運用，早已解體！」余聞說，為惆悵者久之！電中所稱石醉六（陶鈞），亦寶慶人，袁士傳（華選），則新化人，皆蔡公士官同學，為向梁新會執弟子禮者，故以請款事相屬也。

洪憲一幕珍貴史料

我們再看《雲南首義擁護共和始末記》一書中所載，僅略略一提蔡公之名，似首義之舉，與蔡公無干者，書端如唐蓂賡（繼堯）、趙石禪（藩）等所為序，無一字及蔡，成見所使，固不足怪！可怪者，為對革命文獻、自稱一代傳人之章太炎（炳麟）氏，其所為序，竟亦不言及蔡，苟非有人竄改，便屬昏瞶糊塗！幸黎黃序中，有「蔡唐諸君子」一語，為能不向革命歷史與革命文獻自欺。

又曾叔式（廣軾）先生與蔡同赴日本留學，蔡學陸軍，曾學警察，學成返國，又同赴廣西，蔡辦隨營學堂，曾辦警察學堂，後蔡調滇，曾則返新化原籍，與邑人劉命侯（廷舉）等，組華昌銻鑛公司，即舉世聞名之「陶塘」銻鑛山也！余少時嘗謁曾先生，必出梁新會手函，及蔡公手函相示，梁函約二十通左右，蔡函則百通以上，用一箱藏之，蔡出語莊諧並茂，猶憶稱項城為「當塗」，蓋以袁術相比，稱楊晳子為「韭菜」，余初不解所謂，後在北平，得覩楊風子（凝式）韭菜帖真跡，始知所指，又函中稱「積之為吾黨之彥」，余初亦懵然，後乃知指劉存厚也！寫到梁任公，必抬頭稱「新會師」！於唐蓂賡在首義以前函札，稱「蓂賡兄」，首義以後，則稱「蓂公」，稱謂謹嚴如此！會冬夜，留余宿書齋中，則指箱中物曰：「他日以傳汝！」余亟起遜謝之！但求以蔡公致項城手書稿一通相賞！因此稿為蔡公離北京前，手書數百言，諷項城勿帝制自為！忠義所激，情文並茂，下筆有神！新會恐其一投此書，即難離京，因留而未發，實洪憲一幕中，一珍貴史料。

彈盡糧絕兩度求援

又蔡公當軍事吃緊之際，所部紛告彈盡糧絕，乃迫不得已，由洪江周統領蔗生處，轉電曾氏（叔式），兩度求援，其手書電稿，曾由中華書局，於民國七八年間，影印問世。

第一電曰：「洪江、周統領蔗生代譯，專弁送新化劉命侯、曾叔式，並轉新邑鑛界諸紳鑒：華密。國家不幸，致肇兵戎，滇黔首義，弟總師干，分出川湘，師行所至，幸不辱命，惟滇黔皆瘠鄉，兵額驟增，餉糈不給，故敝部出征以來，率僅發口糧零用，而滇師自出省迄今，省政府僅發餉兩月，支撐至今，竭蹶可想，歷就黔川滇各紳商湊借挪移之款，已不下百萬，今已羅掘俱窮，不能不遠作將伯之呼！萬望兩公，為弟邀集新邑鑛界諸賢，認借軍餉二三十萬，以濟眉急，半年之後，必全數償還，息銀若干，照政府公債最優之數核給。募餉出力人員，當擇尤由中央給獎，務望於接電後，三星期內，陸續募集，隨時電告此間，當電飭黔軍赴湘護運，公等急公好義，當不後於他省及海外僑人也。如何？盼速復，滇黔護國軍總司令蔡鍔，由四川行營叩文。」

第二電曰：「萬急，寶慶、飛送新化華昌公司，劉命侯、曾叔式先生，……敝軍窘迫萬狀，故遠作將伯之呼！在諸公不過騰挪一時，珠仍還於合浦，在敝軍藉資飽騰，不啻解燃眉之急！臨電無任翹企，盼速復。鍔、巧。」

蔡公廉介自矢，取與絕嚴，不到萬不得已，不肯以國家事累私人也，觀上述二電，便可知其處境之艱苦，然卒能獨棓巨憝！又可知其毅力之過人也。

帝制解體費盡心血

我對蔡松坡先生，還想略述人所未曾道及之一二事！

世人但知陳乙庵（宧）領兵入川之背叛項城，使項城遭受重大打擊與刺激，致帝制解體，而不知為蔡公之慘澹經營，費盡幾許心血，以引之入彀也。玆為分錄其手書致陳乙庵數電原稿，即可知其由來，其自大洲驛飛轉成都陳都督（即乙庵）劉顧問，及范、鄧、楊諸將領第一電曰：

「乙兄致京養電，由滇黔分途遞寄矣，蜀省獨立，竟觀厥成，乙兄之苦心毅力，深堪佩仰，諸兄翊贊之功，並垂不朽，回憶茲事，幾如嬰兒久孕，臨產無期，便便碩腹，群方疑為胎變，今竟誕生麟兒，母子俱吉，民國無疆之庥，如袁氏因川事發動，翻然徹悟，迫職出國，則乙兄一舉手投足之勞，勝於雄師百萬矣！惟尚有欲奉商者，川既獨立，則渝瀘各要地，斷不容有袁軍橫亙其間！自應設法處置，或令去逆效順，與我奪取一致之行動，或照滇桂對付龍軍之法（指龍濟光），勒令繳械，資遣回籍。二者不行，亦惟有加以懲創，再行相機區處。現在馮、伍、李旅，能否用以擊曹？川中各部隊，能用以對袁軍作戰者共若干？滇黔之師，如對渝瀘作戰，尊處能派若干部隊助戰，或只能派兵威脅，遙作聲援，現在川軍或馮伍李各旅，心理若何？尚能用命否？曹、張、李態度若何？其所部內容若何，張馥卿運動之成績如何？均希詳細見示，便宜此後應行方略，鍔叩敬戌。」

其自瀘州劉道尹轉陳將軍第二電曰：「仙電敬悉，公誼私情，深感惓惓，國勢阽危，豈堪內鬨？故滇省起義之初，痛切陳詞，亦不過求其取消帝制、懲辦奸佞而止，不圖項城不省，致構兵禍，數月以來，血骨橫飛，生靈塗炭，同類相殘，言之悲嘆！今天牖其衷，翻然悔悟，削除帝號，在弟初意，原不樂再事多求，惟此後國家根本建設問題，應如何解決？項城仍繼充元首，於綱紀法律，於對內對外之威信，有無窒礙？即置綱紀法律及國家信用於不顧，而委蛇遷就，他日之翻雲覆雨，誰能為之保障？項城聲言：曩者以救國不得已而出山，今覩人心之已去，威信之已墮，或將廢然思返，則目前繼任，自屬黃陂！仍應召集國會，正式選舉，無論為黎為段、為馮為徐，均無不可，凡此數端，均關大計，不能不早為決擇，以定從違，吾兄才望，冠冕南洲，繫茲綱領，登高一呼，則海內嚮風，糾紛宜可速解，……此間已電飭滇黔各軍，停戰一星期，以副雅命，惟連日接各路文電，主張頗屬激烈，尚望飛飭前方各軍，勿稍冒進，免啟衝突為幸，蔡鍔叩也。」

有領袖才有文學才

據目擊蔡公擬此電稿，而又交其譯發之李華英（小川）氏稱：「松坡對重要函電，從不假手於人，多躬自執筆，一氣裁成，然後略加點竄，即予署發，蓋其智慮周、學殖深、氣度恢宏、而魄力卓絕，故能恰中肯綮，翕合無間，且命令一出，即全權交由受令者自為區處，從不越超級指揮，甚至連傳令兵亦要管者之所為。當第一電致陳乙庵時，陳尚在虛與委蛇，毫無切實表示，吾等勸其不能輕信陳言，即吐腹心之論，致為所騙，松坡慨然曰：『吾豈不知陳乙庵之狡詐！惟項城最多疑，耳目又長，吾與陳函電往還，項城必知，知則疑陳必矣！是項城將終為驅魚之獺，而此魚終歸我有！又吾聯絡開端，即以心腹相剖示，更足堅乙庵之信，君等且待收穫。』又當第二電譯發後，松坡笑謂吾輩曰：『項城擊倒，除黎黃陂希望根據法理，襲承大位作過度外，次如段、如馮、如徐，亦野心勃勃，虎視眈眈！均暗望袁氏之倒下，得以一造時勢！故電中特為論及諸人，可保證乙庵，必分別向段馮等實力派通訊邀寵，則項城之勢益孤，而吾處主動地位矣！』松坡所料如此，後皆果如其言。時松坡喉病已深，處荒僻行軍之境，而能高瞻八表，非具天亶之聰，又曷克臻此？」今觀此二電，又回憶李氏之言，則世人謂其有領袖才、文學才，誠非過譽。

正氣凜凜電斥唐督

世人多知其與唐蓂賡（繼堯）相處，率以謙退恭讓行之，而不知其一遇有關國計民生諸要端者，則毫不徇情，輒忠告而善導之，正氣凜凜！毋敢侵犯！據李小川氏相告：「當項城倒斃，松坡正趕辦善後，以備赴日就醫。而蓂賡忽令滇軍分別出發川黔，為攫取地盤之計，並派某親信大員（忘其姓氏），來前方慰問松坡，略示出兵企圖，松坡不待詞畢，即毅然告曰：『論私，唐都督（接繼堯）要鍔頭顱，鍔亦一割擲與之！論公，鍔不能讓過五步！吾人以義始，而不以義終，鍔方敝屣利祿，潔身引退，以昭示天下，而唐都督，當敵我血戰之際，不肯加一兵一矢，今戰事告一段落，乃麾兵前進！人將謂鍔狐媚以取天下，譎詐以騙國人，唐都督知我個性，如不明令停止前進，即濺血以謝同袍！請為我轉告唐都督，莫令國人，又以討袁者討唐也！』某大員惶恐謝曰：『傳語恐有差錯，還請總司令（時蔡公為滇黔軍總司令）書覆，俾便反命！』於是松坡一面為函一面手草一電致唐，函電措詞相似，其電文曰：『萬急！雲南唐都督，貴州劉都督鑒：義密。蓂公刪電悉，喉病增劇，加以感冒，熱度達三十九，遂致稽覆，歉甚！滇黔於此次起義，悉索敝賦，以赴國變，雖達拯溺之志，已陷額爛頭焦之勢，在我輩應亟謀善後，以圖元氣之恢復，在政府及一般人士，浴共和之恩波，飲水思源，對於首義之軍，似應有以安之勞之！使之得所，以鍔計之，滇黔善後，當不甚難，需款亦不甚鉅，政府對我，萬不致有所歧視！吝此區區，而陰相掣肘也。所最宜注意者，我輩主張，應始終抱定為國家，不為權利之初心，貫徹一致，不為外界所搖惑，不為左右私匿所劫持，實為公私兩濟；邇者，滇省於袁氏倒斃之後，於剛出發之軍，不惟不予撤回，反飭仍行前進，未出發者，亦令尅期出發，鍔誠愚陋，實未解命意所在，近則竟與川軍啟衝突於寧遠矣，若竟徇某某等之一意孤行，必致敗壞不可收拾，將何以善其後，鍔為滇計，為蓂公計，不忍不告，務望設法力圖挽救是幸，鍔叩，皓戌。』」

今觀電文語氣，較對使傳言，雖略和緩，但已面斥其非，蔡唐私交，有如手足，不知唐讀電後，作何感想？

湘督一席視同敝屣

蔡公對維桑與梓之湖南，則僅有關懷之念，毫無染指之心！在其個人方面，一如對川督位置之視同敝屣也。茲錄其致湘人手書電稿數通，以為例證。

手書致張榕川電稿曰：「銅仁，探送張榕川兄鑒：義密。迭電悉，承公等盛意推重，愧不克承，湘局現已宣告獨立，陸督亦親統大軍入湘，主之者，何患無人？秉三先生，亦近在咫尺，似亦可擁之以出，川湘阻隔，無憑遙領，賤軀多病，稍間，即當乞假引退，方命希諒。鍔叩咸。」

按當時黔軍王文華部，已入湘西，而桂軍陸榮廷，亦親統大軍窺湘，以共逐湘督湯薌銘、程頌雲（潛）以總司令名義駐寶慶、湘鄉、寧鄉間，湘人有擁程與擁譚（延闓）之分，於是一般策士，想出由蔡以川督兼領湘督，進而控制川黔湘鄂諸省之謀，認為蔡以一時物望所歸，可水到渠成。

此舉如在他人，立可接受，可惜策士，找錯主顧，既以「川湘阻隔，無憑遙領」為辭，復舉出熊秉三氏（希齡），以薦賢自代。其光明磊落，誠有足多！

手書覆程頌雲電稿曰：「萬急，湘鄉、寧鄉，探交程總司令潛鑒：華密。諸公十四號電敦悉，湘局杌隉，險象環伏，為之慨然！諸公欲為桑梓謀幸福，而所以期望於鍔者尤厚，近十年來，奔走省外，未得於故鄉稍效棉薄，輒歉然！以吾湘地理上之位置，人民之性質能力，土地所出之產物，均不下於他省，用力少而成功必多，竊常以廉頗未能用趙，殊以自悔，今既有此機遇，自當迴戈返湘，以符夙願，而副諸公殷殷相屬之雅，惟現在川情複雜，未能即離，而本軍善後事宜，亦須親為部署，以全始終，急遽間，實無術圖東歸也。各界諸公，均乞遍為將意為幸，鍔叩篠。」

此電稿紙尾，註明發於五年、六月十七日。誠懇道出愛護桑梓之意，而辭以不能分身東歸，對程對譚，無一字作左右袒。

天誕斯人國之大幸

手書復石醉六、袁士權電稿曰：「上海孟淵旅社，石醉六袁士權兄鑒：核密。頃接有電，箴告各語，當書紳！聞『黨爭』近頗蓬勃，殊非前途之福，弟早作退計，乃愈墮愈深，失我自由之身，良用憮然，細察病情，非急切所能愈，即前途以湘事相委，亦難立時就任，以組安代任或即真除，均所欣幸也，鍔叩卅。」

此電為致其親任石（醉六）袁（仕權）二氏者，始表明如中央以湘督相委，則以譚組安氏自代，或即由譚真除！後來督湘之命，果落譚手。

余曾以電中「黨爭」二字，面詢石醉六氏於上海，應作何解？石曰：「殆指民黨！」嗣於抗戰第二年，又以面詢袁士權氏於長沙，袁曰：「當時程頌雲頗接近民黨，松坡不喜於程，故以湘督屬意於譚組安。而本身則堅決謝絕之！」

吾以為自民國以來、軍人擅文事，有武略，而又穆然具武德者，惟松坡先生一人！中國政局如奕棋，宦場如染缸，舉棋有定，涅而不緇者，亦惟松坡先生一人！松坡先生早死，實國家之不幸，惟其早死，或個人之幸！以天誕斯人，僅成就其個人之幸，則又國家之大幸也。

雲南起義的史實解剖

黃天石

今年十二月二十五日，為雲南起義的五十七週年紀念。

中華民國六十年來，開國是第一件大事；雲南起義則為第二件大事。這兩件大事，開國的意義，為摧毀數千年來的專制，盡人皆知；雲南起義的意義，則為消滅專制餘毒的借屍還魂，尚為國人所忽視。不知道沒有雲南起義，推翻袁世凱稱帝，則民國的運命四年便亡，那裏能延續到今天？太史公之論《春秋》，謂：「別嫌疑，明是非，定猶豫，善善惡惡，賢賢賤不肖，存亡國，繼絕世。」雲南起義一役，所造成的史實，意義在存亡繼絕，不可無至公至正的信史，紀念這件護國大事。

唯其意義重大，作者不願以應時文章式草率落筆。英國史論家麥考來T. B. Macaulay認為史論有兩類：一類是風景畫，一類是地圖。前者譬如雕刻家用刀尖，刻劃鮮活的偶像外貌；後者則如解剖學家動手術，剖開人體的內部，將五臟六腑赤裸裸的擺在我們眼前。

本文所採用的是後者的方法，解剖史實，所以史料必力求真確；態度必力求大公；行文必力求正直。

不幸這場護國的神聖戰爭，混淆入許多流言。當時護國元勳的正氣血性，不顧成敗，揖讓謀團結，犧牲爭國格，那種高尚精神，事隔半世紀，被後人說得面目全非，將來變成怎樣？一段再造共和的光榮史，豈不成為傳奇化，神話化？

大別之，流言可分為三種：

（一）蔡鍔之人格疑問？

詆譭蔡鍔為贊成帝制，首先簽名擁袁稱帝的罪魁，後來出爾反爾，入滇討袁，因失寵於袁，迫而出此，非真心舉義。

（二）唐繼堯之人格疑問？

詆譭唐繼堯因貪戀權位，袁世凱餌之以將軍侯爵之尊，原無反袁意，直至蔡鍔入滇，以手鎗威脅，被迫而同意討袁。

（三）梁啟超主動之疑問？

梁啟超本人亦公開表示，見諸文字，謂與蔡鍔有師生之誼，蔡之反袁，蓋梁所發踪主使。甚至有人揑造事實，插入小鳳仙與蔡熱戀故事，則更可笑。

第一疑問，把蔡鍔說成一個反覆小人；一個沒頭腦的傻瓜。奸雄可以牢籠他，老師可以擺佈他，妓女可以指使他，本身絕無主動能力。咱們的大英雄，一變而為小花臉。

第二疑問，把唐繼堯說成一個貪生怕死的懦夫。蔡鍔一枝手鎗，便可將他威脅下來。可惜造謠者太沒常識，昆明五華山上的都督府，大門二門三門設有三道守崗。蔡鍔一條光桿，如何與唐拚？唐縱然是木偶，左右的侍衛難道盡是木偶嗎？可能那造謠者受了武俠小說劑的全身麻醉，滿口夢囈。

第三疑問，梁啟超公開演講，護國之役、蔡鍔入滇，是梁所主動。蔡鍔以苦學出身，赤手奮鬥，由留日士官生，回國後在桂滇訓練新軍有年，位至督軍府將軍，對於國家存亡大義，個人出處大節，難道還要老師耳提面命，才知所取捨？妓女代為設計，才能脫網羅？把一個智仁勇兼備的蔡鍔，醜化成牽線木頭人似的，恐怕真正的木頭人也不會相信。

上述三點疑問，略一思索，便不攻而自破。然而真相怎樣？仍待真憑實據的史實証明！

一個民族的精神遺產，便是歷史文化。歷史為人類生活的引路明燈，明燈不容有一點暗昧模糊，迷失人類生活前進的道路。我們對於虛偽荒謬的史實，不可不徹底澄清。《春秋》大義在「明是非」，明是非，必須提出有力的實證！

有力的實證在那裏？

一、「證人的證明」

二、「事實的證明」

先提出人證。有了證人，事實的證明便跟著而來。

第一個重要證人是周鍾嶽。周鍾嶽，字惺父，亦稱惺庵，雲南劍川人，前清解元，後留學日本；性篤實，淡泊自守，先後為蔡鍔與唐繼堯秘書長，蔡唐皆尊之信之，唐每出征，周輒署理省長。年四十九，鬚髮盡白，以時事日非，體弱多病，去官謝客，以讀書著述自娛。然於迭次滇中內訌，恒正色而言；不聽，則通電鎮壓，叛將無不憚其威嚴而息爭，龍雲胡若愚均師事之。一幌十八年，周自分息影終老，與政治絕緣，不料抗戰軍興，遷都重慶，那年周已六十七歲了。軍事委員會委員長兼行政院院長蔣中正，為延攬老成，屢派熱人入滇，促周出山，共襄國事，周推老病謝絕。後來蔣專電滇主席龍雲婉達，說不任官職也得，請來講學兩星期。周以情不可卻，勉強一行。既抵陪都，蔣禮貌周至，果然絕口不提強他做官的話。周每天往各處講學。一到中午，蔣必派車接周到官邸，同進午餐。一客一主，一談便是一兩小時。及至講學期滿，周向蔣辭行。蔣才說出真意，留他當內政部長，並開玩笑說：「我不發出境證，看惺老如何飛返昆明？」就那樣硬把周留下了。周當了三年內政部長，後轉任考試院副院長。那些經歷，旨在說明周鍾嶽是怎樣一個人？因本文既說他做雲南起義始末的主要證人，應該了解他的為人。他最配做證人的一項資格，是在蔡唐二人主持滇省軍政期間，都是他當秘書長，對蔡唐無所左右袒，他對作者談的政治祕密，當然是最可靠的第一手資料！

民初，袁世凱對蔡鍔早有戒心。蔡為新派少壯軍人，頭角嶄然，朝氣蓬勃，絕無舊軍人惡習。自主滇政，都督俸給自定一百六十元，其刻苦奉公，關懷民瘼的精神，真能以身作則，軍民翕服。袁耳目甚眾，聽說蔡為人持正不阿，機智深沉，文武兼資，才德俱備，用人行政，一反自己那種純用權術，以名利為餌的腐化舊作風；顯然胸懷大志，欲與自己爭天下，深恐新政一經推行，風靡草偃，不但雲南一省掌握不住，新風氣漸漸展開，影響及於全國，自己領導的舊勢力，還站得住嗎？

自古奸雄多猜忌，袁世凱見蔡鍔勵精圖治，欲先把雲南建立一個模範省，然後進窺中原，建立一個新中國。周文王以百里而王，若不及早剪除，後患可虞，便決意用調虎離山計，下令把蔡鍔內調。

那時中央集權伸展到極度，所謂中央，其實是袁世凱一人大權獨攬，總統一句話，等於一道聖旨，違抗則性命可危，蔡鍔只有忍氣受命。袁氏那道命令，表面上很平和，任命蔡鍔為將軍府將軍、經界局督辦，陽示拔擢，陰實左遷，陰謀解除他的兵權，分化他的潛勢力。同時故意表示大方，命蔡鍔密保繼任滇督人選。蔡保薦羅佩金、黃毓成、唐繼堯等三人。唐繼堯提名居最後，以免袁世凱疑忌他們兩人的深厚交誼。

袁世凱果然上了大當！

袁一見前兩名威名遠播，恐怕不容易駕馭，唐繼堯年事最輕。袁詢問左右，聽說他綽號唐娃娃，原為蔡部下的一名少校參謀。值貴州內訌，乞雲南請救兵，蔡派唐繼堯以大隊長名義，率兵入黔平亂。大隊長的階級，只等於營長，貴州震於雲南之軍威，作亂者其實只是幾個小軍閥，並無大企圖，不過因分配地盤不均而起紛爭。唐繼堯一面用軍事力量彈壓，一面用政治手腕調停，敉平變亂，安撫流亡。黔中父老夾道攀轅，挽留滇軍駐黔鎮壓叛變，推戴唐繼堯為貴州都督，所以論資望唐氏最淺。

袁世凱怕的是養虎，不怕牧羊，一圈便圈定了唐繼堯。

蔡鍔攜眷入京就職，心知袁不懷善意，把他關進牢籠裏。萬一有什麼不測，須有個心腹可託之人，與雲南保持經常的密切聯繫，便邀請周鍾嶽為經界局督辦公署秘書長，同赴北京。

袁世凱先把蔡唐分了家，然後分別籠絡。蔡外貌嚴毅，一望而知為難以利動的人。唐則一團和氣，大度汪汪，對袁方派來的人，周旋得極有分寸。袁便不加防範，全神對蔡，指定一班密探，日夜陪蔡花天酒地的胡混。蔡也裝作胡塗，沉著應付。

那時楊度為首的籌安會策動帝制機構，明目張胆，製造空氣。蔡見勢危事迫，不革命則投降，不投降則革命，再沒第三條路可走。但兵柄既釋，怎能發動革命？計唯有先明唐的意向：若已附袁，連根據地也失了，無話可說；若唐意尚未決，事勢或有可為。當即囑咐周鍾嶽擬密電致唐試探，略謂：

民間發起籌安會，討論國體問題。此事關係國家安危甚大，公意若何？

唐繼堯的覆電是：

中華民國國體已定，豈能動搖？如果實行，決難承認！

是年九月，籌安會密鑼緊鼓，紛紛上表勸進，形勢愈急。蔡再次電唐：

變更國體，勢在必行，國內必生動搖，望公預為準備。

唐繼堯立即覆電：

業經有所準備，請公南來，共圖大計！

唐繼堯兩次覆電，光明磊落，直爽乾脆，不作模稜兩可語，與蔡鍔肝膽相照，「二人同心，其利斷金」，決定了中華「民」國與中華「帝」國的最後命運！

根據上述的人証事証——

打破了第一疑問：蔡鍔的首先簽名贊成帝制，純屬權變，兵不厭詐，早具討袁的決心。

也打破了第二疑問：唐繼堯對蔡鍔視同手足，情逾骨肉，在蔡未入滇之前，便決定了興師討伐元凶，豈待蔡手鎗威脅而後發動？

同時更打破了第三疑問：蔡唐兩次密電往還，大計已決，又豈待梁啟超去促成？小鳳仙的戲劇性傳奇，更何從佔上一些邊兒？

蔡鍔雖盡力裝扮成腐化姿態出現，袁世凱始終不放心，曾經好幾次派密探往蔡官邸搜查，一獲証據，坐實罪狀，然後下毒手。可是蔡早將所有密碼電本，祕密文件，交周鍾嶽保管，收藏極密，歷經嚴搜，一無可得。周勸蔡先離京，自願留京觀變。蔡說：「要走一同走，此間不可久留。」當即囑周擬定請假呈文，託詞往天津養病。

蔡於十一月十一日祕密赴津，入日本共立醫院。十五日派韓鳳樓約周往德義樓相見，轉至奧租界塞季常家密談，安排經界局善後事宜，由周再擬一呈文，謂往日本就醫，請假一月，於三天後遞呈。是日為十九日，袁世凱閱呈大驚，急派唐在禮趕程赴津挽留。下午抵達，蔡已於上午搭日本山東丸輪離津。

蔡鍔脫離虎口的實際情形如此。

唐繼堯覆蔡鍔的最後密電，謂「業經有所準備」。究竟怎樣準備呢？

大舉討袁，必須擴充兵源，籌措戰費。兵源不成問題，有的是壯丁，戰費則大成問題。以地瘠民貧的邊省，與擁有全國兵力財力的袁世凱作戰，強弱之分顯見，勝負之勢立判。然而當時雲南上下一心，正如初出犢兒，不知利害生死為何物，誓與民國共存亡。其志壯，其氣銳，卒能號召全國，迫使袁世凱取銷帝制，終伏天誅，完成護國之大功，「師直為壯曲為老」，此語確有它不朽的價值。

雲南起義，在準備期間，前後召開過五次會議。

第一次（民國四年九月十一日）

唐繼堯召集雲南軍政要員，宣布與蔡鍔來往密電。一致主張袁若稱帝，不惜一戰護國，作原則上之決定。

第二次（十月七日）

根據上次決識之原則，具體分析當前之局勢。袁世凱逆跡已露，研究發動時機，預定之時機如下：

（一）中部各省，有一省可望響應時；

（二）黔桂川三省，有一省可望響應時；

（三）海外僑胞能接濟餉糈時；

（四）如以上三時機均歸無效，則本省為爭國民人格計，亦孤注一擲，宣告獨立。

第三次（十一月三日）

商討軍事計劃。派唐繼虞往海防香港，歡迎蔡鍔、李烈鈞入滇。

第四次（十二月二十一日）

唐繼堯於十二月十八日先後接到蔡鍔李烈鈞抵滇，稍息征塵，與唐繼堯先行交換意見，定於二十一日開第四次會議。是日出席者，除唐繼堯及雲南軍政要員外，外來者有蔡鍔、李烈鈞、熊克武、王伯群、但懋辛、方聲濤、戴戡等。議決致電警告袁世凱，促其取消帝制，悔過自新。

第五次（十二月二十二日）

此次出席者，即前次那些人，見袁世凱迄無覆電，顯無悔過之誠，義憤所激，一致主張用兵，當場全體宣誓，擁護共和；並發出最後通牒：請誅籌安會楊度等六人，及通電各省促成帝制之朱啟鈐等七人，以謝天下，限二十四小時之內答覆。

最後通牒發出後，袁世凱仍擱置不覆，藐視雲南一隅之地，決不敢當真開釁，無非恫嚇而已，領銜的唐娃娃稚子可欺，未必有什麼真本領。唐繼堯，雲南會澤人，前清秀才，留學日本士官，二十九歲當貴州都督，三十歲當雲南都督，時人戲呼之為唐娃娃。在老奸巨猾的袁世凱心目中，也只當他一個娃娃看待；估計這批少壯軍人未必敢動，未必能動。不料袁世凱的估計完全錯誤，迫虎跳牆，雲南竟然動了！

藏於九地之下，動於九天之上。雲南於中華民國四年十二月二十五日，傳檄全國，宣布獨立，實踐第二次準備會議「本省為爭國民人格計，亦孤注一擲，宣告獨立」的決議。

雲南未舉義前，警告袁世凱與最後通牒兩電，及雲貴檄告全國檄文，不僅理直氣壯，文章勁練，且有關歷史文獻，分別錄後：

雲南警告袁世凱電

大總統鈞鑒：自國體問題發生，群情惶駭；以列強干涉，民氣益復騷然。僉謂誰實召戎，致此奇辱？外侮下襲，責有所歸。乃聞頃猶籌備大典，日不暇給；內拂輿情，外貽口實；禍機所醞，良可寒心。竊惟大總統兩次即位宣誓，皆言恪遵約法，擁護共和，皇天后土，實聞斯言，億兆銘心，萬邦傾耳。記曰：「與國人交，止於信。」又曰：「民無信不立。」食言背誓，何以御民？紀綱毀棄，國體既廢，以此圖治，非以敢聞。計自停止國會，改正約法以來，大權集於一人，凡百設施，無不如意。憑此勢以改良政治，鞏固國基，草偃風從，何懼不給？有何不得已，而必冒犯叛逆之罪，以圖變更國體？比者，代表議決，吏民勸進，擁戴之誠，雖若一致；然利誘威迫，非出本心，作偽心勞，昭然共見。豈能一手掩天下目？幸大總統始終持穩重冷靜之態度，未嘗有所表示，及今轉圜，易如反掌。或者謂，因強鄰之責言，沮已成之計劃，國家之面目不保，後來之隱患恐滋。不知政府宣言，未經民意，民意孰袒？事實可稽。據多數人欲公天下之真情，遂大總統敝屣萬乘之初志。繫鈴解鈴，皆由自動，磊磊落落，何嫌何疑？若復怙惡遂非，緣羞遷怒，悍然不顧，以遂其私。竊恐人心一去，土崩之勢莫挽；外患沓乘，瓜剖之禍更酷。興念及此，痛何可言？繼堯等夙承愛待，忝列司存；既懷同舟共濟之誠，復念愛人以德之義；用敢披瀝胆肝，敬效忠告。伏望大總統力排眾議，斷自寸衷，更為擁護共和之約言，渙發帝制永除之明誓。庶使民碞頓息，國本不搖。然後延攬才俊，共濟艱難，滌蕩瑕穢，與民更始，則國家其將永利賴之。臨電零涕，不知所云。謹率三軍，翹企待命。唐繼堯任可澄劉顯世蔡鍔戴戡等叩。

雲南致袁世凱最後通牒

大總統鈞鑒：昨電未承示覆，無任屏營。竊惟中外人士，所以不能為大總統諒者，以變更國體之原動力，實發自京師，其首難之人，皆大總統之股肱心膂。蓋楊度等六人所倡之籌安會，煽動於最初，而朱啟鈐等七人所發各省之通電，促成於繼起。大總統知而不罪，民惑實滋。查三年十一月二十四日申令有云：民主共和，載在約法，邪詞惑眾，厥有常刑。嗣後如有造作讕言，紊亂國憲者，即照內亂罪從嚴懲辦等語。楊度等之公然集會，啟鈐等之祕密電商，皆為內亂重要罪犯，証據鑿然。應請大總統查前項申令，立將楊度孫毓筠嚴復劉師培李燮和胡瑛等六人，及朱啟鈐段芝貴周自齊梁士詒張鎮芳袁乃寬等七人，即日明正典刑，以謝天下；則大總統愛國守法之誠，應可為中外所信，而民怨可稍塞，國本可稍定矣。再者，此間軍民，痛憤久積，非得有中央擁護共和之實據，萬難鎮勸。以上所請，乞以二十四小時賜答，不勝悚息待命之至！唐繼堯任可澄劉顯世蔡鍔戴戡。

唐繼堯等討袁檄

慨自晚清失政，國命阽危，我國民念競存之孔艱，痛淪胥之無日；共倡義舉，爰建共和，統一需人，乃推袁氏。當元二年之交，舉國喁喁望治，愛國之士，不惜犧牲一切，與袁氏相戮力。豈其有所私於一人，冀藉手以拯此垂亡之國而已。袁氏受國民付託之重，在政治上未嘗示吾儕以一線之光明，而汲汲為一人一家怙權固位之私計，以陰柔之方略，操縱黨派；以狠鷙之權術，蹂躪國會；以卑劣之手段，誅鋤異己；以誘脅之作託，淆箝輿論；以朋比之利益，驅策群小；以虛憍之名義，刦制正人。受事以來，新募外債逾二萬萬，其用途無一能相公布。歐戰發生，外債路絕；則專謀搜括於內，增設惡稅，強迫內債，逼勒苛捐，更懸重賞，以獎勵掊克之吏；不恤民力，竭澤而漁；以致四海困窮，無所控愬，問其聚斂所入，則惟以供籠絡人士，警防家賊之用；而於國務，絲毫無與。對外曾不聞其為國防之計劃，為經濟競爭之設備，徒弄小智小術，以取侮於友邦，致外交著著失敗。對內則全不顧地方之利害，不恤人民之疾苦，盜賊充斥，未或能治，寃獄填塞，未或能理，摧殘教育，倡言復古，壟斷實業，私為官營，師嬴政愚黔首之謀，尊紅羊利出一孔之教；法令條紛如牛毛，朝令夕更，自出自犯，使人民無所適從，而守法觀念，馴致澌滅以盡；用人則以便辟巧佞為賢，以苛酷險戾為才，忠讜見疏，英俊召嫉，遵妾婦之道，則立躋高明，抱耿介之志，或危及生命。以致正氣銷沉，廉恥掃地，國家元氣，斲喪無餘。凡此政象，萬目俱瞻，以較前清，黑暗泯棼，奚啻什倍？我國民既懲破壞之不祥，復諒建設之匪易，含辛忍痛，冀覩後效，掬誠側望，亦既數年。方謂當令內難已平，大權獨攬，列強多事，邊患稍紓，正宜奮臥薪嘗胆之精神，拯一髮千鈞之國命，何圖彼昏、百事弗恤，惟思覬覦神器，帝號自娛，背棄口宣之誓言，干犯公約之憲典，內罔吾民，外欺列國，授意鷹犬，偏布爪牙，刦持國人，使相附和，良士忠告，充耳弗聞，輿論持正，翻成罪狀。以致怨毒沸騰，物情惶駭，農輟於隴，商閉於廛，旅梗於途，士嘆於校，在朝節士，相率引退，伏莽群戎，伺機思逞。馴致列強干涉，警告再三，有嚴密監視之宣言，作

補救，奈獨夫更無悔禍之心，即兆眾日在倒懸之域。是用率由國憲，聲罪致討，剪彼叛逆，還我太平。義師之興，誓以四事：

一曰：與全國國民戮力擁護共和國體，使帝制永不發生；

二曰：劃定中央地方權限，圖各省民力之自由發展；

三曰：建設名實相副之立憲政治，以是適應世界大勢；

四曰：以誠意鞏固邦交，增國際團體上之資格。

此四義者，奉以周旋，以徼福於國民，以祈鑒於天日。至於成敗利鈍，非所逆覩，唯行乎心之所安，由乎義之所在。天相中國，其克有功，敢布腹心，告諸天下。唐繼堯任可澄劉顯世蔡鍔戴戡。

唐繼堯等既傳檄天下，雲南全省轉入軍事狀態，立即組織護國軍大本營，統一指揮，發號施令，其最高機構為都督府。

都督府都督之地位，猶之兵馬大元帥統轄三軍，下置三路總司令。當時起義人物，除唐蔡外，如李烈鈞、熊克武咸一時名將，具有都督資格，而且曾經當過都督。這第一把交椅應該誰來坐？值得商量。

當由唐繼堯推蔡鍔為都督府都督。蔡在同輩中得志最早，資望最尊，做過雲南講武堂監督，反正後第一任雲南都督，為唐的老上司、老大哥。可是蔡再三遜辭，理由是他為反袁而來，恐怕外間不察，誤會他為爭名位而來；再則他是湖南人，不是雲南人，滇中人情渾厚，民族性器度寬大，雖無省界觀念，但勞師動眾，統籌餉械，究不如本省人的唐繼堯，得當地父老子弟的信任愛戴，便力推唐任都督府都督。二人揖讓不下，即席付表決。結果一致附和蔡的主張，共同推戴唐繼堯為都督府都督。

編制既定，群情奮發，由都督唐繼堯主盟，全體為殲滅元凶，摧毀帝制，恢復共和國體而宣誓，歃血為盟。（歃血杯年前由唐之長公子筱蓂獻與國家，陳列臺灣博物館。）旋即決定出師計劃，唐繼堯立下動員令，三路大兵尅日開拔。第一軍先頭部隊左翼，陸行三週，於民國五年一月十七日，行抵滇川邊壤，與敵軍接戰。當時交通梗塞，榛莽遍野，軍行艱苦可想。敵軍早接諜報，沿邊密佈重兵，血戰四晝夜，佔領叙府，此為護國軍出師之第一次勝仗！此後三路義師浴血苦戰，節節進攻，迭克名城，而勝負互見。據周鍾嶽私人札記，在抗戰陪都對中樞公開演講，節錄全面戰況梗概如後——

護國第一軍攻川戰情

第一軍由趙又新，顧品珍兩梯團出永寧，取瀘州，為中路主軍。劉雲峯率鄧泰中、楊蓁兩支隊出昭通，取叙府，為左翼。戴戡率黔軍熊其勳一團，並由殷承瓛、葉封歌一支隊協助出松坎，攻綦江，窺重慶，為右翼。

左翼軍第一梯團兩支隊先出發，抵兩省接壤之新場，一月十七日與敵軍交戰，節節進攻，二十一日克叙府。

中路軍先遣部隊於一月二十六日抵畢節。川軍第二師師長劉存厚輸誠，合力搗瀘城。敵軍踞險頑抗。袁世凱先後派遣北洋陸軍第三師曹錕，第七師張敬堯，第八師李長泰入川，分布瀘州重慶，第六師馬繼增入湘。適三月二日敘府又陷敵手，左翼既失利，中路久攻不下，退駐大舟驛。

我軍以寡敵眾，鏖戰數月，至為艱苦，終以士氣奮厲，轉敗為勝，盡復失地，佔領新據點，追擊敵軍，大獲勝利。

護國第二軍在滇桂邊境戰情

第二軍經蒙自，出開廣，為由粵入贛之計。袁世凱派龍覲光（粵督龍濟光之兄）為雲南查辦使，假道廣西，進犯剝隘。

三月十一日，我軍張開儒梯團與敵戰於虹山。十三日，敵增援。十六日，我軍力攻，敵大敗潰走。

敵軍司令黃恩錫，由西林八達進犯，我軍方聲濤梯團奮勇將敵擊退。

第三軍以第二軍進軍屢受阻，令梯團長趙鍾奇由貴州黃草壩出發，向西隆推進。挺進軍第一縱隊由潞城進兵夾攻，敵潰退，我軍直取西林。

趙鍾奇梯團，與黃毓成挺進軍，會合百色，進攻黃南田之敵。縱隊長楊杰，率第一營砲兵夾擊。敵軍大敗，龍覲光全部繳械，通電投誠，粵桂震動。

護國第三軍在黔湘方面戰情

第三軍原定作戰計劃，由參謀長韓鳳樓，率李植生、華封歌兩支隊會合入湘；挺進軍黃毓成，由貴州直下辰沅。嗣因川桂戰事緊急，華支隊改由殷承瓛統率，改道松坎，助第一軍右翼攻綦江；李支隊改由趙鍾奇統率，協助挺進軍改道西隆，攻百色。

入黔先遣軍徐進之混成縱隊，亦分撥入黔軍東北兩路。東部司令王文華，遣四混成團集中鎮遠銅仁一帶備戰。

一月二十五日晨，晃州敵軍來犯，我軍迎戰，大敗之。二月三日進佔晃州。五日攻克黔陽。六日克洪江。十四日佔領沅州。乘勝追擊，迭克麻陽、清縣、通道、綏縣諸城。

時敵軍大隊雲集川境，聞第三軍直下沅湘，大震驚，急調精銳增援。三月初，武岡敵軍擾綏寧，我軍於九日分由高汰梅口反攻，血歡四晝夜，敵退守武岡。

三月三十一日，沅州一路敵軍，由吳佩孚、張作霖兩部出戰，張之馬隊尤猛鷙，在沅城與我軍鏖戰三晝夜。我軍以武器不足，兵力單薄，不敵，退出沅城，猶賈餘勇分路反攻，斃敵甚眾。

是年四月，袁世凱舉棋不定，擬自動取消帝制，不復厚豢鷹犬，敵軍亦軍心渙散，請求停戰。我軍奉命暫守原陣地，停止進攻。

護國軍苦戰期間，獲得意外之收穫，是人心歸向，得道多助，各省先後響應：

貴州於五年一月二十七日宣布獨立。

廣西於三月十五日宣布獨立。

廣東於四月六日宣布獨立。

隨之浙江、陝西、湖南等省相繼獨立。袁世凱見大勢已去，乃於民國五年五月二十三日，下令取消帝制。猶妄冀重踞民國總統職位，但為時太遲，無法挽回已喪失的人民信念，而最後一道催命符，則為四川宣布獨立，與袁世凱斷絕關係。川督陳宧，原屬袁之死黨，袁正在病中，得此惡耗，疾益加劇，於六月六日病死。

元凶既斃，護國軍大功告成。此後護法、靖國兩役，雲南對國家尚擔負一大段艱苦任務，以不屬於本文範圍內，從略。

唯梁啟超對護國軍雲南起義為主動一說，作者雖引據蔡唐雙方事前已密電決定之史寶，（周鍾嶽不僅對作者私人談話，在中樞公開演講時亦如是說。）足以辯證梁主動之說不盡然。梁於其〈護國之役回顧談〉一文中，憤懣不平，可窺見其內心。如云：「總之，因為這種障礙，弄到蔡公要從大理府一帶調兵，躭擱了十來天的日子。而且好的兵都留在省城，蔡公所能帶到前敵的，只是二等以下的兵，二等以下的軍械」云云。言外之音，似乎雲南害苦了蔡鍔。此點不可不辯！須知雲南是個窮省，每年歲入在當時不過二三百萬元。據又一證人惠雲岑（雲南報界公會會長）跟作者說：「大軍出發，僅向總商會籌得三十萬元。」說也可憐。說到蔡所統率的是二等以下的兵，不知道梁以什麼等級做標準？就一般人所知，第一軍所部，有趙又新、顧品珍兩員大將，帶的是全省最精銳的部隊。至於軍械缺乏是事實，唐在起義準備期內向德奧日本所訂購的槍械，給袁政府全部扣留。雲南急迫興師，全部護國軍只能用舊槍械，決非唐對蔡有所歧視。作者深信以梁啟超的人格，並非存心誣衊雲南為不義。可是梁文對滇省一隅之地，犧牲如許生命財產，統籌全局的苦心孤詣，沒提及隻字，只有責備與懟懟，怎得謂之公允？梁為一代賢者，非斤斤小丈夫，其中必有絕大的誤會！

誤會是怎樣發生的呢？

梁啟超本人從沒到過雲南，既未與雲南當局接觸，誤會何從發生？

毛病就出在梁啟超沒到過雲南！

作者為此事，曾問過馬驄（曾任蔡鍔的參謀長；唐繼堯的參謀長，軍政司司長，代理督軍等職）。這也是一個重要證人。他在五次準備會議都出席，據他說，梁啟超沒到雲南，卻派了一位代表某君來。這位某君把事情搞糟了！

某君是梁的友人，出席會議時，老氣橫秋，提出一個大難題來，要首義諸人拍電歡迎梁啟超做讓國軍的領袖。歡迎無問題，做領袖可大有問題。某君也許以為梁啟超是蔡鍔的老師，唐繼堯與蔡鍔同輩，可以隨便發言。卻沒顧慮到這個場合萬不能隨便發言！李烈鈞、熊克武、但懋辛等是國民黨人；雲南的軍政要人都是唐繼堯的親信部屬。這兩部分人，各有背景，豈能放棄固有的立場，擁戴一個外來的進步黨領袖？

因此，這個中心人物，只有唐繼堯最適合當時的環境。一則唐沒有黨派關係，不是進步黨，也不是國民黨。但重要的國民黨軍事人物如李、熊、但等，都跟他私交甚厚。二則唐為人豁達大度，光明坦率，不喜玩弄政治手腕，對人和善誠懇。那些調和各方、籠罩全局的條件，都非梁啟超所具備，坐上頭把交椅，只有頭疼。蔡與梁縱然有師生之誼，但唐當護國軍都督府都督，是蔡首先推戴，並經會議表決。蔡也沒法推翻既成事實！何況陣前易帥，犯用兵之大忌。當時某君一提請梁啟超領導的話，全體不約而同的劇烈反對。某君乘興而來，只落得敗興而返。

某君回去覆命，說些什麼話，未便妄測，梁啟超可激惱了！不然，梁啟超何以會對雲南發生憤恨？馬驄之言如此。後來作者再詢問周鍾嶽，也這般說。馬周軍政耆宿，始終親歷其事，所言當然不虛假。

所以作者肯定梁啟超純出誤會！

幸而唐蔡梁都是中國典型的讀書種子，識大體，重道義，相忍為國，沒鬧出更大的亂子來。儘管如此，梁啟超在護國一役，有其不可埋沒的功績。他的功勞，不在奔走游說，那是別人也做得到的事。別人做不到的是他手上的武器！引用梁啟超自己的話：「蔡公靠的是槍，我靠的是筆。」

這話一些不誇大。梁啟超確為現代中國第一流政論家。那篇〈異哉所謂國體問題者〉，是倒袁的有力大文章。

第一，第二，第三，幾點疑問，都已解答清楚。梁啟超文字報國之功，聽信讒言之誤，也據實直書。如今剩下的一個問題，是後人爭訟的唐蔡二人，誰是首功？

唐蔡兩人的行事，心跡皎然，如日月經天，蓋棺定論，留芳萬古，還須後死者替他們來爭功嗎？作者的論斷：蔡唐兩人合起來原是一個人格；中國文化精神陶鑄成的典型人格！

這個人格，那有後人所想像的爭功利那種骯髒念頭？這個人格何自而來？

蔡鍔在軍中編有《曾胡治兵錄》。唐繼堯手編明代大儒《呂新吾語錄》，及重刊《王陽明全集》。可見二人秉承的是儒學思想。思想同出一源，言行同趨一軌，合起來不是一個人格嗎？抗戰期間，作者旅居昆明，唐的長子筱蓂（唐繼堯日本士官第六期畢業，筱蓂第十六期畢業，曾任陸大教官，現任國大代表，卜居臺中），筱蓂談起童年的事，有一段是他們父子倆的談話，那時筱蓂還不甚懂事。

唐筱蓂問：「蔡老伯留在這兒很危險，袁世凱封您的將軍侯爵，豈不都完了？還得殺頭，犧牲太大！」

唐繼堯答：「蔡松坡是我的知己！」

從那句話，可想見唐蔡兩人的交情，再不必旁人下註腳了。

作者以超然的立場，蒐集史實，解剖史實，說明雲南起義的真相。

這件驚天動地的大事，是三個書生合力領導做成的：

唐繼堯主持全局；

蔡鍔勞苦功高；

梁啟超文章報國。

論功皆不在禹下，三人為同一目標，奮鬥到底；還有一股看不見的巨大力量，那便是全國人民的愛國熱誠，和民族文化的精神遺產，支持他們克竟護國大功！

作者附註（一）本文為文論，遵史體例，所有「公」「先生」等稱謂全略。（二）滇中軍政耆宿張維翰、李宗黃諸先生對雲南一役，各有專著，恐犯重複，均未引用。

唐繼堯軼事

趙旅生

雲南起義，唐繼堯功在國家，本文由唐氏快壻趙旅生先生執筆，真人真事，信而有徵。

民國四年（一九一五）十二月二十五日，雲南討伐袁世凱稱帝，再造共和，實為中華民國開國之轉捩點，也是亞洲和世界最關重要之一件大事。蓋當時唐繼堯領導之護國軍若不幸失敗，則袁世凱之皇帝夢必成事實，而孫中山先生數十年革命之目的亦必成為泡影，全國同胞又將受封建帝制之荼毒。護國之役，軍隊槍械及糧餉之籌劃均由唐氏領導雲南軍民自力為之，其中雖有一部分南洋僑胞捐款，但為數極微。護國軍成功，袁世凱暴卒，中國重復民主，唐氏及雲南官兵及老百姓之功不可沒。臺灣出版之教科書有關護國之役一頁，根據史實證明後，方於數年前改正為：「……接著高舉義旗出兵討袁的有唐繼堯、蔡鍔、李烈鈞等。他們以雲南為根據地，組織護國軍，蔡率第一軍出四川，李率第二軍出兩廣，唐率第三軍居中策應。唐以護國軍總司令兼領第三軍。蔡將軍和袁的爪牙部隊，在四川展開血戰，護國軍無不以一當十，以少勝多，李聯軍在兩廣方面亦大勝。」較為接近事實，蓋蔡鍔與李烈鈞未入滇之前，唐氏為首義之舉，曾與雲南各高級將領接連開過三次祕密會議，第一次在民國四年（一九一五）九月十一日，第二次在十月七日，第三次在十一月三日，討袁之決心早已在第一次會議時決定。先頭部隊鄧泰中與楊蓁兩支隊已先後於十一月十七日向四川出發，而李烈鈞於十二月十七日到昆明，蔡鍔則於十二月二十日始抵昆明，是日下午唐氏及各高級將領往火車站迎接，因唐氏及各將領與蔡為日本士官同學，及後又曾同事。見面後唐氏告以討袁決心及計劃，蔡大驚曰：「怎麼這樣早？」蔡鍔與李烈鈞之參加護國之役，可謂同聲相應，同氣相求。旋於十二月二十一日，由唐召集蔡李及各方響應者、滇省高級將領等開第四次軍事會議，與會者即席議決，推戴唐繼堯為護國軍都督府都督，主持全局，蔡鍔為第一軍總司令，李烈鈞第二軍總司令，唐自兼第三軍總司令。無論從任何角度來講，雲南首義護國之役，係以唐繼堯為主，茲將唐氏其人其事鮮為外人所知者，略述於後。

護國將領歃血為盟

時在民國四年（一九一五）十二月二十二日夜，在昆明忠烈祠。唐繼堯、蔡鍔、李烈鈞、任可澄、羅佩金、黃毓成、趙又新、張子貞、劉雲峯、唐繼虞及方聲濤等三十八人為表示打倒國賊袁世凱，不惜犧牲一切，不顧成敗利鈍，同生共死再造共和之決心，特舉行隆重之歃血盟誓，當時所用之杯，現陳列在臺北市博物館孫中山先生革命紀念資料室內。

韓國獨立追贈勳章

一九六八年八月，據港臺各報登載略謂：「漢城消息：大韓民國為感謝中國革命元老，曾協助韓國獨立運動者有孫中山、胡漢民、唐繼堯……等，決於慶祝獨立二十三週年大典時由朴正熙總統親將勳章追贈上述各元老之後人。」惜因當時各後人均無暇前往漢城，後改為由韓國駐臺大使在使館頒發。此雖屬酬庸報德之舉，但以當時地理形勢言，朝鮮遠在中國大陸之極北，雲南遠在大陸之西南，唐氏日理萬機，而尚有餘暇及能力協助韓國獨立運動，亦屬遠東近代史之一壯舉。

主持雲南講武學堂

唐繼堯被清廷選拔赴日留學時，擬學工業，抵日後深知祖國危狀，以救國莫急於練兵，乃改學陸軍，先入振武學校，後畢業於士官學校，經朝鮮回國後不久，即任雲南講武學堂教官，反正後（唐繼堯為發動雲南反正之主要人物，講武堂學生為反正之骨幹）唐氏曾任校長，大加整頓，效法日本士官學校體制及訓練方式，同時加以改善，學科術科適應中國學生，以期畢業後文武兼資，通曉中國及世界大勢，造就人才不少。清末雲南反正及護國之役中下級幹部大多出身雲南講武學堂，畢業生中有前國府軍事委員會副委員長朱培德、北伐第六軍軍長金漢鼎、前雲南省主席龍雲及盧漢、現在大陸之朱德及葉劍英等。抗日斯間改為中央軍校第五分校，唐氏族弟唐繼麟曾任校主任。

昆明開全國教聯會

民國十二年（一九二三）雙十節，全國教育協會聯合會在昆明開會，全國各省代表如黃炎培、袁希濤等均參加，一因當時唐氏對教育十分重視，遍邀各地教育家，學者及著名教授到雲南協助發展教育，教育廳經費之充足，學制之健全，智德體三項教育並重，其普及性與健全性，各地教育界早有所聞，故該年度全國聯合大會特在昆明開會（又雲南航空學校亦為全國最先成立者）。二因適逢東陸大學成立，其建築之宏偉，設備及儀器之完善，教授人選之聘請，亦為當時國人所盛稱。東陸大學為唐氏私人捐款建立，唐氏少年時即作文排滿，署筆名為東大陸主人，故用東陸為該大學之名。抗日期間改為雲南大學，校內最大建築名會澤堂。唐氏會澤縣人，因人尊崇其德望，稱為唐會澤，猶稱曾國藩為曾湘鄉，李鴻章為李合肥，張謇為張南通也。

法國人自動除苛例

清末民初安南法國人對一般中國商人過境百般刁難及侮辱，除嚴厲之檢查行李外，對懷疑人物，或有夾帶黃金出入之商人，特在與雲南交界處之老街海關處設一大秤，著令商人坐在竹製之大籠內，此籠頗似時下裝猪之竹櫳，用大秤衡其重量，被秤者莫不狼狽萬狀，但富時滇越鐵路為雲南往港粵及華中最快捷及安全之通路，只得忍受侮辱。唐氏任雲南都督後，即命在華界之河口海關內亦設一同樣大小之秤及竹籠，凡有法國商人出入，一律照秤，否則不准通過，法國人不論男女一般體格均較中國人魁偉，而該竹籠與法人海關所設置者一樣大小，中國人尚勉強可坐，但法國人以體格較大，不易裝進，尤以大秤一升起，上下左右搖擺不定，法國商人莫不叫苦連天。法國駐昆明領事聞之大怒，提出抗議交涉，唐氏曰：「只須貴國先取消此苛例，我方自然取消」，法領事無法只好通知安南海關取消該大秤。嗣後中國人過境不必再受此侮辱，法方海關人員亦不敢再無理刁難過境華人，此為唐氏對付無理之外國人之一貫政策。

詩書字畫均有造詣

唐氏年十五應童子試，補博士弟子員，自幼對詩書字畫富有興趣，並好研究理學，曾重印《王陽明全集》及《呂新吾語錄》。在日本士官時代及後居重任，雖簿書鞅掌，戎馬倥傯，每獲閒暇，必以詩書字畫自娛，書仿鄭板橋，善畫竹，少年時代即著有《東大陸言志錄》。

青年都督貌若婦人

唐氏眉目清秀，談吐文雅，二十九歲已任貴州都督，三十歲為雲南都督，亦為中國近代史中最年輕督之一。雖為軍人，或穿西服，其儒雅風度，如名士，如外交官。日本之中國名人辭典中，有關唐氏一段云：「貌若婦人……」當時筆者頗為訝異，認為日人有意訕笑，曾將原文抄錄，請教曾留學日本學生及日本友人，據云此乃日本人譽唐氏為美男子之意，昔太史公撰《留侯世家》，謂張良狀貌如婦人好女，亦是此意。

拒受侯爵領事驚服

民國四年（一九一五）唐氏討袁之計劃早已決定，先頭步隊鄧泰中及楊蓁已於十一月十七日出發四川，曾通電全國中外聲明態度，但袁世凱之皇帝夢仍未覺醒，尚欲以高官厚爵籠絡唐氏，以期挽回頹勢，急電封唐氏為一等侯開武將軍，當時駐滇英法兩國領事聞此，循例往賀，唐氏問其故，曰：「賀封侯」，唐氏笑曰：「余以為君等來賀宣布討袁耳，封侯何賀為？」兩領事大驚，因嘆曰：「袁氏假託民意，篡取皇冠，今已數月矣，未聞有中國人起而反抗者，嘗謂非亡國滅種，決不至此，今滇人能倡大義，方知中國非無人也。」後袁世凱雖又加封唐氏為親王，英法兩領事亦不敢再往道賀，以免再度表錯情焉。

唐氏金銀幣在美國

唐氏執政時，雲南曾發行金、銀及銅幣，金幣又分大小兩種，即當銀元十元及五元兩種。其成色之充足，圖樣設計之精美，為全國所僅見。筆者年前在紐約華埠，即俗稱唐人街區之白樂利街與康乃爾街轉角處美國大通銀行分行之大廳內，見有中國銀幣陳列櫃一個，任人參觀，發現內中亦有唐氏所發行之銀幣一枚，裝在特製透明塑膠袋內，並用英文註明，大意謂：「此幣十分稀罕，乃紀念唐繼堯將軍，打倒想做皇帝之袁世凱者。」後又聞友人言，紐約市繁盛區百老匯與第五十街附近之間，有一專賣世界各國金幣之猶太人商店內，亦有唐氏金幣一枚，筆者好奇，亦往一觀，果見該店櫥窗中有小型者一枚，問其價？猶太人答曰：「四百美元」，又問之如此重量不過幾安士之小金幣，為何如此高價，猶太人正色曰：「此人乃中國皇帝之一，全美國只有此枚出售，賣出後，不知何時才能再得一枚」，筆者笑曰：「此人並非中國皇帝之一，他是唐繼堯將軍，事實上他曾將一位想做皇帝的人打倒下臺」。此種金幣有大小兩種，君現有者為小型，此兩種金幣在中國及東南亞流傳尚多。」猶太人聞之，半信半疑，面青面紅，啼笑皆非。

考秀才試場奪燭臺

唐氏天資聰明，自幼好學不倦，十五歲時應鄉試，同試中童生有姓龍者，已忘其名，姑稱之龍生，亦為諸童生中之表表者，兩人均有中試資格，冥思苦索，盡量發揮。至交卷時限，天色漸暗，應考諸生已先後交卷，惟唐氏與龍生尚在埋頭寫作，滿清考試制度及規則亦甚嚴格，必須限時交卷，當時主考官田某，特破例寬限，但天色已黑，只以半枝蠟燭為限，命兩人對桌而坐，半枝蠟燭擺在桌中間兩人共用，燭盡必須交卷，當時土製蠟燭，燃燒性極短，光度極弱，龍生因患近視，無法看清楚，將蠟燭搶到自己卷前，唐氏雖非近視，但燭光太遠，亦無法寫作，只有將燭移回中間原位，龍生大急，又搶置自己卷前，唐氏亦不肯罷休，於是兩人爭來奪去，有如拉鋸，忙亂中龍生將硯池打翻，唐氏試卷為墨水所污，主考官見此，認為有犯場規，著令兩生停筆交卷，所幸試卷雖被墨水所污，但字跡尚可辨認。放榜之日，唐氏果中式，及唐氏發跡後，懷念故人，派人徧覓龍生，已不知所終。

識拔龍雲擺設擂臺

民初俄國有一大力士，來中國擺擂臺，此人身高六呎，體重二百餘磅，由哈爾濱南下，在各大城市擺擂臺，因其孔武有力，體重如山，到處無敵手。唐氏閱報知其事，為提倡體育，提高滇人對武術之興趣，特電駐滬代表，重金邀請大力士來滇表演，大力士欣然應邀。抵昆明後唐氏破例接見，果見其如山之體格，絕非普通身材之國人所能與之較量。即命講武堂各教官在學生中，選拔一二人來陪同大力士表演，旨在觀摩學習，不計失敗。各教官商討後，認為學生中，龍雲身材雖瘦小，但武藝精嫻，且諳柔術，可出一試，但冀不致被俄國大力抛下擂臺，保留面子。打擂臺之日，風和日麗，講武堂大操場，特搭下擂臺，高約三四英呎，方約二十呎，有如今日之西洋拳鬥比賽臺，但四週無柱或繩欄，講武堂全體師生列席，昆明各學校放假一天以便學生觀摩，各界人仕亦紛往參觀，數千人環繞擂臺席地而坐，唐氏亦親臨，另設木椅數張與各將領共賞。俄國大力士先出場，登上擂臺，張開如普通人大腿之雙臂，鼓動肌肉，向四方觀眾炫示，其自高自大之驕態，令人側目，各觀眾惟有鼓掌一番，作禮貌捧場。稍後龍雲一躍上擂臺，先向唐氏及四方觀眾一鞠躬，再向大力士行一鞠躬禮，擂臺之戰旋即開始，只見大力士如大熊一般撲向龍雲，欲將其抓住拋下臺，龍雲則如猴子般，左跳右閃，以避其鋒，忽見大力士大吼一聲，箭步衝向龍雲，欲將其摔下擂臺，龍雲不慌不忙，順其衝力，將身一閃，順勢將大力士推下擂臺，赫赫巨人飛撲下臺，幸而臺下均屬草地，未致跌傷，但已遍身泥草，唐氏見此，即著人請大力士回賓館休息，並問此學生姓名，答曰：「昭通龍雲」，唐氏除多加勉勵外，已有提拔之心。不久龍雲畢業，即調升偵飛軍大隊長，後唐氏發見其軍事材略，又調升團長，屢建戰功，唐氏更不次拔擢，三年內連升五級，位至軍長，升遷之速，實為奇蹟。

被尊為東方拿破崙

護國之役後，安南法國人對侵吞雲南之念全消，蓋法國人自知侵吞雲南有如蛇吞象，懾於唐氏之雄才大略，稱之為東方拿破崙，謂因唐氏軍事天才及像貌頗似法國之拿破崙也。某歲唐氏祖母稱壽，法國某洋行經理亦來賀壽，一進壽堂，連走帶跑，跳到蒲團前，向唐氏祖母雙膝下跪行三叩首禮，唐氏及隨從阻止不及，只得由此法國人演出喜劇，雖屬小事，但可反映當時法國人對唐氏之敬畏云。

討袁之役中的李宗黃
——紀念雲南起義再造共和五十一周年而作

張笙

今（一九六六）年初，筆者因事停留臺北數月。李公宗黃先生時召訓誨。筆者以先生追隨國父革命多年，且親與革命大業，曾建議先生就所知之種種，筆之於書，以存真實之革命史實。思我開國元勳，先生為碩果僅存的難得之一，故以此事不宜忽視，以正革命大業中之是非功過，並揚勵今人之責任。先生以年逾古稀，且所知宏博，難於下筆。乃蒙先生供給有關資料，由筆者整理成文。

先生躬歷革命盛事繁多，無法一一詳述，筆者將就其要者，分文介述。本篇僅就先生在討袁之役中的前後，及任護國軍駐上海代表時與各方接觸，計議倒袁之工作情形，概述其要。

先生一再告訴筆者：「我的革命思想，始於我家鄉那種無法無天的不平情形，而起革命之念。及後得接觸中山先生之革命主義，如魚得水，遂立志投身於此一革命之役中。」他又說：「時人常以地方自治專家譽我，實則此未言及我的思想，我是一個革命黨人，所以我只承認我是一個革命家，我的思想就是革命思想。」現在我先就先生的家鄉環境說起。

先生的家世，真是歷代權貴。尊親玉選公曾因軍功而晉至五品藍翎。故在雲南鶴慶縣逢密邨的李家，在雲南的人，無不知是望族。先生於一八八八年（民前二十三），生於這家庭中，照理應該滿足，可是或因天生本質，先生對這一時代非常不滿。先生說，　蔣總統在〈報國與思想〉裡說的：「時清政不綱，吏胥勢豪，夤緣為虐，……欺凌脅迫，靡日而寧；嘗以田賦徵收，強令供役；產業被奪，先疇不保，甚至構陷公庭，迫辱備至。鄉里既無正論，戚族亦多旁觀，……荼蘗之苦，不足以喻。」這可說是當時由於滿清政治腐敗，所帶來的普遍現象，雲南也不例外。同時先生告訴筆者，雲南當時還有一病，就是土豪劣紳的橫行霸道，欺壓善良，較之滿清的苛政暴吏為惡尤甚。

這些情形，在先生當時的幼小心靈裡，種下了極為不平的反抗種籽，而決心以除暴安良為己任。及後，先生求學於外，接觸到新的思想與環境，使先生原來被拘限於逢密邨的狹小胸襟，得到開放；原來的局限見識，也因此大開了眼界。由是先生深感：欲救桑梓的苦難，救鄰里於水火，必先從根本上革除滿清之瘤毒；而決不是從一鄉一村來改革能有濟於事的。因為這不是地方問題，而是國家問題；不是人性問題，而是政治問題。

因此，先生決心學習軍事，而考入當時西南最有名的陸軍小學，繼入湖北陸軍中學，最後畢業於保定軍校第一期。此可謂先生革命思想的萌芽時期，或培養時期。即有革命之抱負，而未開始革命的行動。

先生的積極參與革命行動，是保定軍校畢業後的事。那時，先生已在庚戌年於天津祕密參加　國父所領導的同盟會。故先生在軍中服務時，便已四處散播革命思想，揭發清廷的腐敗與暴政，鼓吹革命，並暗中接納同志，以接迎起義。故當辛亥革命事起，先生便立即潛往武漢，參與革命。直至漢陽失守，先生才奉派赴上海，授以督戰參謀職，協助鎮江都督林慶述攻克南京，先生由是積功晉任團長。

以後，先生在馮國璋部服務，參與機要，官授一等參謀。先生仍積極不改故態，散播民主思想，闡揚革命主義；並廣結友好，為以後起事之助。時先生在馮國璋部，甚得馮氏及其親信的秘書白堅武器重與信賴，故馮白兩氏受先生影響很大。以後先生任護國軍駐滬代表，遊說馮國璋倒袁成功，在這一時期埋下的種籽，不無關係。

先生在革命大業中初露身手，就是倒袁之役。在這一役中，先生少年英俊，才華絕倫，所肩負之重任，一一克盡職守，而為　國父所賞識，為唐繼堯氏所贊許，及各界所器識。陳邁子先生在〈李宗黃先生傳略〉中說：

> 民四雲南起義，任護國軍都督府駐滬代表，遙承　中山先生之領導，就近與負責策動討袁之陳英士先生及黃克強先生聯絡，促陸榮廷獨立；並說蘇督馮國璋中立，牽掣皖、浙、滬、贛各地二十餘萬大軍，使不得為袁用；團結各黨派康有為、梁啟超、岑春煊、孫洪伊、湯化龍等四出奔走運動，力促各方響應，用壯聲勢；於此一役之成功，著績甚偉，深獲唐繼堯器重，升任為雲南都督府參謀處長，實授陸軍少將。時先生年方二十有九，英姿煥發，識者早已鳳麟許之。

討袁之役，即　國父所說的第二次革命，由此可見其在革命史中的重要。雲南起義的討袁勝利，即二次革命的成功。如果沒有雲南起義的成功，中國歷史的寫法將大不相同。故　國父曾有雲南起義日為國定紀念日之建議。此可見民五年十二月十三日致黎元洪的電中見之。電云：「溯自清帝退位，五族共和，國基已定，四萬萬人方想望太平，不圖秉權者野心未除，誕生帝孽，籌安稱帝，民國幾亡，雖其時義士人人奮起相爭，以期身殉，然首先宣告獨立，誓師申討者，實推滇省。遂使西南影響，舉國景從，以有今日。方今武昌首義，一則為民國開創之功，一則為民國中興之業，皆我五族人民人人所宜永留紀念者也。伏乞總統國務院主持，將雲南起義日，為國定紀念日外，更予唐督軍暨起事諸人以懋賞，以彰勳勞，昭示來茲，臨電無任盼禱。」又一年，國父致唐繼堯及雲南各將領的紀念電中又說：「乙丙之交，袁逆叛國，帝制自為，國人怵於威淫暴力，相顧屏息。時蓂帥僻處南疆，不忍坐視共和淪胥，與諸君率先聲討，勞師數萬，轉戰於數千里間，斷脰糜踵，先後相繼，海內始群起應之，卒使袁逆穹蹙以死，餘逆解體，民國始克危而復定。追維匡復艱難，允宜同申慶祝，今屆紀念之辰，又當民國飄搖之際。蓂帥及諸君戮力戎行，感念前功，責彌艱鉅。所望力完靖國之業，成民國三造之成，俾此光輝赫奕之紀念日與民國永久無極，此則國人所昕夕以禱者也。」所以　國父在〈中國之革命〉中說：「西南響應，而袁世凱窮途末路，眾叛親離，卒鬱鬱以死，民國之名乃得絕而復甦。」

這一民國中興大業，先生致力甚多，厥功至偉。而先生才華，亦由是而得　國父賞識重用。此可以　國父致先生之函中見之。現錄二函之要點以見一般。

第一函，民國五年十一月二十日由　國父覆先生的函中說：

> 閣下（笙按：指李宗黃先生）既深投契，遂佐戎機，長揖參軍，展足別駕，相得益彰，良用為慰。滬上勾留，百務冗雜，曩承枉駕，禮數猶疏。而唐公來書，猥以為謝，閣下來翰，亦齒及之，滋用為慚。然素心相期，皆在遠大，區區之見，邀唐公之採納優崇，實深愉慰。

第二函，民國六年十一月十一日由 國父致先生的函中說：

> 滇省前歲首義，為全國觀瞻所繫。執事以卓犖之才，忝帷幄之重，甚望協力同心，共任艱鉅，異日會師中原，當圖握手也。

由此二函，約可窺見先生在討袁之役中的功績。據《袁世凱全傳》中所述袁世凱取消帝制的原因是：

> 廣西既宣告獨立，而護國軍與袁軍又在四川之瀘州納溪等地，連日大戰，袁軍屢挫，張敬堯受重傷幾瀕於死，廣東形勢亦日在危急之中，且各地之反對帝制者，電文絡繹不絕於耳，大都出自一國優秀之人物，民黨又乘時蠭起，防不勝防，各省將軍往往抗不用命，截留款項，致中央政費軍費無著，困難難於極點，袁計無所出，遂於三月十二日宣布取消帝制。（革心出版社出版，義士書局發行，民國五十一年版第一一八至一一九頁）

由此可見袁之稱帝失敗，直接近因有三：一是廣西獨立；二是袁軍腐敗而又戰事屢敗；三是各界各地之反對。在這三項因素中，先生對促成廣西獨立及各地反對，均有大功。現在我們先看廣西獨立前後之情形。《袁世凱全傳》說：

> 雲貴起義之初，廣西早在聯合之內，繼以布置未備，餉械未足，將軍陸榮廷氏，仍與袁通電不絕，且自請征滇，以明心跡。袁雖明知其偽，然不得不竭力羈縻之。既而事益急，袁乃發令以陸榮廷為貴州宣撫使，以陳炳焜代理將軍。陳炳焜者廣西師長也。……然陸則一面向袁氏領取大宗餉械，一面約請梁啟超入桂。部署完善，遂於三月十五日宣告獨立，軍界陳炳焜等，公舉陸為都督梁為總參謀。（頁一一八）

可見廣西之獨立，唐繼堯氏早已與陸廷榮有所默契。而雲南與廣西之聯絡事，即由先生與吳擎天兩人負責。先生在〈雲南起義護國史略〉一文中說：

> 雲南起義前後，唐曾派吳擎天、李宗黃與之密切聯絡，陸亦曾派曾彥至滇，商定包圍龍覲光於百色剝隘之策，其後袁忌陸益甚，乃明令陸為貴州宣撫使，以第一師長陳炳焜兼護軍務，作調虎離山使之自相攜貳之計。陸見難再敷衍，亦於三月十五日，宣布廣西獨立。近則脅迫湘粵，遠則震動中外，卒使袁逆因之取消帝制，其關係之鉅如此。蓋非貴州之響

應，則雲南獨立難支，無廣西之獨立，則雲貴聲勢絕無若是之壯大，而響應者，亦絕無如是之速且多也。

此先生策動廣西獨立之功也。至策動各界響應一事，先生所負責任及其功績尤大。雲南未起義前，先生任職於南京馮國璋幕府為一等參謀。待唐繼堯決定起義，即召先生回滇，任上校參謀之職，並詢以長江情形。蓋京滬為我國政治、經濟、交通之中心，亦為人物匯集之所在。故唐繼堯決定討袁後，即派遣兩人駐於京滬，以負各方聯絡之職。其一為唐繼堯之弟唐繼虞，命以使滬，以溝通南北聲氣；一為先生，派使南京，以聯絡馮國璋。後唐繼虞因迎蔡鍔未歸，上海空懸，先生覆受命兼為雲南護國軍駐上海代表，責司一切香港滬京事宜。先生在他的文中說：

十二月十二日，在河口、海防，遇李烈鈞：蔡鍔，先後入滇，途中復奉唐急電，謂繼虞職務繁重，一時不能遠行，所有港滬各事均由余兼辦，囑余在海防等候，將所有文件，一併攜往，計前後收到致孫總理、黃興（克強）、陳其美（英士）、梁啟超（任公）、陸榮廷諸先生信各一封，空白信紙委狀聘書各廿件，囑余便宜行使。

由此可見唐繼堯對先生信託之專，而先生膺命之重也。其中唐致　國父及陳英士之函，先生於民國五年由港轉滬始於託付。據先生說，先生是民國五年一月二由河口到香港，下船後晤富滇銀行經理張木欣，次日，偕故立委曾彥往訪於鈕永建寓所，將致廣西的陸榮廷函轉交。九日由港抵滬，即往法租界環龍路四十四號的革命黨黨部，詢問　國父信息。訪員告　國父在日本。翌（十）日晨遂赴新民里拜訪陳其美（英士）先生。除將唐繼堯致陳英士函遞致外，唐致國父之函，亦由陳英士先生轉寄日本。這兩封函的內容是：

中山先生侍右，君主肆虐，荼毒人民，我公以旋乾轉坤之手，建熙天耀日之勳，革除專制，還我民權，方謂永享共和，與歐美各先進國並駕齊驅，躋世界於文明之域，乃梟雄竊柄，大盜移國，會設籌安，實行帝制，舉國靡靡誰敢抗顏，繼堯自入同盟會以來，受我公革命之灌輸，始終無貳，寧忍以先烈志士艱難締造之共和國家，斷送於袁逆之手，用是厲兵秣馬，決與周旋，雲南全省人民，亦復憤慨填膺，誓不與此獠共茲視息，然而地僻民貧，兵單餉薄，雖如長沙子弟，能仗劍以先來，究嫌澶水師干，等孤注之一擲，所幸四方豪傑，雲集響應，先聲所至，鼓舞懽欣。我公撐天一柱，領袖群倫，竊盼登高一呼，俾眾山之皆應，片言仗義，重九鼎以何殊。除已密函海內外同志一致進行外，並派李君宗黃駐滬，密與各方面同志相機接洽，或為楚材之借，或為蜀鐘之應，或拔戟以共鋤采魁，或解囊而樂輸義粟，總期早除袁逆之慝，復我民族之自由，如蒙訓示當由李君就近趨候，稟承一切，切盼錫以南針，俾有遵守，翹詹偉畫，無任殷拳。

唐繼堯頓首　十二月二十九日

至於致陳英士先生之函，內容是：

英士仁兄先生偉鑒：夙仰　英風，每深勞結，自入滬濱，詢悉坐鎮海疆，榮問益盛，竊慰所懷。吾國不幸，梟雄竊國，袁世凱闇奸民意，亟欲稱尊，舉國上下，多數苟安，大有淪胥以靡之勢。繼堯激於忠悃，義不苟同，誓拼一切犧牲，與彼周旋到底。所幸雲南民眾，既愛國情殷，四方豪傑，亦同心早契。我兄革命元勳，黨中俊傑，以砥柱中流之身，居綰轂四通之地，諒不忍以艱難締造之民國，斷送於權奸之手。已密囑駐滬代表唐萍賡李伯英隨時晉謁，請示機宜，伏冀推同盟之舊誼，錫以南針，本革命之熱誠，助之鼎力，臨風翹首，無任傾心！敬頌　勳祺，諸希亮鑒

唐繼堯鞠躬上

由此可見先生在雲南護國討袁之役中，所負責任之重。而先生亦不負繼堯先生及　國父之託望，厥功至偉。倒袁成功以後，唐繼堯論功行賞，評定功過時說先生在滬之力，足敵十萬之師，故即以原來的上校參謀，升任雲南都督府參謀處長，實授陸軍少將，並授以三等文虎勳章，時先生年僅二十九歲。

先生在述及其當時的情形說：由於與陳英士先生往來，得識今之總統　蔣公，及吳忠信、于右任、戴傳賢、劉基炎、李徵五、邵元冲、曹叔實、曹亞伯、蔡濟民諸革命先賢。又經同志之輾轉介紹，又識張人傑、孫洪伊、岑春煊；在孫洪伊處，又識張馨吾、丁嘯雲、萬鴻圖、王乃昌、

光昇諸先生。在梁啟超、康有為、岑春煊處，得識湯化龍、黃群、湯覺頓、張靖生諸君。在《中華日報》、得識吳稚暉、歐陽振聲，曾曙笙諸同志。在《民國日報》、得識葉楚傖、邵力子、朱宗良等。先生由這些人士的協助，工作遂得積極推展。於是先生進而奔走各方，宣揚雲南義軍同仇敵愾、軍民激昂慷慨之情。於是士氣大振，信心益堅，討袁聲勢如排山倒海，風動四方。繼之與各方商定討袁計劃。這一計劃之內容，據先生自述為：

一、東南東北西北及黃河一帶，由陳其美、于右任先生等主持。其美先生智勇深沉，邁絕群倫，為吾黨第三位健將。曾於十二月五日，遣同志卅餘人，突襲肇和軍艦克之，旋因陸上失敗，所約兩軍艦不及響應，捨之而退，陳可鈞等死之，實為討袁之急先鋒。其後迭次發動，奪取上海，雖未成功，然發動一次，或露布一言，則風聲鶴唳，草木皆兵，北洋軍警，即旬日為之不安。袁逆恨之刺骨，畏之如虎，乃收買叛黨黨員李海秋，以補助革命軍實為名，竟於五月十八日刺殺之於薩波賽路寓所，此為討袁一役中，無可補償之莫大損失。

二、兩廣方面由朱執信、曾彥、鈕永建主持，並請梁啟超、岑春煊、運動龍繼光獨立。其後兩廣都司令部之設，與撫軍院之醞釀，均由此演變而成。

三、直系方面，由孫洪伊（伯蘭）聯絡，當時坐鎮南京之馮國璋，與督理江西軍務之李純等，均屬直隸省（即河北省）籍，孫與渠等有同鄉關係，聯絡極為容易，孫在此方面協助雲南特多。

在以上這些人中，除黃群、康有為、岑春煊、梁啟超四人外，先生把唐繼堯事先寄給他的空白委任狀，一一發揮到最大的效果，而皆聘為「雲南都督府顧問」，使他們在精神上得到極大的默契與安慰。對雲南的討袁之舉，貢獻良多。

在另方面，屬於袁世凱管轄的南京馮國璋，先生用盡了智慧，為先生所用，代發上海（先生為駐滬代表）與雲南唐繼堯之間的電報，使滇滬消息，得以即日傳達。以後倒袁成功，唐繼堯謙辭副總統而推馮國璋，原由於唐對馮的承諾。此為近代革命史中的秘史，而先生親與其事，知之最詳。且亦由此可見先生之智勇。這段秘史，據先生說：

馮國璋為袁逆於小站練兵時的基本幹部，追隨袁逆甚久，由管帶、標統、積功升至禁衛軍統制，癸丑二次革命，被派至浦口率軍進攻南京獲勝，袁逆於民國三年任為宣武上將軍督理江蘇軍務，極為親信，與任陸軍總長之段祺瑞齊名當世。

據先生說，唐繼堯宣布討袁前後，即著重於馮國璋的爭取。故特派先生為駐寧（南京）代表，後復兼任駐滬代表。先生膺命後，便完成了這一任務。先生自述當時的經過說：

唐繼堯先生深知馮氏之舉足輕重，故特派護國軍駐滬代表，曾任馮幕府一等參謀之李宗黃氏與之聯絡。宗黃到滬後，即托其秘書白堅武為之先容，馮顧忌太多，均言稍緩。宗黃以軍機迫切，乃於民國五年元月十五日得日本青木中將及松井中佐之助，喬裝為日人，與國會議員直人張馨吾及馮之秘書白堅武混入南京，匿居東關頭友人家，元月十七日得宗黄就讀湖北陸軍中學之教官，憲兵司令陳調元之助，引見馮國璋，宗黄轉達唐（繼堯）、蔡（松坡）、李（烈鈞）諸氏之意，請彼出面相助，將來倒袁事成，必定公推彼主持國事，馮內心極為快慰，惟因環境關係，只允作消極的贊助，為我收發電及通消息，無法作積極的響應。……宗黄遂於元月二十日悄然離去。嗣後又二度赴南京聯絡，馮氏態度因而不明，頗為袁逆所忌，牽制張勳、倪嗣冲、盧永祥、楊善德等之兵力達二十萬眾，使袁逆無法以全力對滇，護國軍方面始能從容應付，其功實不可沒。馮氏於三月廿日電袁請速取銷帝制，四月一日宣布調停時局辦法，四月廿六日覆電勸袁逆敝屣尊榮，亟籌自全，對於當時人心士氣均有甚深之影響。袁斃黎繼，副總統一席一般人均屬意於再造共和功居第一之唐繼堯，而唐以信約在先，乃概然讓與馮氏，並代為向眾議院先容，此為護國史上一段秘密也。

由於先生在滬聯絡得力，國父的指導有方，唐繼堯的統籌得宜，袁才迫不得已而退位。但直接促使袁世凱退位的。是馮國璋的反袁。臺灣中華書編印的《袁世凱竊國記》第三〇一頁中有這樣一段輕鬆的記載：

……袁嚇出一身冷汗來，才知道自己的部下亦與「敵人」一鼻孔出氣了。他自己算一算，已活了五十八個年頭，袁家歷代相承都沒有能過五十九歲的。他慘然向夏午詒說：「完了，一切都完了（即皇帝完了，總統完了，生命亦將完了之意）！我昨晚觀天象，見巨星隕落，這是我生平所見的第二次；第一次李文忠公薨逝，這次也許輪著我。」（袁的腦筋也是神話腦筋）

由此可見先生對馮國璋策動之功。由於先生在滬的聯絡各方得宜，對各地獨立的促成，也厥功極偉。這一情形，先生提出了僅僅民國五年，各地響應雲南起義的情況如下表：

日期	地區	主持者	起事概況
一、二五	貴州全省	貴州護軍使劉顯世及戴戡、王文華等	響應討袁，劉為都督，師長川湘。
二、二	四川納溪	四川第二師師長劉存厚	響應滇軍，圍攻瀘州，劉為四川護國軍總司令。
二、一八	湖北南湖	湖北第一師官兵。	暴動未成。
三、一五	廣西全省	督理廣西軍務陸榮廷、第一師師長陳炳焜及岑春煊、梁啟超。	獨立討袁，陸為都督，出兵湘粵。
四、六	廣東西省	督理廣東軍務龍濟光	龍以被迫獨立，起事後，所部黨與民軍衝突。

四、一二	浙江全省	師長呂公望	屈映光先任都督，因無故槍殺革命黨要人夏次岩而去職，眾舉呂公望繼任。
四、一六	江蘇江陰縣	革命軍	宣布獨立，奪取要塞、砲臺，旋被馮國璋軍解散。
四、一七	安徽大通縣	革命軍	獨立未成。
四、一八	江蘇吳江縣	革命軍	獨立，旋被馮國璋軍解散。
四、二三	安徽宜城縣	革命軍	獨立未成。
四、二四	江西玉山廣豐等縣	革命軍	獨立，旋被李純軍解散。
五、四	山東濰縣	居正、朱霽青、薄子明	奉國父之命，委居正為東北革命軍總司令。
五、五	上海吳淞	陳其美	攻襲北洋海軍策電警備艦未成。
五、九	山東周村、鄒平	吳大洲、鄧天一、薄子明	眾推吳為都督，薄為護國軍總司令。
五、九	陝西三原縣	陝北鎮守使陳樹藩	起事後攻佔西安省城，通電反帝，自任陝西護國軍總司令。

五、一五	山東濟南	薄子明、吳大洲	派人攻襲將軍府未成，但已風聲鶴唳，令靳雲鵬不得安枕。
五月中旬	安徽婺源縣	革命軍劉錫舊	獨立，旋被倪嗣冲軍解散。
五月（日不詳）	湖北天門潛江一帶	革命軍	迭次起事，以力薄無援退出。
五、二三	四川成都	督理四川軍務兼巡按使陳宧	被迫獨立，稱都督，仍與袁密通消息。
五、二四	湖南鳳凰縣	湘西鎮守使田應詔	附義獨立。
五、二五	山東周村	薄子明	薄子明派人再攻濟南。
五、二六	湖北巴東縣	巴東警備隊	暴動未成。
五、二九	湖南長沙	督理湖南軍務湯薌銘	被迫獨立。

難怪袁世凱對先生的忌恨極甚，欲置之死地而後快。先生在滬任護國軍代表時，袁世凱即有電報給馮國璋。電報係由北京統率辦事處轉來，文曰：

「奉元首諭，唐逆繼堯，派李宗黃來滬煽動軍隊，淆惑人心，著即嚴拿究辦。」由此可見先生在討袁之役中的貢獻了。

身歷其境的討袁之役

沈鵬

前言

民國元年元旦中華民國開府南京　國父孫中山先生就職首任大總統後，未幾，南北議和告成。孫大總統為安定國家，寧犧牲小我，以成大我，旋即讓位於袁世凱，當時定有議和條件五條，其一「明定清帝退位袁世凱即須知照駐京各國公使」，其二「接到外交團通知清帝退位後即行辭職然後推薦袁世凱為總統」，可見含有不信任不得已之苦衷在也，迨後敦請南來就職，始而託辭以北方秩序為慮，繼而暗使北京兵變，以杜南方代表蔡、汪、宋三位敦促南下之口而作罷（即蔡元培汪精衛宋教仁三位代表）。於是不得已勉允袁在北京就職。自此全國政治重心集權於北方，司馬昭之心，儘管日漸暴露，而南方革命黨為顧全大局，仍然積極辦理善後，將臨時機關應裁撤者則裁撤之，軍隊應編遣者則編遣之，要皆為減輕人民負擔，俾免地方糜爛而設。詎料復員工作甫告結束，接踵而來之陰謀惡行，層見疊出，如宋教仁之被暗殺，向五國銀行團借款成立，撤換國民黨四都督（皖贛湘粵四省），革命黨在忍無可忍之情勢下，遂釀成癸丑之戰，即世所稱二次革命是也。其間（元二年間）辦理善後諸問題，經過情形，余雖是搖旗吶喊，卑不足道之一員，因曾參與其列，故見聞較多，茲分述於後：

孫大總統讓位後瑣憶

一、「裁撤機關」——滬軍都督府成立於上海光復之初，撤消於南北和議告成之時。為期雖短，而其所負軍事財政任務，不僅為世所週知，且為南京總統府之後臺，比之蘇督府繁重，何啻百倍，然則何以要首先裁撤滬軍都督府，蓋因英士都督（陳其美）早抱功成身退之意，厥有四端：第一、推翻滿清政府革命初告完成，且南北議和統一，國家已無用兵之需；第二、今後須致力於新中國之建設，對龐雜之臨時機構即已成為障礙，便於執行計應自本身開始，以昭大公；第三、就江蘇舊省制言，上海不過是蘇省中之一縣治地，更應提前歸還建制；第四、財源枯竭，不能再發行軍用票，以維持軍費。由於上述種種，故力主首先裁撤滬軍都督府，移交蘇督程德全（雪樓）接辦善後諸問題。因之鎮江都督林述慶氏，亦即自動撤消其他臨時機關，很順利的相繼解散，總算起了示範作用，實始料所不及也。

二、「辦理善後」——蘇滬善後問題，在當時咸感繁重棘手，非有眾望所歸足智多謀之大員相助不為功，首先要解決者，主持辦理善後之人選問題，至接交手續，尚屬次要；蘇滬兩督幾經磋商，認膺白（黃郛）先生本是滬軍都督府參謀長，兼統二十三師長及大本營兵站總監，以其智力、實力、聲望、地位而言，實乃最適當的人選，是以程督堅請陳督延聘膺白擔任。沉蘇都督府參謀長以資熟手而竟事功，嗣得英士都督之同意，一致敦促，而膺白先生雖明知辦理繁重棘手之善後諸問題，一旦落在他肩上，乃是一件費力不討好之事，但為顧及公誼私交，只好勉力以赴，亦為便於移交，藉以達成英士先生之心願而報知己耳。

關於上述其他機關，如何辦理善後結束，因余未參加，不知其詳。單就所知滬軍都督府撤消結束情形，值得一述，該府組織本設有參謀軍務兩處；外加秘書一處，下設各科分掌職務，均隸屬於都督參謀長之下，此一組織規模，後來蘇、浙、皖、贛四省，亦均仿照設立。迨至滬府撤消結束時，除將全部人員妥為安插遣散外，凡屬參加攻克江南製造局或光復淞滬之有功人員，由陳都督頒給金牌獎狀，並將全體職員印有同仁錄一冊，以誌紀念。名冊中，尚留有張群（岳軍）何應欽（敬之）二公的大名在也，時余在未撤消之前兩月已離軍械科一等科員職，（本科科長係張群氏）調升陸軍第二十三師司令部軍械處長，故僅奉頒金牌獎狀，未錄入同仁錄中。此一寶貴紀念章狀及一切證件暨 國父、黃興、陳英士諸公賜贈相片等在癸丑之役前夕，被鄭汝成搜查余之辦公處（該處附設在江南製造局內）時全部沒收致未保存，深可惜也。

三、「編遣軍隊」——這是一件最棘手難辦之大事，當時蘇省境內號稱有六十師之眾，駐紮在淞滬滬寧津浦沿線以達徐魯交界之處。其中浮報人數多半有官無兵，有兵無槍，服裝不齊，烏合之眾，談不到軍風紀，遑論其戰力。此種雜牌隊伍，都是憑藉革命軍招牌，臨時拼湊而成，擾民有餘，保衛地方更是緣木求魚。膺白（黃郛）先生，肩此重任，煞費苦心，對烏合部隊，一律遣散，對稍有基礎之軍旅，實行縮編裁併，在著手之初，為杜反對者之口，首先將自己所統之陸軍二十三師縮編成一團（該師原有步兵四團；獨立砲兵營一營，裝備精良，服裝整齊，步槍、輕重機槍、及七生三發迫山砲，都屬江南製造局廠造，中有重砲六門，購自德造，當時堪稱最精良部隊），餘均遣散，因能以身作則之故，不半年間，很順利的完成編遣大業。則其有功於國家和地方，勳績昭然，實不可磨滅也。

今追憶往事，主持裁軍之膺白先生，因為秉公而先裁自統之師，甘以犧牲小我，實為革命黨一重大損失。當時該師官兵就素質言，將領都屬日本士官及浙江武備出身；士兵募自浙東農民，其不足之數，以獨立第五團合併成師（該團係今總統蔣公一手訓練，戰力甚強，因與黃師長有金蘭之誼，而願歸併）。故其素質之優劣，裝備之精良，實力之充沛，軍風紀之整飭，當時實為各軍之冠。乃竟囿於情勢，不得不忍痛示範。在壬子年咸嘆可惜，迨至癸丑年，討袁時，追悔已莫及矣。假如斯時尚留此勁旅，則袁派之鄭汝成旅，焉能順利登陸，闖進江南製造局？乃竟不費一槍一彈，拱手讓給鄭旅，佔領全局故此一戰役成敗之局判然明矣。這是後來事，借以引述裁撤廿三師之失策，單以被裁將領中人才而言頗有傑出者，如徐士鑣同學升送陸大深造，與周普文同期高材生，俱留堂任教，所著戰術、戰略書一時傳誦，成為有名之軍事學家，其人即楊繼曾之岳父是也。余自師司令部裁撤離職後未幾調任江蘇都督府駐滬軍械所所長。隸屬於蘇都督府軍務處，設辦公處於製造局內。任務是負責監收被裁部隊繳還武器彈藥被服等，保管儲藏。在此辦理過程中，恒涉險就臨營地監收起運，其中最感棘手者，監收吳兆麟師，（該師原屬滬軍一師吳師長在二次革命有通敵嫌被槍決）及李徵五衛隊時，暴動被圍，幾遭不測，終獲救解圍，亦云幸矣。

其時膺白（黃郛）先生主持裁軍，結束後即辭去參謀長職，受蘇督府派赴歐美考察軍事，乘便向袁政府報告裁軍結束。並探察北方情形，擬繞道韓日，轉赴歐美，正在準備行裝留津待發之時，適張群（岳軍）先生由滬接洽赴津，將宋教仁被刺於滬寧車站之驚訊，轉告膺白先生，次日接英士先生急電促歸，遂相偕南還，共商大計，而歐美之行遂作罷。

袁世凱倒行逆施種種

一代梟雄之袁世凱（項城），不可與滿清政府孤兒寡婦之闇弱可比，自其就任總統以來，握有北洋新軍實力為後盾，運用權術政治，以統馭威脅利誘，雙管齊下，跡其迫使清帝退位教唆軍隊譁變之情事，已昭然若揭。所設臥榻之旁，豈容他人甜睡，則其排除異己，實行獨裁，乃屬必然之舉。革命黨明知其奸詐，而猶容忍退讓，實乃格於情勢，只希望其尊重議會政治，故仍含有委曲求全之苦衷在也。詎料事變以來，手段之毒，令人忍無可忍，不得不再舉義旗，以張聲討。

一、「晴天霹靂」——宋教仁（字鈍初又號漁父），湖南桃源人，其人博學多才，曾為《民立報》主筆，革命黨之健將也，又掌北京參、眾兩院佔多數國民黨議員領導權，是以袁政府視宋為眼中釘，非去不可。在民國二年三月二十日夜，宋被刺於滬寧車站，兇犯武士英由路警當場捕獲。噩耗傳來，滬市震驚，余聞訊即赴車站時，宋已送鐵路醫院急救中，而兇犯亦禁閉於路警所。但見滿地血跡而已。余之關心於宋之安危者，含有公私兩種意義；對公而言，宋死是國家重大損失。從此多事矣；對私而言，余在上海光復之前，蒙與范鴻先生介見英士先烈，得參加革命行列，以感其愛護青年之誠，次日得不治身死之訊，宛如一晴天霹靂下降，革命黨人化哀悼而變憤怒矣。

二、「破案線索」——在密電中，發現殺宋線索時，有吳佩潢者（字承齋浙江吳興縣人與英士先烈同鄉），其人頗具機智，又能操英語，父本出生於上海電報局，對於電號碼可不查電本如數家珍，隨看隨譯，而於密電號碼亦能推敲譯出，尤其往電局查閱密電。即發現應桂馨有電報告趙洪二人中有：「梁山匪首已滅」之句，（應是上海幫會頭腦之一，曾充滬軍部督府諜報科長，及兵站員，其人本係流氓，見利忘義之徒，電文中之趙即袁死黨內政部長趙秉鈞，洪又是趙之秘書，由洪收買應而行暗殺無疑。）根據電文，始知刺宋疑兇係國務總理兼內政部長趙秉鈞，受命於袁。而趙又密令其秘書洪述祖收買應桂馨。事成許以高官厚祿為酬，應即雇用刺客武士英狙擊宋教仁於滬寧鐵路車站。嗣經租界巡捕房搜查應寓，又獲得其密電本及往來電報文件，更見逆跡昭然，無可逃遁，遂將應犯連同證據一併押送捕房，這一驚天動地之刺宋案情，至此大白矣。

三、「交涉歸案」——宋案既大白，革命黨人尚不主與袁政府決裂，先循法律途徑，尋求解決。於是一面電請袁政府，將疑兇趙秉鈞與洪述祖二人傳案訊究；一面向捕房交涉引渡應桂馨歸案法辦，前者不睬不理，後者一拖又拖。正在交涉中，忽傳兇犯武士英在監服毒暴斃，聞這一突如其來的事變發生以後，當然負責看守之六十一團咎無可辭，且涉有重大嫌疑。否則該要犯何來紅頭火柴，任其吞服自殺？其為被應犯賄通滅口無疑，革命黨有部分同志平時反對膺白（黃郛先生者，嘖有煩言，據余所知，並非如此，實乃代人受謗而已。

當時六十一團看守派令，係奉江蘇程德全都督手諭指派，一、因該團駐紮在滬，就近責令陳其蔚團長派隊看守，便於防範，二、因膺白先生過去係該團的長官，易於指揮，由於後者的舊關係，故程督手令上附有監督指揮之令。在程都督令意茲事重大，除指派陳團看管外，又加令黃郛監督指揮。在膺白先生亦以為該團都係舊屬。執行上並不困難，故允暫擔任。實則該團派隊看守人選並不請示指定，逕由陳團長派周連長蔭棠率部負責防守，不過派後報聞，而膺白先生平素對部屬信任主管向不干涉其用人行政，乃竟發生要犯服毒暴斃之事，謂其應負法令疏忽責任則可；若認為涉有嫌疑，殊失公道也。

四、「變本加厲」——宋案發生是起因之一賡續而來之倒行逆施，陰謀逐漸暴露無遺，如：（一）不惜喪權違法逕向五國銀行團二萬五千英鎊借款，不依法經議會通過，擅自訂約；（二）為剷除異己，下令撤換皖贛湘粵四督；（三）派鄭汝成（袁之死黨）何成濬（黃興舊部）二員，名義上代表袁政府南下祭奠宋教仁，而鄭則暗中布置上海為後來佔領江南製造局之預謀。關於一者含有兩種作用：一是恃財收買軍人政客，二是佔外交優勢，用以高壓民黨；其二為了擴張南方勢力，不惜用兵以逞；其三，襲取高昌廟兵工重地，迫令六十一團團部及一營部隊退出，（該團、營長事前受統率辦事處蔣叔南之鼓惑運動，意志早已動搖，故鄭旅進襲時，並不抵抗，所以兵不血刃，就被佔領。蔣叔南其人，浙江雁蕩人，曾任獨立第五團團附，憑藉舊關係，連絡運動。其時余之軍械所辦公室同設在局內，而六十一團官長多半武備同學。有時公餘常去團部。每見蔣氏形跡可疑，而同學們亦比往常談蔣更加懷疑。因以一面報告膺白先生，一面暗將收存槍彈陸續移運閘北南海會館存儲，以備不虞。迨至鄭汝成進駐製造局，時局日見緊張，尚不料發動如是之快。一日，接膺白先生電話，謂派其自用汽車來接余至其寓所，匆匆隻身隨車赴約，見面談未一刻，即聽電話鈴響，係陳團長報告膺白。除部隊已退出外，並托轉致余不要再進局，恐將被扣云，致留所檔卷及余個證件獎章及　國父與克強英士二公所贈照片等，均保存鐵箱內，已來不袁終將為害民國，跡其惡行，已到忍無可忍地步，退無可退餘地，應以革命精神不計成敗冒險以行，以辛亥革命為例，僅憑幾枝手槍炸彈尚能打垮滿清，何況現擁有可用兵力，以前比今強勝多矣。而不主戰之黃克強先生等，主張慎重，其關於前段的看法要「冒險」就不計成敗大家都尊重　國父主張，而後一段的「慎重」要衡量現實，其所持理由：（一）袁非闇弱之清室可比，且民心已不若辛亥年之擁護民黨；（二）蘇督程德全態度已非如辛亥肯合作，浙督朱瑞又歸附袁政府；（三）鄭汝成部已進佔高昌廟製造局，且有海軍艦隊協防，在形勢上難求戰勝，尤以黃本人曾親臨黃花崗及漢陽前線戰役，俱有失敗經驗教訓，且光復進駐南京最早，迨至留守主辦整軍結束，亦最後退出南京故對可用之兵與戰力瞭如指掌，故主張慎重考慮，因以遲疑難決。拖延至四個月之久（民二年三月底至七月時間）。最後還是遵從　國父與英士先烈意見，寧願冒險共生死。他二位位高望重，但只能主持決策，而調兵遣將之事又非克強、烈鈞、文蔚、膺白四公不可，於是黃興親自隻身赴寧，調第八師之一部及駐鎮江之省軍趙旅（第八師中有黃之舊部，趙係趙聲之弟，第八師長陳係馮國璋之婿，故不能公開調動）。至滬李烈鈞潛回湖口，柏文蔚亦同時回安慶，黃膺白相助英士先生，組織討袁軍總司令部於上海，至此各地風雲頓起矣。

討袁之役的戰況紀實

一、「總部成立」——約在癸丑七月間，成立討袁軍總司令部（設立於上海南市信成銀行舊址）推英士（陳其美）先生為討袁軍總司令，內部設參謀長副官長，下設財政、軍械兩處，其參謀長一職虛懸（膺白未擔名義，實負策劃，請鈕鐵老擔任，亦未到部）副官長張岳軍氏負內部一切責任，財政處長朱少屏氏，他的任務，重在外籌款，故並不在部中辦公，時來時去。軍械處長由余擔任，專司籌劃供應作戰部隊械彈，此外別無設置，僅派駐衛隊一連守衛而已，故其組織極為簡單，與往昔之滬軍都督府規模相較，實相去遠甚也。

二、「軍事配備」——一般人有「得江南製造局即得上海」之語。癸丑七月，上海之戰，攻擊敵人目標在高昌廟製造局之鄭汝成部，當時我方的軍事配備，以南京第八師開到之一部，與鎮江之省軍一旅，配置在南局門一帶，而以六十一團警戒斜擋，西局門周團構成包圍之勢，待命進攻。同時滬杭路從松江至滬南車站，由鈕鐵老之學生軍附以劉標福之敢死隊沿線警戒，以防浙軍威脅，並為攻局部隊之後援，其有械彈不足之攻擊部隊，概歸總司令軍械處供給補充。曾憶當時由余手發給第八師與趙旅機槍子彈有六十萬發之多，而木殼手槍與步槍亦在二百多枝以上，此項械彈來源並非新購，來自余任職江蘇都督府駐滬軍械所長時，所收繳遣散部隊。尚幸於鄭敵未佔領製造局前，預將其中部分槍彈移運閘北南海會館備運繳南京軍務處（時督府已移南京）。居然留此移作戰時之需，實非料所及也。

三、「箭在弦上」——當開戰之夜，前線的口令是「殺賊」二字。攻擊命令南局門方面以第八師為主力，西局門方面以六十一團進攻，其時該團團長陳其蔚及有少數營連長，因受袁派之蔣叔南運動鼓惑，而對膺白先生舊長官關係，又不敢公然附逆。致其態度游移。故在開火之前，潛離部隊形成主將無人，不得已於臨陣之時，由今　總統蔣公統率指揮（該團官兵多半是蔣公部屬原係獨立第五團改編而成），他見危受命，完全顯露愛國熱忱。在士氣方面，受了前團長游移影響，指揮上不免打了很大折扣。但此役戰況，仍推該團為最烈，其中有兩個連長，勇敢善戰，世所稱頌。值得一提，一是張連長紹良率部衝進濠溝，爬上局門，突受槍口被塞，炸彈失靈，不幸中彈陣亡。士卒見為首者，身倒眾復後退，致功敗垂成（張連長新婚月餘可慘）壯士犧牲成仁，痛哉慘兮。二是另一連長綽號強盜牌（已忘其姓名）其人是廣西籍。又一勇敢戰士失敗後，率殘餘部隊與敵人在西局門外周旋達半月之久。故以此團戰績而言雖敗猶榮，至南局門方面，黎明後，不支潰退，而法租界交界各要口，已被英法軍設防堵塞，使欲退守之民軍，無地可退。遂各自拋卻武裝，分散逃避。是以南市沿黃浦江裏外街道上，都堆滿軍服槍械，所謂兵敗如山倒，見者惟慘痛浩嘆而已！

一場滬戰就很快的結束了，其中在開戰之夜，有關我的事及與長官有關之事，附帶一述：（一）我奉命發給軍隊械彈完畢，即往斜橋徵寧會館，晉謁蔣指揮介公，見其身穿白式學生裝，腰懸指揮刀，袋裝手榴彈，正忙於出發，我即事畢歸部。（二）歸部時聞砲聲隆隆不絕，時有駐南局外之砲兵某營長，身藏手槍，闖部謀刺黃郛（膺白），被我首先發覺，攔阻拘捕，幸未遇害。（三）在戰況激烈之時，司令部中賴張副官長群沉著應付坐鎮，所以部內人員毫無驚惶，鎮靜如常。（四）膺白先生決定往前線觀察戰況，遂約偕岳軍先生下樓，我與王志良同行，乘預備之美豐輪向高昌廟對岸方向進發，擬在浦東碼頭登岸，詎為英巡捕指揮的紅頭巡捕拒上碼頭，中道折回，可見外交方面，我方早就失敗。在途但聞大砲聲不斷震入耳鼓，知係海軍艦上所發，逆料戰況於我不利。（五）我們四人折回至十六舖金利源碼頭登岸，即乘黃包車趕赴總司令寓邸，正陳述戰況時，已近黎明，適接前方來電話，報告攻擊部隊已攻入製造局，聞訊狂喜。記得英士先生當即開一瓶三星白蘭地酒，各飲一大杯後，當即隨英士先生同乘其紅色一號坐車趕赴前方，車行至斜橋，已知報告不實，即派張岳軍先生與我往觀戰況。但見傷兵累累，敵方的機槍大砲彈如雨下，知難持久，一場空喜，就此告吹。

綜上所記，二次革命前前後後，有的耳聞，有的目睹，蓋我雖在革命行列中，還是一個搖旗吶喊的角色。究非參與決策之人，故所知有限，容或有不週之處，自亦難免。惟對此役，自宋案發生至戰事失敗，革命黨固受了一次莫大之挫折教訓；而國家十五年中受軍閥割據荼毒，人民之害，袁世凱是始作俑者，不維貽禍中國幾陷於萬劫不復之地，抑且為中華民族之罪人。但袁氏縱用權奸，以取勝，終難逃因果循環之報，就宋案兇犯而言，如趙秉鈞之被毒死，洪述祖之判絞刑，應夔丞之被殺於津浦夜車，乃至武士英服紅頭火柴暴斃於獄中，固皆出於袁氏滅口所為，而其結果，做帝王夢不成，就憤恨以終了。至此則宋案主從兇犯均歸案，無一漏網，此佛家所謂因果是也。

當開戰之夜，有許多舊友托我繳還討袁總司令委狀、臂章，大約已看出危機，想逃避免禍及己身。我對答他們說：「何必繳？如怕災禍，即自行消毀可也。」至天明，失敗後，次日即見租界高懸黃興、陳其美、黃郛、李書城四位照片，賞格是不論生死前二位黃陳各賞五萬元；後二位黃李各賞貳萬元，其他革命黨員亦風流雲散。有的赴日本，有的去南洋，有的無力出國，只好消聲匿跡租界各地，住亭子間（我是其中之一）境遇悽慘，筆難描述。而一般比我聰明舊友，早已不知其蹤矣！翌年夏，我在滬已無法生存，函告膺岳二公，始得濟助，乃赴南洋星加坡投奔了膺白先生處（他住星加坡鄉什龍崗）。正擬在星洲謀生，適遇第一次世界大戰發生，膺白先生攜眷赴美，我只好乘輪折回上海，其間途中兩次受困，乃畢生難忘之一也。

寫到這裏，還要補述。辛亥與癸丑革命成敗因素，以我個人的看法：辛亥革命能把滿清統治二百六十多年的政權很容易的摧毀，蓋有遠因近因在也。前者是滿清入關之時，殘殺漢族，慘無人道，如揚州十日，嘉定屠城。後來為薙髮而屠殺者，又不知凡幾。這類慘史，凡我民族子子孫孫永不忘懷，復仇之聲，屢仆屢起。自鴉片戰爭五口通商，乃至甲午戰敗以來，更引起民族之羞憤，此不共戴天之仇，早深植民心，後者自戊戌政變，庚子拳亂帝后蒙塵八國聯軍，佔領京都，悉聽外人宰割，益憤清廷之闇弱無能，於是全國志士組黨結社，群起革命，這是一次民族革命，由革命黨（此稱革命黨者指同盟會而言）倡尋於前，全國青年同情參加於後，所以辛亥革命很快的成功，要皆以遠近二因積憤而成，非一朝一夕之功也。癸丑則不然，因情勢有異。第一、民眾觀念，誤認二次革命為內戰，又因革命黨在地方掌政時間太短，尚無顯著政績，故民眾擁護心理不若辛亥起義時之熱烈；第二、意志紛歧在革命黨未公開之前，行動尚能團結一致，自民元成立國民黨，投入分子複雜，多半投機倖進之流，已難控制黨員。故其本身脆弱，易為政敵所乘；第三、袁氏善用權術，又是一個久在政治場合中歷練的老奸巨滑之人，非清廷闇弱可比，等待他佈置始行倉促發動，則成敗之局已定；第四、國民黨本身既不健全，步調又不一致，袁氏善於利用矛盾，在其有權有錢有兵及外力協助等優勢條件之下，自然左右逢源「安撫」、「收買」「打擊」、「消滅」、「分化」等，毒辣手段，肆行無忌，我們具此四種弱點，憑著一點血氣之勇的革命精神，自必趨於失敗之途了。回想當年，既有壬子之和，何來癸丑之戰，倘斯時革命黨能再忍痛一個時期，保存一點幼苗實力，吸收一些新進人才，把本身儘量整頓健全，等待時機到來，或許在護法之役，可以提前；北伐十年則在後，抗日之戰賴此休養生息，增強國力，歷史或又重寫矣。

陸榮廷參加護國討袁的經過

林光灝

帝制問題的發生

洪憲帝制問題的發生，表面上起於籌安會，實際醞釀已久，而主動的實由袁氏父子和其少數私人，與全國民眾無關。籌安會於民國四年八月中旬由楊度、孫毓筠、嚴復、劉師培、胡瑛、李燮和發起，八月廿一日成立，通電各省文武長官請派代表到京研究國體問題。是年九月初，各省代表尚未到齊，籌安會即促使代表運用各省旅京人士組織公民請願團向代行立法院的參政院請願改革國體。但參政院職權不能接受這種問題的請願。參政梁士詒（燕蓀）遂主使將所有請願團體組成請願聯合會，請參政院立即議定召集徵求民意機關的辦法，以便召集民意機關來解決國體問題。參議院即議決「國民代表大會組織法」於十月二日咨送政府，十月八日袁氏將該法公布。十月廿五日開始選舉。十月廿八日以後便繼續國體投票，推戴袁氏為中華帝國皇帝，並向袁氏上推戴書。參政院十二月十一日呈送推戴書，袁當天咨復表示推讓，參政院第二天再呈，袁十二日咨復承認接受帝位。一切進行神速非常！當時梁啟超在〈袁世凱偽造民意密電書後〉一文中說：

「自國體問題發生以來，所謂討論、贊成……都是袁氏自討自論、自贊自成……右手挾利刃，左手持金錢，嘯聚國中最下賤無恥的少數人，像演傀儡戲的一樣。……」已說得真妙！

各種反帝制勢力

袁氏雖帝制自為，但當時各種反帝制勢力，計有：（一）一般人民：因袁氏在癸丑（民二）趕走了革命黨，而官吏的剝削，軍閥的野蠻，比前更甚，再搞帝制，必然會招惹革命黨重來，他們由恐懼不安而厭惡憤恨，自然而然的消極反對。（二）復辟派：如康有為、張勳和清室遺老們，只擁護溥儀，袁要稱帝，他們是不擁護的。（三）北洋系：如首領徐世昌、段祺瑞、馮國璋等，行總統制他們尚可能有繼任元首的希望，若行帝制，則全無希望可言，因此也反對帝制。（四）中華革命黨：國民黨在癸丑討袁失敗而被迫解散後， 國父中山先生認為北洋軍閥惡勢力不打倒，革命絕難成功，於是糾合舊同志謀恢復同盟會的革命精神，於民國三年在日本組織中華革命黨，國內和海外都密派同志組織支部。袁不稱帝，他們都要待機去打倒他，現在更加積極行動起來了。（五）進步黨：他們被袁氏玩弄，大部分在政治上失業，反袁心理當然存在。他們知道帝制問題發生，現狀決難維持，自己不加入反袁，將和辛亥革命後一樣，要受排斥。故籌安會發生不久，梁啟超即毅然首倡反對，發表〈異起所謂國體問題者〉一文。進步黨既反帝制，他們可和復辟派、北洋派發生關係，又可和革命黨聯絡。於是，各種反帝制勢力，當時在不知不覺中成為一條不自然戰線聯合起來。

陸氏的基本態度

在各種反帝制勢力中，以革命黨為最急進，陳其美（英士）因黨內同志對上海方面的海陸軍已有聯絡，於十一月十日派人刺殺上海鎮守使鄭汝成於白渡橋，十二月五日楊虎（嘯天）率眾襲取肇和兵艦，但佔領上海的計劃終歸失敗。當時無北洋軍駐防的地區，只滇黔粵桂四省，但廣東的龍濟光、覲光兄弟已成為袁的死黨，廣西的陸榮廷雖反袁而又受粵方牽制，因此，可用為發難的地點，只有滇黔兩省，而蔡鍔（松坡）在雲南的潛力最大。先是，十月，蔡與甫辭黔巡按使職之戴戡在天津和梁啟超議定：雲南於袁下令稱帝後即獨立，貴州過一個月後響應，廣西過兩個月後響應，然後以滇黔兵力下四川，以廣西兵力下廣東，約三四個月後，可會師湖北，底定中原。後蔡、戴祕密入滇發動。滇省於十二月廿五日獨立，黔省於一月廿七日響應。革命黨自雲南獨立後，朱執信在廣東、居正在山東領導武裝力量，牽制袁家兵力，給與護國軍的助力不少。

陸榮廷反對袁氏稱帝，認為清室既退讓給民國，民國便是正統，人人都應忠於民國；人人都是中國主人，中國即人人有份，袁稱帝而據中國為已有，便是背叛民國，人人得而誅之。這是他的基本態度。由於民國四年帝制進行中，袁氏曾於十二月廿一日封陸為一等侯爵時，不許屬員向他道賀，可見是如何厭惡皇帝的恩惠。

虛與龍觀光委蛇

雲南發難後，袁氏因法國拒絕北洋軍隊假道滇越鐵路攻滇，想改而取進廣西，陸榮廷聞而設計阻止，後又逼陸出兵攻滇。陸又以餉械不足，地方防務吃緊為由，加以謝絕。後來老袁乃令廣東派龍觀光率粵軍經桂攻滇，龍和譚浩明（廣西第二師師長）是兒女親家，當不易引起猜疑。陸氏曾遣員和龍氏兄弟密商粵桂聯合獨立，而龍不聽，現對龍軍過桂入滇，又想不出理由來拒絕，遂電請龍觀光少帶士兵，多携軍械，說兵在桂可以沿途招募，實在這是預為制龍的打算。龍濟光正因粵中革命黨人四伏，不能多出兵，遂接納陸氏的提議。民五年一月中旬，龍觀光率征滇軍八千人開到南寧，中半數是沿途招募，一部分軍官和軍士則是由陸氏撥助的。二月八日，觀光即派團長李文富率隊由百色向剝隘進攻，又派兒子龍體乾回蒙自縣運動鄉團作內應。是年三月七日，袁任命陸為貴州宣撫使，派廣西師長陳炳焜護理廣西軍務，意在借陳以制陸；同時密令就近監視陸的行動，如發現有可疑時，可在陸離南寧後取而代之。龍軍駐百色極無紀律，為商民所痛恨，龍觀光惟徵歌選色，日事行樂。忽然雲南護國軍第二軍前鋒張開儒遮其前而與宣戰，黃毓成率挺進軍潛由貴州他郎轉入西林突攻其側，龍觀光兩面受敵，已難支持，而馬濟更率廣西游擊隊十餘營包抄其後，於是龍在四面楚歌之中，不能復戰，勢將成擒，乃電陳炳焜、譚浩明（廣西第二師師長）請馬濟停戰，陳、譚不答。觀光計窮，令其子乾發電向岳母譚夫人求救。譚夫人囑陳炳焜電馬濟令龍軍繳械，可貸覲光父子一死。所有龍軍軍械，由滇桂兩軍分而有之。這是三月十二日的事，時陸氏已離邕於十一日抵達柳州。

梁啟超由滬赴桂

陸繳龍械後第二日即和梁啟超聯名電袁要其辭職以謝天下。陸和梁本無關係，其所以推重梁氏，實由蔡鍔之故。但滇起義經過了一個月，桂方仍無動靜，梁乃於一月廿五日遂由滬函陸敦促，梁函恰道著陸之心事，陸對梁遂更深傾慕和推重。茲錄其致袁世凱哀的美敦書，內容為：

北京前大總統袁公惠鑒：痛自強行帝制，民怨沸騰，雲貴執言，干戈斯起，兵連禍結，徂冬涉春，國命之危，未知所居。遠推禍本，則由我公數年來殃民秕政，種毒怨於四民；近促殺機，則由我公數月來盜國陰謀，貽笑侮於萬國。查約法第十六條有總統對於民國負責之規定，失政犯憲，萬目具瞻，厲階之生，責將誰卸？雲貴既扶義以興，勢無返顧，我公猶執迷不悟，何術自全？榮廷奉職巖疆，保安是亟；啟超歷遊各地，蒿目滋驚。因念辛亥之役，前清以三百年之垂統，猶且不忍於生民塗炭，退為讓皇，今我公徒以私天下之故，不惜戕我億萬人之命，以覺國家於亡，以較勝朝，能無顏汗！況事終無成，徒見僇笑，且為智者，顧若此乎？榮廷等以數年來共事之情好，不忍我公以禍國者自禍，謹瀝誠奉勸即日辭職以謝天下，榮廷等當更力勸雲貴同日息兵，則公志即可以自白，而國難亦可以立紓矣。事機安危，間不容髮，務乞以二十四小時內賜復，俾決進止，不勝沉痛待命之至！陸榮廷、梁啟超、陳炳焜、譚浩明、元。

此電發後，無結果，十五日廣西即通電宣布獨立。陸氏被廣西將領推為廣西都督，任命梁啟超為總參謀。梁遂祕密由越入桂，由黃溯初陪往，三月廿七日下午三時入鎮南關宿，知袁已撤銷帝制。廿八日到龍州，陸都督自梧州來電歡迎，梁覆電云：「……龍張來使，不知所商何事？若以取消帝制為取消獨立交換條件，務乞堅拒勿許。袁之無信而陰險，中外共知，若彼仍握政權，將來必解諸鎮兵柄，再施伎倆專制。今日之事，除袁退位外，更無調停之餘地。」同時又電百色馬濟司令請以此意勸陸，並分電各都督、總司令，請勿言調和，必堅持要袁退位。四月三日到鎮龍，廣西第六號巡輪到接。陸由梧返，四日親率水警到三江口相迎，當日抵南寧，軍民歡迎狂湧。

假獨立擁護中央

廣東方面，自一月六日陳炯明起義於惠州雖告失敗，然屢謀捲土重來。而朱執信、鄧鏗、徐勤、葉夏聲、林虎、魏邦平也紛紛在粵境各地組織武裝力量。廣西獨立後，陸氏屢電促龍濟光獨立，願擔保龍的地位，否即進兵入粵。三月廿八日欽廉獨立於西，三十日潮汕獨立於東，四月初高雷也獨立；而徐勤、王和順等民軍數千約期四月七日攻廣州；魏邦平收復了江大、江固、寶璧各兵鑑，五日到虎門準備向廣州進攻，六日率艦到白鵝潭將炮擊觀音山。龍濟光在事機十分危迫中向袁請示，袁回電指示他「獨立、擁護中央」這就是宣布獨立以緩和軍民的進攻，用假獨立的手段來達到擁護中央的目的。四月六日下午三時，龍在觀音山召集官商士紳會議獨立事宜，會議畢即宣布廣東獨立，紳商學界推龍濟光為廣東都督。梁啟超在邕，將擬在廣州組織代行國務院職權的軍務院，並擬以與滇黔粵桂川各方面都有關係的岑春煊為撫軍長，在軍務院成立前先推岑為兩廣都司令以統一兩廣的軍權問題，商得陸氏同意後，即電滬請岑南來。

陸、梁為龍濟光、張鳴岐等屢電邀請赴粵，遂於四月八日由邕乘輪東下。臨行曾致廣州各界兩電，並另電李根源、林虎、楊永泰、文群、徐勤重申此意。四月十三日到梧，突聞十二日浙江獨立佳音和海珠事變惡耗，真是喜憤交集。

海珠事變六條件

海珠事變，起因於龍濟光對民軍無意妥協，每日仍向袁密通情報，密飭各縣拒絕民軍入城。四月八日，龍用廣東各界代表名義召集海珠會議，以議決各黨停止爭端，民軍停止進攻，龍督暫維現狀，一切待岑、陸到省後解決。十二日，徐勤由香港到廣東，當天即和陸的代表湯覺頓、陸軍少將譚學衡、警察廳長王廣齡、警衛軍統領顏啟漢、民軍李福林代表何某、商團代表等在海珠舉行聯席會議，討論民軍與龍氏合作問題，龍的代表賀文彪、潘斯凱提出取消護國軍名義，將護軍併入警衛軍的建議，參加會議的警衛軍統領都是龍黨，身藏兵器，隨帶大批衛士，壓迫民軍代表接受他們的要求。正在爭論間，顏啟漢忽然行起兇來，一時槍聲四起，當時打死了湯覺頓和龍的顧問譚學衡、王廣齡和商會會長呂清中彈後都不救身死。徐勤跳窗避脫。

龍濟光也知闖了大禍，特請巡按使張鳴岐趕到梧州，向陸極力解釋海珠事變完全與他無關，請陸、梁即日往廣州，並且代他向各方解釋誤會。張願以身為質等候問題的解決。他代龍表白：海珠事變兇手是顏啟漢，主使犯是四省禁烟督辦蔡乃煌。陸、梁向龍提出了六個條件：一、交出蔡、顏兩兇犯；二、調警衛軍出省；三、整頓軍紀；解散偵探；四、陸到廣州後，不到觀音山拜會龍，須龍來拜會；五、濟軍一半留廣東，一半隨同護國軍出發進攻江西；六、指定東園為廣西軍駐所。龍對以上全盤條件表示接受。陸、梁即於四月十五日率兵由梧東下，張鳴岐同行。迨陸、梁到肇慶，鎮守使李耀漢歡迎，就駐在肇。

肇慶設都司令部

龍採的是緩兵之計，條件並不履行，並且放走正兇顏啟漢。同時粵人一致反對陸以個人意見處理廣東問題。仍留龍為都督，廣東民軍也不肯接受陸龍協定條件的約束。陸被迫電龍勸其率部北伐，讓廣東都督於岑春煊，龍又請張鳴岐到肇慶求情，由於沒有結果，龍乃於四月十九日親自到肇和陸成立五個妥協條件：一、承認在肇慶成立兩廣都司令部，推岑春煊為都司令；二、龍仍暫任廣東都督；三、槍斃蔡乃煌；四、即日調兵北伐；五、民軍由岑處理；岑未到前，從三水劃清界線，由馬口及西南以上歸魏邦平、李耀漢、陸蘭清部駐守，由馬口及西南以下歸濟軍駐守。

翌日，龍回到廣州，即著手組織廣東護國軍三個軍，作出整裝待發的姿態；並於廿四日將蔡乃煌交譚學夔解往長堤親自槍斃，以報其弟之仇。陸以廣東方面的事有岑負責，留兵三千駐肇護衛，即回梧赴桂督師入湘。

岑春煊四月十八日由滬到港，十九日偕李根源、章士釗等由港赴肇。兩廣都司令部五月一日在肇成立，由兩廣將領推岑為都司令，以梁啟超為都參謀，李根源為副都參謀。都司令下設參謀部、秘書廳、外交局、財政廳、塩務局、餉械局、參議廳等。僅參謀部、秘書廳較忙，其餘均虛有其名，無事可辦。

梁冒險親往廣州

龍濟光即鬧海珠事變，嗣又屢次食言，民黨和肇慶軍人都主張討袁必先去龍。但岑春煊以曾致書勸龍獨立，不想於龍獨立後取而代之，貽人口實；且此來為護國，非為爭權。梁啟超以我無優勢兵力，攻龍恐費時日，戰後殘破，又須整頓準備三數月才能北伐，恐滇黔桂不易支持，不如暫置龍而專治兵北伐，以壯滇黔桂的聲援，並促他省的響應。岑梁既不贊成，討龍議論遂亦中止。

梁啟超五月四日夜正欲登輪離肇赴日有所謀劃，而駐粵日本領事太田來阻勿行，謂龍督極願與君商量一切，凡可讓步的當無不退讓，請偕赴廣州。梁以粵局不生不死，有礙大局，非徹底使龍明白利害，死心塌地跟我們走不可，不顧大家反對，決心冒險親自出馬，靠血誠去感動他，五日遂偕李根源、張鳴岐、黃大暹、太田赴廣州，當日即上觀音山苦口婆心和龍談了十幾個鐘頭，龍似口誠悅服的樣子。六日，龍約許多將領開晚宴以歡迎梁，初還客氣，酒過三巡，有胡令萱大發議論，由罵粵民軍而到廣西軍、蔡松坡、護國軍，瞪大了眼釘著梁像是就要動手。龍在旁邊頻頻勸胡少說話。梁初一言不發，旋站起來演說了一點多鐘，意氣橫厲，一面說一面不停拍桌子，氣太盛了，他們像是被壓下去了，胡令萱悄悄跑了，其餘都像有些感動，席散，許多來和梁握手道歉。從此，廣東獨立才沒問題了。梁意原以龍即使不肯放棄都督，財政權或能劃歸肇慶，不料，龍只同意軍務院事，餘概拒絕。梁七日返肇慶。

世凱病死新華宮

梁啟超返肇即提議成立軍務院，統一各省指揮，連發宣言五通：第一號宣言：宣告袁世凱自稱帝以後，已喪失大總統資格。第二號宣言：宣言大總統既已缺位，依民國二年十月所公布的總統選舉法第五條，由黎副總統繼任。第三號：宣告黎總統因陷在賊中，未能即時執行職務，國務院也無從產生，暫設一軍務院，隸屬於大總統，指揮全國軍事，籌備善後庶政，院置撫軍若干人，用合議裁決一切，對內對外皆以本院名義行之。俟將來國務院成立時本院即行撤銷。第四號：宣告軍務院組織條例。第五號：宣告依組織條例，以唐繼堯、劉顯世、陸榮廷、龍濟光、呂公望、岑春煊、梁啟超、蔡鍔、戴戡、李烈鈞、陳炳焜、羅佩金等為撫軍，並互選唐繼堯為撫軍長，岑春煊為副撫軍長，梁啟超為政務委員長。五月八日軍務院正式成立，即以肇慶為軍務院所在地。因唐繼堯未能來粵，依組織條例第二條第二項，以岑春煊攝行撫軍長職權。有外交代表專使，以唐紹儀、王寵惠充任，後又派范源濂、谷鍾秀為駐滬代表，負責外交事宜。

陸榮廷為牽制敵勢，使根本問題早日解決，親率第一師、馬濟武衛軍向湖南進攻，五月廿二日，四川將軍陳宧獨立後，湖南將軍湯薌銘以袁政權崩潰和北洋派分化的趨勢日益明顯，桂軍壓力日益加強，民軍區域日益擴大，湘西鎮守使田應詔廿四日又宣布獨立，種種情形都使他不得不於五月廿九日宣布湖南獨立。

袁氏因眾叛親離，刺激羞憤，六月六日病死新華宮，依照約法由副總統黎元洪繼任大總統，於六月七日就職，帝制問題隨之而自然解決。

軍務院六月十日電黎總統要求四事：一、恢復舊約法；二、召開國會；三、組織正式內閣；四、懲辦帝制罪魁。這四個問題到了七月十四日才得解決。軍務院也於七月十四日自行宣告撤銷，各省一致擁護中央。

陸榮廷到達衡州，湘既獨立，即不再進，六月下旬曾一訪長沙，旋即返衡。梁啟超向北京力薦陸氏督粵。七月六日，中央改各省督理軍務長官為督軍，民政長官為省長；同時發表各省的督軍和省長：廣東督軍陸榮廷，省長朱慶瀾（子橋）；廣西督軍陳炳焜，省長羅佩金；不到任，七月十九日改以陳炳焜兼署，十月八日任命劉承恩為廣西省長。這是護國戰後兩廣人事的變遷。

我所知道的袁大公子

薛觀瀾

在德墮馬．兩足皆跛

袁克定，字雲台，項城長子也。項城有子十七人，惟克定為嫡出，于氏夫人所生也。幼而岐嶷，其父鍾愛之，年未弱冠，即在京華為部曹。光緒三十二年，克定年甫二十有二，任農工商部參議，旋升右丞，丞參為部中小堂官，職位僅次於侍郎，高出現今之參事司長。克定賴其父蔭，升遷甚速，然克定有能名，見重於公卿，農工商部尚書溥頲極賞識之，慶親王奕劻亦器重之。克定蓋以簪纓世家，禮數周到，國文亦具根柢，其在部署，恪共官守，周旋中節，則京官之能事盡矣，此為克定神志最清之時期，親友莫不謂其前途似錦也。

無何，辛亥革命，袁世凱就任大總統，為統一軍權起見，既設海陸軍統率辦事處，又在團城創立模範團，將以克定主其事。模範團者，訓練將校之機構也，後之督軍鎮守使，在團受訓者綦眾。克定自知責任重大，乃循蔭昌之議，請赴德國考察軍事。蔭昌為袁親家，嘗與德皇同學，項城即因蔭昌獻議，不與德奧宣戰者也。

克定抵柏林，適值德皇威廉二世抱有席捲歐陸之雄心，故與中國有修好之意，由是克定在德，備受優禮。一日，克定與德太子威廉並轡郊外，乘馬受驚，絕塵而馳，克定踣地，被壓馬腹之下，右腿折斷，克定暈去，差幸德醫技術高明，生命得以挽救，出醫院時，兩足皆跛，回國見父，形容憔悴，項城見其吶吶不能出口，不禁聲淚俱咽。此為袁家最大不幸，嗣後克定因腦部受震，神不守舍，項城憐之，然不知不覺，移愛於其次子克文矣。

克文字豹岑，別署寒雲，為袁第三如夫人閔氏所生，閔氏夫人系出高麗王族，惟因大姨太無所出，故克文自幼即為大姨太所撫養，迹近溺愛，克文弱表猶齊，倜儻瑰瑋，讀書有宿慧，過目不忘，故善屬文，書法挺秀，詩詞並妙，知名當世，且工崑曲，兼擅皮黃，習小丑，師法羅壽山，亦玩世不恭之意云爾。夫克文穎悟絕倫，常斐然有述作之志，若能專攻一業，必有極大成就，惟其個性，見異思遷，時而紬繹骨甲，時而研究古錢，生平愛嗜，不一而足，然亦可謂博學洽聞者矣。

項城第五子克權，字規庵，號百衲，係韓籍第二如夫人所生，敏而好學，一如寒雲，詩文典雅，粲然成章，克權為端方之婿，亦子弟中之秀發者也。

袁對帝制．並不熱衷

光緒三十三年，克文嘗任度支部員外郎，實受度支部尚書載澤不次之提拔也。不久克文隨父歸彰德，項城素習制藝，頗通翰墨，既見克文文名藉甚，寵愛之心，油然而生，此亦父子之常情。至醞釀帝制時，烏烟瘴氣，乃有唐在禮、方地山之流，為克文吹噓甚力，益見寵任磐桓，其流極乃至門戶紛爭，昆仲之間，互相水火，此亦帝制流毒之一端也。克定則居儲君之位，不善自處，此其神志最感模糊之時期也。

竊按民二第二次革命，袁對國民黨員大開殺戒，結下血海之仇，民四貿然稱帝，再鑄成大錯，為公為私，皆屬失策，雖百儀秦，不能為作辯護也。當民國三四年間，國內統一，人民粗安，庫存六千萬元，正當淬勉自強之時，何苦以元首之尊，為孤注之擲，捨磐石之安，履春冰之危哉！茲以一念之差，而致邦國殄瘁，此何為者也！

敬祈讀者明鑒，觀瀾決無護短之意，帝制之事，為予生平所痛心疾首者，就予所知，第二次革命失敗後，京邑即有提倡帝制之消息，但據袁項城與家人所云，對此並不熱衷，渠指克定一病至此，何能繼承其業。又云：「革命黨人瀰漫全國，恨余切骨，余豈肯自投羅網，以貽滔天之禍於國家若子孫乎。」遲至四年七月上旬，袁乃密電蘇督馮國璋曰：「以余今日之地位，其為國家辦事之權能，即改為君王，亦未必有以加此，且自古君王之世，傳不數世，子孫往往受不測之禍，余何苦以此等危險之事，加之吾子孫也。……余已在英購有少許田園，設再有以此等事逼余者，則余惟有逕赴他邦。」

以上為袁項城獨特之文體，明快爽朗，不假潤飾，親撰無疑，予尚珍藏袁函二件，書法遒健，行文則驅邁淋漓之情，羕然紙上。時人認為袁氏致馮之電，無非惺惺作態，觀瀾則謂此係袁氏由衷之言，至於在英購有少許田園一節，則並無其事，蓋袁對馮國璋，無須作態，家庭之事，誠非局外人所得而知者。

予則確知袁氏對於家天下之私心，非如一般人想像之甚者，何則，伊於長子長孫，不抱何等希望，君主之世，或及身而亡，或二世而亡，袁氏能無戒懼之心乎？袁若始終有帝制自為之心，則民國二年機會最佳，何竟遷延兩載有餘乎？但袁近代知識，不甚充分，好大喜功，敢作敢為，則雖親者莫能為諱也。夫袁心事，既如右言，因循至四年七八月間，形勢大變，如暴風疾雨之驟至，袁之意志搖動矣！其故安在哉？

推原其故．約有三端

如上所述，民國四年六七月之交，袁世凱因種種關係。雖有變更國體之企圖，尚無絕對同意之決心，最大原因為家庭問題，是故楊杏城、梁燕孫、朱桂莘、周子異、唐質天等，僅在幕後活動，未敢當面獻議。轉瞬至七八月間，袁之意志忽而搖動，於是更改國體之事，華路開山矣。推原其故，約有三端：

一、袁受古德諾與朱爾典二人之影響甚大，此其贊成帝制之最大原因。按古德諾博士係美國約翰霍潑金斯大學校長，夙為國際政治權威，古氏認為中國適合於君主制度，而不適合於共和制度，至於法美共和制度，亦非善美，馴致黨派紛爭，苞苴公行，此於中國國情，尤不適宜。

朱爾典爵士為英國駐華公使，在中國服務逾三十載，與袁交誼最篤，惟彼確有左右袁氏之能力，伊因外交關係，勸袁變更國體，以期適應環境，朱氏且認中國人民教育水準不夠，暫時不宜共和。殊不知國人教育水準雖有蹇缺，然於保全共和，志不可移矣。嗣後觀瀾赴英，就任使館秘書，因朱為先祖門生。以老伯稱之，見面輒講中國話，伊猶堅持其主張，又云：「袁總統完全失敗於日本人之手，日人狡獪技倆，予皆洞悉胸中，此後中國禍亂相尋，無寧歲矣。」

袁聞古德諾之言，對於共和政體，益無信仰，誠以古為共和國民而猶贊成帝制也。袁對朱爾典，向有好感，且與日人交涉，端賴英國幕後揩捂也。於是，帝制之議，急轉直下，籌安會與請願聯合會各種機構，應運而生，吾故曰：袁以一念之差，自取滅亡也。

二、第一次歐戰伊始，日人頓成天之驕子，在東亞可自由行動，對中國則予取予携，當其提出廿一條時，外交次長曹汝霖移宿公府，與袁比鄰，出而歎息曰：「極峯日理萬幾，夜不成眠，此豈攝生之道乎！」袁氏即受重大刺激，以謂變更體制後，則地位可以提高，外交較易著力，此屬袁氏謬見，蓋惟整飭軍旅，方能杜息強鄰之窺窬，徒改國體，於事奚補。

三、袁氏年已投老，英氣漸消，高高在上，易受矇蔽，其左右親信咸勸袁氏稱帝，無非自便身圖，誠所謂叔世之奸謀，而非為邦之勝略也。其時秘書廳與內史府，每以中西各報狂捧之詞，彙呈於袁，袁乃大受蠱惑，適逢其會，龍濟光張作霖等電袁，請早正大位，袁意遂決。然就觀瀾所目擊，後以反對帝制自詡者，率為當時衷心勸進者，而袁本人承認改制之前，確曾考慮數四，故彼一旦覺悟，受人之紿，即幡然改圖，撤銷帝制，庶不致一誤而再誤也。

二十一條·為催命符

延至民國四年十二月十二日，袁世凱正式承認帝位，翌日在居仁堂受賀，十九日政事堂「奏設」大典籌備處，廿一日封贈四十九人以爵位，爰以翌年元旦為登極之期，是為袁氏權威之最高峯，亦即袁氏聲望之最低潮。旋派周自齊為特使，赴日報聘，日人違約，拒絕招待。不久袁遂撤銷帝制，拖至六月六日，憂憤而卒。故曰「袁氏失敗於日本人之手。」朱爾典之言，信而有據也。

自愚觀之，縱無帝制之舉，袁亦不能久於人世，因彼事必躬親，繁憂總集，每日必進鹿茸一盌，強提精神，蓋端午橋與袁友善，特為養鹿以取其茸，費子彬先生斷為「體實而暴，一遇拂鬱，氣機窒塞，遂如怒馬陷入泥淖，一蹶不振。」旨哉言乎。非名醫不能道此。

按日人所提廿一條要求，實為袁氏催命之符，由於內心焦急，累月不能成眠，又不肯服安眠藥，於是食量銳減，元氣大損，為有精神失常之狀態，遂作傾向帝制之決定，此所謂禍不單行也，傷哉！當其應付廿一條時，袁謂外長孫寶琦曰：「日人乘歐戰之際，以亡韓視我，我死，目不瞑也，自今日始，全國上下必須臥薪嘗膽而後可。」又謂家人曰：「余嘗以手握臂，率計月小三分，旬日之間，革帶常應移孔，以此推算，豈能支久。」家人見其眼眶臼陷，為之愴然！

當是時，袁復詔示其子規庵與巽庵曰：「袁氏至余，已四世為公卿，可以觀德矣，然為家主者，俱無壽徵，年齡無逾花甲者，茲余容髮衰謝，年事遒盡，汝輩可無努力向上以求自立之謀乎，父蔭不足恃也。」

凡上所引，予欲證明丙辰稱帝之前，袁已自信大限之將至，何復有此反常之舉，以貽無窮之害於子孫。是誠不可思議之事也。費子彬先生就醫理診斷，謂為神經失常，予無異辭。瀾按項城存年僅五十有八，克定現尚健在，已屬龐眉耆耇之老矣。袁歿之後，三五年內，吾嘗見全體閣員乘京漢路車，特詣彰德袁林致祭，此亦不可思議之事也。要之，帝制之舉，袁固無以對大眾，然袁辦事，多少還有責任心，未可一筆抹殺，彰彰可見矣。

泰山其頹．家屬四散

先是，克定奉命主辦模範團，因此與陸軍總長段祺瑞，磨擦殊甚，克定與段個性不合，早有嫌隙，故段對帝制，暗中掣肘，袁氏父子大不利焉。按克定自墜馬後，辦事能力銳退，模範團之事，隱為陳光遠所把持，陳亦闒茸無能，故模範團耗費不貲，而其成績則遠不逮小站練兵之時也。

項城既歿，泰山其頹，家屬四散，景象蕭條，或歸彰德故宅，或寓天津小白樓，克文則赴上海，成為「大」字輩人物。惟克定獨居天津德租界一號路，其母于太夫人不久棄世，而項城第三第四如夫人率先憂鬱而終，家庭之事，可謂不幸矣。

竊按袁項城弱歲為宦，歷據要津，身後財產遺有三百餘萬元，皆在北洋大臣任內所積儲者，時乃兼差十八項之多，然而袁有妻妾子女，約四十人，老僕世代相隨者，又數十人，此三百萬元，每人所得幾何，差幸袁家未染奢侈之風，各房猶能愔愔度日。觀瀾走筆至此，不禁重有感焉！

夫任公職者，應以廉潔為根本，苟其胸懷大志，決不能以財帛為重，例如袁世凱、段祺端、吳佩孚三人，比較清廉，故於失敗後，猶能保持領袖之地位，至如黎元洪、馮國璋、曹錕、馮玉祥之輩，家有聚斂之臣，斯其把握權力之時機，僅如優曇一現耳。

克定居津，杜門息轍，韜光養晦，潛心學術，從此絕跡仕途，不問世事，僅與二三至好，如載振、張勳、陳光遠等，互通款曲而已。四十來，光陰如駛，從無劣跡，從無招搖，硜硜自守，此亦難能可貴者矣。且除讀書外，克定別無嗜好，酒色皆無緣，對於中國雀戰，西國橋牌，委實一竅不通，聲樂之事，亦甚隔膜，斯與寒雲大異其趣矣。

克定生平口吃，不善談論，但喜詼諧，妙語聯珠，平日待人接物，向無疾言厲色，每逢佳節新年，必與各房老姨太叩首為禮，從無間斷，是故家庭輯睦，諸弟妹咸敬禮之。然自袁家失敗後，克定內心痛苦，予深知之，何則，景薄桑榆，實有窮途之歎，親朋日少，不無寂寥之感，且僕從數十人，相隨不捨，坐此食指浩繁，經濟本非寬裕，時或捉襟見肘，是以精采沓亂，頗同宋玉，言辭蹇吃，更甚揚雄，坎壈失志，其可知已。

克定喜古琴，其岳丈吳齋龠中丞，名士也，以七絃名琴贈之，克定大樂，負笈就教於白雲觀老道，嚮風甚勤，頗有所得，工拙則不可曉矣。誠以爇香撫琴，雅人之事，觀瀾所未逮也。按克定博學多能，中文有根柢，書法遒正，未逮寒雲之嫻熟耳。惟克定四弟克端，字誠齋，書法宗魏碑，未必遜於寒雲也。克定又治英法日德四國文字，而最擅長德文，伊與蔭昌夫婦，感情最孚，蔭昌夫人為德籍，克定遂得研討德文之機會。

克定即習英、法、德、日諸國文字，又讀拉丁文，此外，更研究光學、水電學、物理學、哲學、倫理學等六七種。入其書齋，西籍縱橫。予不禁為之吃驚。當時克定延請有外籍教授三人：一授拉丁文；一授光學與物理學；一授日文。此時段祺瑞典掌機衡，與日本密訂《中日共同防敵協定》、以阻俄共十月革命，克定謂有精研日文之必要，其習各種學術，並非淺嘗而止，在書本上多劃以紅線，並撰有筆記，蠅頭小楷，必端必正，可謂好學也矣。

克定好學・有穎悟性

克定寓居津門時，彼此常相過從，無所不談，予嘗笑謂克定曰：「兄應專攻心理學一門，則兄之好友蔡松坡與兄之勁敵段芝泉，無所施其技矣。」克定每笑而不答。蓋其既不能知己知彼，而又口吃，不善辯證，此其處世基本缺陷也。無何，克定肄習拉丁文，津津有味，問予嘗習希臘文否？予大反對曰：「拉丁文何用哉！習此僅知西字來源而已，茲兄見獵心喜，將寶貴光陰擲於虛牝，可乎哉！」（瀾按：拉丁文雖為無用之學，然西人至今視為必修之課，職由西方文化，濫觴乎斯。今夫孔孟之學，乃中國文化之源泉，已被五四運動澌滅殆盡，馴致國人浸淫於邪說，盡喪其美德，此吾國所以日即於滅亡也！）

憶在民初，王湘綺任國史館館長。榜眼夏壽田為其高第弟子，克定以夏氏之介，數謁湘綺，請授尚書，湘綺老人亟稱其有穎悟之性，授以洪範正義，當是時，吾勸克定多讀中國歷史地理，庶幾學以致用，彼謂早已涉獵，匪啻一次矣。竊按中國為全世界之綠洲，開花最早，故其歷史與地，最有研究價值，惟國人對於本國經界暨前代章制，習之者尠，良可慨也！邑人錢穆，治歷史，享盛名，吾願莘莘學子以彼為楷模也。

荏苒至民十五，褚玉璞為直隸省督辦，褚氏任其妾父宋雲同為政務廳長，代褚主政，權傾一時，誅求無厭，穢跡昭彰。予此際方任直隸交涉使，並兼任會丈處總辦。宋氏與予積不相能，時有齮齕，予當時因有楊宇霆為奧援，彼固無如之何也。此時袁克定已任開灤煤礦督辦十餘年矣。按開灤礦務局為中英合辦事業，係袁項城所創立，英人德之，故以其長公子克定為督辦，不必問事，月俸三千兩。宋雲同遂覬覦此肥缺，可以拿錢而不做事，欲去克定以自代。

予謂宋雲同曰：「項城歿後，遺產甚薄，袁雲台（克定字）自奉甚儉，而僕從甚多，皆係世代相隨，其祖若父為討捻殉難者，雲台全恃開灤所入為挹注，若卸此職，彼將無以為生，我願以會丈處總辦讓君，月入亦超二千元。」

宋搖首曰：「會丈處要與洋人打交道，我辦不了，聽你方才所說，我很感動，也罷，我想認識認識袁大爺，你肯陪我走一趟麼？」

予曰：「諾，敬聞命矣。」

少爺送客．開罪於人

宋既有意拜訪克定，彼此見面談談，總是好事，惟予深知克定之怪脾氣，誠恐在無意中開罪於人，特於事先往訪，並一再警告克定曰：「宋雲同仗女兒威勢，在直隸省，以國丈自居，吾兄與彼寒暄，務要客氣，不可王顧左右而言他。」克定曰：「諾！」

越日予陪宋氏往訪克定，會晤之時，克定應付得體，宋似滿意，予更在旁吹噓，以克定所撰光學筆記示宋，宋大擊賞。無何，宋告辭，臨別之頃，克定送客，僅及客廳紗扉，迅即轉身入內，時有隨從兩行，在門外站班，主人如此慢客，當堂使宋窘極，予處此尷尬場面下亦無從為力。於是克定之開灤督辦職，終被宋氏攫奪而去，而克定生計益感据拮矣。據予所知，克定送客時，不論誰人，皆不送出室外，習慣如此，牢不可破，只有一次，清宮太傅世續奉隆裕太后命，進公府，談賀禮，克定始送出大門以外。似此送不踰閾，尚非緊要，其予人印象不佳之處，在於臨別之際，抽身過速，瞥若驚鴻，似以脫身為樂，實則彼因不良於行，故轉身與常人有異，非有慢客之意也。由是觀之，予勸克定專攻心理學之說，誠有旨哉！

民國十八年，予自瀋陽丁憂回籍（江蘇無錫），時予蕭然疲役，乃有脫離政界之思。翌年，克定伉儷特自天津南下，訪予於無錫，蓋分手未遙，翹心且積，予與雲台，感情素洽，故彼不遠千里而來也。雲台贈我居仁堂製花瓶一對，工緻異常，確係郭叙五精心之作，胚釉甚細，堪與雍乾官窰競爽一時也。雲台伉儷所携隨從甚多，止於予舍，在眾多僕從中，有一抱古琴一張，另有一挾木板數塊，古琴與木板雅俗懸殊，旁人觀之，大可噱也。蓋雲台生平，最怕彈簧之軟床，睡時須疊木板兩方，加諸彈簧之上，若只墊一方，則夜不成眠矣。至於抽水馬桶，更非雲台所喜，其守舊如此。讀書之時，手不釋卷，不思飲食，其篤學又如此。

裝束奇突．名士作風

按雲台身材矬短而微胖，面色紅潤，由於無嗜好也。不好酒，不吸香烟，兩目炯炯有光，酷肖其父，髮作「滂沛陀」式，其光可鑒，年近知命，不留髭鬚，望之猶濁世佳公子也。雲台好潔，梳洗費時，予性急，每敦促之，雲台不顧也。惟其裝束奇突，迥異流俗，路人皆目瞪視之，繼以呵呵大笑，伊戴方頂黑色小帽，無帽結，上綴珍珠一顆，珠奇小，此種裝扮與當年袁項城、段合肥燕居所御，無二致也。

雲台不喜著西裝，亦不喜軍服，頗似段合肥，項城則喜著軍服而惡中裝也。按項城向有維新觀念，平日若非祭祀，不穿中裝，抑亦不喜西服，因其頸短而肥，不耐西裝之硬領也。雲台所御長衫，尺度甚短，馬褂之袖，尤窄而短，內著西裝褲，非如袁、段二氏以帶綁腿者。手持斯的克，足登漆皮革履，彼所著之革履尺碼特小，係泰西婦人所用者，雲台常將左右腳著錯，遂呈奇觀，令人噴飯。

予嘗謂雲台曰：「易經有之，當出門履錯之初，敬之无咎。」

雲台莞爾曰：「余足有病，這樣很舒服，二妹夫（呼筆者），請你不要管束太嚴。」按雲台從未叫我名字，我則以大哥尊稱之，彼此敬禮勿衰。

雲台微有自虐狂，對人則存忠恕之念，猶為舊禮教所束縛也。其性格極度守舊，又極端維新，一面反對抽水馬桶；一面研究水電之學。處世之道遂失其均衡。然其為人，予深表同情，因上述疵點，觀瀾似亦有之，故論名士作風，妙在天生不羈，並非矯情，讀者應付胡盧一笑。

張宴迎賓・往事歷歷

雲台甫卸行裝，即欲參觀吾邑工廠學校，並擬遍訪名賢，聊表敬意，予嘉其志，乃陪往各處，踵門拜訪，並謂雲台曰：「諸老來舍，兄應送出二門，祈勿忘懷。」雲台曰：「諾。」頃之，邑中長者，爭造蓬門，予特張宴，歡迎嘉賓，是日座中，憶有唐蔚芝、榮德生、唐保謙、楊幼梅、蔡兼三、楊翰西、錢子泉、楊章甫、錢孫卿、廉勵卿、孫寒厓諸老，家兄毓津，舍弟壽萱亦與焉。

予為一一介紹於雲台曰：「當年徐菊人在小站輔佐先總統時，楊幼梅觀察即參徐幕，旋在汴省供職有年，至今一口河南話，吾兄應有親切之感。榮德生、唐保謙二老，為吾國實業界巨擘，旁及慈善事業，宏濟世人。論文學，則錢子泉先生風格遒上。論書法，則孫寒厓先生挺秀拔俗。論經術，則唐蔚芝先生冠絕群倫，風軌德音，為世之範。至兄所喜光學與物理學，則家兄毓津天姿茂異，國學淵深，所著《易經與原子》之籍，連犿奇偉，獨稟先覺，奧人史多氏為世界第二名物理學權威，閱其大旨，向若而驚，為作序言，揄揚備至。鄉彥蔡兼三，汪汪軌度。吾師楊章甫，恂恂德心。詵詵眾賢，遇之不能無欣，欣逢今夕之盛會，終感嘉契之難再。……」

是夕終席之後，唐蔚老以詩經一部贈與雲台，雲台則贈一千元於蔚老所辦國學專修館，以備購籍之需。是故吾邑父老皆以雲台為賢公子也。

偕遊名勝．樂也融融

翌日，予與雲台，偕高朋良侶，共遊無錫公園，園址在古崇安寺，吾邑之鄉校也，乃市民臧否時政之所，想見當年猶有民主之風度。下午乘舟赴鄉，至軍帳山，瞻謁先祖庸奄公之墓，山明水秀，風景幽恬，歸途已萬家燈火矣。

袁雲台在錫，與愚道素志，論舊款，排日遊覽名勝，興致甚豪，彼以為莊生之逍遙，尚子之清曠，不是過也，斯足樂矣，何必富貴乎？

一日，邀遊惠山，按步當車，是為江南名勝之奧區，吾輩謁昭忠祠，遊奇暢園，入園則名山全收眼底，日光迴照，則眾山倒影。昔日滿人端方任兩江總督時，寄宿園中，流連忘返焉。繼登二泉亭，亭有二泉，一方一圓，水皆縹碧，一湜見底，泉水激石，泠泠作響，以水煮茶，芬芳撲鼻，乾隆帝飲而甘之，題為「天下第二泉」。實則杭州第一泉無以勝茲，不過得名有先後耳。

二泉亭在山麓，遊客休息之處也，雲台雖跛，直指山阿，予在壯年，落後甚遠。抵黃公澗，適值山雨之後，急湍甚箭，猛浪若奔，吾儕搴裳涉澗，負杖登峯，杳然不復自知在天地間矣。按此處乃戰國時楚春申君遊憩之所在也，旁有仙石，石面平坦，星羅棋布，出於天然，故老相傳為南北斗對弈之所。

無錫商業繁盛，河道縱橫，承平之際，遊艇甚多，其規模閎肆者，實變相妓寮也，與廣州大沙頭遊艇，初無二致。惟無錫艇家較為高尚，因係富商名流所眷注，其流品決不低於上海書寓與北平清吟小班，最盛之時，燈船著名者，亦僅十數家，備有極大遊艇，入夜晃耀奪目，故稱燈船，內外雕繪甚工，髹以廣漆，几案明淨，陳設雅潔，每船容客可三十人，漫談古今，心曠神怡，雀戰奕祺，最為適宜。故當年外交部長伍朝樞譽之為河上璇宮，海軍司令陳策則謂在船頭可置小炮，足見遊客嚮往之情矣。

袁氏昆仲．曾鬧太湖

船尾闢有小室，床榻俱全，可供遊客休憩，並無狎邪作用，艇妓三四，淡裝宜人，伺候遊客，無微不至，亦兼嚮導之職，伴客遊山玩景，洵良侶也。船菜尤享盛名，肴烝甚精，遠勝菜肆，魚蝦尤新鮮，如蟹粉翅、桂栗羹、脆鱔背、羅漢齋等，最膾炙人口。袁雲台獨嗜湖鱭，謂為松江之鱸、江陰之鰣，不是過也。其實太湖之魚，無不可口者，遊罷歸來，舟泊艇家之前，接通電線，於是電炬如晝，遊客亦可登岸消遣，益興流連忘返之感矣。自民國十七八年，革命軍抵江蘇，烽火連年，花事已趨蕭瑟，艇家漸歸淘汰，其時僱艇費用，整日約二百餘元，犒賞在外，固非窮措大所能勝任也。

雲台伉儷既喜遊名勝之區，更嗜船菜，故予常僱遊艇，數至太湖。雲台夫人最賢德，初見艇妓，謂觀瀾曰：「彼花枝招展者，何其多耶？」

予曰：「是女招待也，無傷大雅。」

蓋予與雲台夫人一問一答時，大有戒心，猶憶十餘年前，雲台之四弟克端、五弟克權、六弟克桓、七弟克齊、八弟克軫等，至錫會親，克端克權克桓之夫人皆同來，而克權克桓又皆新婚燕爾，一日，予單獨請諸弟駕艇遊湖，諸弟見艇妓而大樂，蓋在府中極少出門之機會，不無少見多怪也。不料三位夫人不能放心，乘予家汽艇，自後趕上，克權夫人為端方女，性豪爽，見狀大怒，立興問罪之師，諸弟佯醉，竟以艇中家具盡擲湖中，大煞風景，其可噱也。

舟經五里湖時，風景如畫，蓮塘縹碧，故老相傳為范蠡泛舟與西施探蓮之所也。抵梅園，園為榮德生丈所經營，園繞山峯，故簷下流烟，共霄氣而舒卷，園中桃李，雜椿柏而葱蒨。抵黿頭渚，楊翰西丈嘗葺宇其上，吾等遂遊憩其間，是為湖濱景緻最勝之區，風烟俱淨，水天共色，幽岫含雲，深谿蓄翠，當年予偕吾國棋聖吳清源至此，彼曾慨乎其言曰：「縱目四矚，吾覺胸襟豁然開朗，無形之中，棋力可伸半子，仁智之樂，豈徒語哉。」一時日本名家木谷實在旁聞言，矍然驚曰：「誠如君言，棋力倏增，吾不知所稅駕矣，然此地奇山異水，天下夐絕，日本山水，瞠乎遠矣！」

雲台攜琴以俱，亦最流戀此處，時一撫琴對水，獨詠山阿，謂觀瀾曰：「運丁百六，無事為貴，保其七尺，終其百年，斯已適矣，奚必以世事經懷哉！」

性僻而堅．老景堪憐

回憶民國十年，徐世昌獲任總統，段祺瑞已告失敗，克定與徐總統情款素洽，一度有出任河南督軍之消息，此舉係趙倜所建議，曹錕亦贊成，克定則無可無不可，吾等知徐總統大權旁落，並知克定壯情已歇，故竭力勸阻之，斯議遂寢。洎民十七，國民革命軍底定平津，克定一家未受打擊，因清末汪精衛謀刺攝政王，繫獄之後，肅王善耆與克定二人迴護甚力，故克定與汪精衛頗有淵源。據克定語予，伊當年所營救之革命黨人，尚不止汪精衛一人，此事鄭毓秀女士知之甚悉，厥後予在巴黎邂逅鄭女士，伊猶殷殷垂詢克定之近況也。

就予所知，當晚清末葉，中國有被風分之憂，故袁氏父子皆有維新觀念，贊成君主立憲，請設各省諮議局之奏指，即為直督袁世凱與鄂督張之洞二人所繕，關於戊戌政變，袁世凱始亦贊成新政，附翁同龢，繼因德宗信臣措置不善，袁氏遂被捲入渦游之中。此事論者已多，觀瀾不欲再述。

克定現年逾八旬，存亡未知，十餘年前猶居北平頤和園，塊然獨處，早有離群之志，惟老僕數人，始終追隨左右，且有親戚數人，倚彼為生。據數年前大陸來人談及，共黨尚無虐待克定之情事，間或贈以小米之類，然彼經濟久已拮据，年老如此，尚須排班購物，處今之世，求無凍餒而死，已屬徼天之倖，嗟乎！老槃在澗，亦傷心事也。

克定所娶吳大澂長女，早已逝世，夫人有賢德，生女二人，長適雷震春之子，震春係陸軍上將，嘗任軍警督察處長。次女最慧，精通翰墨，適吳江費仲深之子象仲，仲深知名當世，嘗任總統府內史，其夫人為吳大澂幼女。象仲畢業於英國劍橋大學，後掌教於上海交通大學，對日抗戰之時，違難入川，因其思想不滿於國府特務工作，遂為特工所扼殺，沉尸江中，深堪悼惜。

克定無後，故納寵，第一如夫人馬氏，生子家融，幼年留學美國，姿質平庸，回國後，娶兩湖巡閱使王占元之女，一度繼任開灤礦務局督辦。克定所納第二如夫人張氏，早已下堂而去。克定家世，觕具於是矣，迹其為才，知足知止，性僻而堅，好學不倦，世故則淺也。

因刊《辛丙秘苑》且談袁克定

杰士

袁世凱擁有十位妻妾，生了三十二個兒女。大兒子袁克定、二兒子袁克文的名字，知道的人比較多。袁克文的生平瑣事，幾十年來，報刊上常有敘述。現在讓我談談這個走在時代逆流、妄圖做皇太子的袁克定吧。

總統大少爺原來是捐班

袁克定，字雲台，號蝫盦，是袁世凱原配于氏夫人所生的長子，又是曾任湖南巡撫吳大澂（按：即當代上海畫家吳湖帆的祖父）的女婿。少年時期，從家庭教師讀些四書五經，同時學習外語。經常和一班紈袴子弟鬥雞走馬、捧女伶、好揮霍，而待人卻刻薄異常。

光緒廿七年袁世凱任直隸總督，因克定沒有考取功名，為了便利他在政治上活動，就替他捐了個候補道，也就是花錢買資格。克定在家時，涉獵過一些兵書，卻以知兵自命，好騎馬談兵（又據說，他早歲曾負笈德國，跛足即在德馳馬摔倒負傷所致）。

光緒三十三年（一九〇七），清廷改革官制，把商部改組為農工商部，載振仍任尚書。奕劻、載振父子為了要和袁世凱加深聯絡，載振請授克定為農工商部右參議，其後遷右丞，署左丞。光緒帝死後，袁世凱被黜回籍，克定先到故鄉河南彰德洹上村監工督造房屋，而農工商部的官職，還是掛名領乾薪。辛亥革命以後，託著總統大少爺的招牌，更是到處招搖，向各方拉攏。

出謀劃策攫取國家大權

袁世凱的文武屬員，都叫克定為「大爺」。克定久隨老袁左右，和當時北洋派將領都有密切交情。他看到新建陸軍勢力的成長雄厚，對於攝政王載灃竟把老袁罷黜，常懷切齒之仇；但目擊奕劻的貪婪，載灃的庸懦，而載濤、載洵、毓朗之流則主張建立皇族軍權，信任留日士官生之可為己用，又排斥鐵良開缺閒住（後來鐵良雖任江寧將軍，這是恐怕鐵在北京別有勾結，特為外放之故），以致弄到北洋將領慄慄危懼，離心離德。克定認為報仇的機會不遠。到了辛亥年秋（一九一一），武漢革命軍起義，袁世凱運用手段，再起東山，出任湖廣總督，而至內閣總理大臣。克定此時已出謀劃策，參與攫取國家大權的密謀，成為核心人物之一。

武昌起義不久，馮國璋奉清廷的命令，任前線第一軍總統（按：此時所稱之總統，即總司令也），率軍南下，攻佔革命軍根據地漢陽時，兩北軍暫時停戰。某日，忽有一人從武昌方面渡江北來，被馮軍截獲，疑為間諜。問他的名，為朱芾煌，身上藏有「欽差大臣袁」的龍票（即護照），難辨真偽。據朱自稱：係受袁克定密命和南軍黎元洪接洽和議。馮國璋據報，焉敢怠慢，命把朱芾煌暫行拘禁，密電袁世凱詢問究竟。老袁覆電說：「此事須問克定。」後得克定電報說：「朱即是我，我即是朱，若對朱加以危害，願來漢與之拚命。」這樣，馮才了解克定的行為，立即把朱釋放。足見當時老袁對於克定既信任又放任之一般。溥儀在《我的前半生》一書中，也有談到克定在此時期的活動，如說：「袁世凱到北京，兩人（指袁與汪精衛）一拍即合，汪精衛也很快與袁的長子克定變成了好朋友，從而變成了袁的謀士……」這更說明瞭克定向各方拉攏的事實。

袁世凱攫得臨時大總統，躊躇滿志，玩弄手法，借詞北京兵變，而不肯到南京就職。個中策劃，就是袁克定所預謀。

陸軍模範團太子任團長

民國三年（一九一四）十月，老袁為了擴充個人的實力，創辦陸軍模範團，自任團長，陳光遠任團副。克定等為辦事員。第一期官兵都經過嚴格的選擇和保證，而以各師旅的團長充營長，營長充連、排長，正目也是下級軍官。訓練的目的，是絕對服從袁世凱個人的命令，能為袁效死出力不惜性命。每人宣誓有「違背誓言，天誅法譴」等語。第二期，即由克定升任團長了。團的官兵，薪餉被服，待遇優厚，畢業照原職升級任用，企圖造成尋供老袁指揮的特別系統。按照老袁意旨，他自己既是創練新軍的權威者，期望克定也能克承父業，樹立「袁家軍」勢力。

王士珍（清末曾任陸軍部大臣，民初任陸軍總長）某次染病，克定奉命前往探問，見王時，作揖行禮。王在病榻只略略舉手示意。克定沉不住氣的說：「我不是公的部屬，為什麼這樣的傲慢？」王說：「我是尊大人的朋友，論行輩，可答禮可不答禮。你雖然高貴，和我毫無關係，我不能顛倒秩序，來取媚於人的！」克定碰了釘子，悻悻而去。

老袁的獨裁政治而至竊國稱帝，固然其本人的野心作祟。而熱心帝制，一力慫恿老子去幹的卻是袁克定。現在把他與老袁竊國稱帝有關的秘聞醜事，摭記一二如下。

馮李皆誤信老袁不稱帝

民國初年，克定奉老袁命赴德國，德皇威廉第二在宮裏設筵款待，屢說中國如不採用帝制，絕不能圖強。力勸轉達老袁從速採用君主制度，德國當用全力相助。並親筆寫信給老袁。克定歸國以後，所以悍然慫恿老袁稱帝，是恃有德國做他的後援。當時德皇窮兵黷武，野心日熾，威脅歐洲。老袁更如迷信德制，竟不惜推翻民國，帝制自為了。

老袁陰謀帝制，初時不甚顯露，到了成立籌安會，馮國璋從南京北上謁袁。馮問：「外間有總統要改帝制的傳說，不知確否？」

袁答：「歷史上開創之主，年皆不過五十，我已是將近六十歲的人了，鬚髮盡白，精力也遠不如前。大凡想做皇帝的人，必須有個好兒子，才能克繩基業。長子克定腳有毛病，是個無用的跛子。次子克文只想做個名士。三、四子（指克良、克端）都是紈袴，更沒有出息。我如做了皇帝，那一個是我的繼承人呢？將來只能招禍，不會有好處的。」

馮後來每對人傳說袁所講這番好像入情入理的話。直到次年改元洪憲，才知受騙。

袁世凱和李經羲（李鴻章之姪，清末官至雲貴總督，袁竊國時，封為「嵩山四友」之一）談話，也有提到這個不中用的跛仔。一天，李經羲由天津到北京，訪老袁于居仁堂。李問袁，外間盛傳慰亭將稱帝，究竟有此意否？老袁哈哈大笑的說：「九爺（李行九），試思我行年將到六十了，功名憂患，都已飽嚐，何必再幹這勞什子！如果說是為子孫萬世之業，那我的幾個兒子，老大（指克定）跛腳，老二（指克文）天天和樊山、實甫們鬧詩酒，都不能做大事的。老三、老四，年幼識淺，更談不到了。九爺，謠言儘管謠言，你我相知有素，何必信它呢！」

李因老袁所談的率直又有風味，也拍掌大笑。

獻皇室規範信風水大師

日本法學博士有賀長雄，是老袁的最高法律顧問，有賀對老袁極恭順，自稱「外臣」，為了迎合克定的意圖，特把日本皇室典範，改頭換面，替老袁起草《皇室規範》。其中：

第一條、中華帝國大皇帝傳統子孫，萬世延綿。

第二條、大皇帝位傳統嫡長子為皇太子，皇太子有故，則傳統嫡子皇太孫。

第三條、嫡皇太孫有故，則立皇二子為太子，立太子以嫡不以長。

這樣一來，克定在皇室中規定取得了候補皇帝的資格，即使他有故，他的兒子家融也是皇帝的唯一候選人了。這是克定和有賀長雄勾結所弄的把戲。

山東賈某，原是走江湖的堪輿家。當時北京城一切新建造，都由克定負責料理，他特把賈某請來，尊為「風水大師」。賈某既慣走江湖，乃不惜油腔滑調、指東劃西地說：

「帝王旺氣，薈萃前門。儲公大名是定，定沒有座位，氣嫌空洩，難以坐鎮。前門皇運咸備，門內左右，應相對地興建高樓洋側兩座，使儲公制定座位，那就河山帶礪，穩如泰山、安似磐石了。」

如此胡說八道，實在令人發笑。原來山東土語，「定」與「臀」字同音。賈讀「定」為「臀」，才弄出這樣的笑話。然而這位皇太子袁大爺，居然迷信到極，自己住所的陳設，也都要賈用羅盤定線來安排。

梁啟超徐世昌含混其詞

有一次老二袁克文和蘇妓出身的妾侍雪麗清，在頤和園遊玩，克文一時興起，寫了歪詩兩首，竟觸怒了克定，幾乎惹起殺身之禍。雪麗清看到此種封建家長的無理束縛（克定是嫡子，克文是妾侍子），因此竟與克文脫離關係，即到漢口再度掛牌當娼。常向嫖客訴說袁克定，未做皇太子，已經威福自恣，盛氣凌人，將來在家庭中，怎能忍受，所以寧願做「胡同先生」（指妓女），不願做皇帝的家中人。

老袁稱帝，一切布置，多由克定發號施令，從中擺佈，楊度之流只是等因奉此的出面辦理，有時又兩人協同密幹。民國四年的春間，克定與楊度談及變更國體事情。克定說：「此事關係極大，先要羅致一些有名望的人共同討論，才可進行。任公（梁啟超）領袖名流，如得他的一言，勝於十萬毛瑟。」

於是，約梁會談。克定先說：「近來有以共和不適合國情，主張變更國體的，先生高見如何？」

梁突然聽著，一時不知所答，繼而眉頭一皺，才說：「我生平所研究的是政體不是國體。」楊度遂對克定說：「任公只問立憲與否，不管民主與君主的。」

等到帝制將要實現時，各方紛紛奉命上勸進表，但徐世昌絕無表示。克定特訪徐世昌，徵詢意見。徐是著名老奸巨猾的狐狸精，他對克定說：「我不贊成，也不反對，你們去做好了。」

克定先後聽了梁、徐兩人的話，估量一切都一可以平安過去，怎知結果上了大當。

既狂言怪狀又製造輿論

籌安會氣燄高張時，嚴修（字範孫、天津人，清末學部大臣）到北京，曾直接向老袁規勸，帝制有百害而無一利。在面談之外，再用書面痛說帝王子孫朝士嗣絕殺戮之慘。中有「且帝制諸人，日挾雲台（克定）以蔽大總統；外間真輿論，大總統得知其梗概乎？修為雲台危，為大總統危，為袁氏危，願弟言之不中也，願大總統三思而後行之」等語。

老袁得書，深受感動，本擬決定擺出帝制之意。楊度等聞悉大為恐懼，星夜與克定商量對策，對付嚴修。第二天，召集帝制幫兇會議。克定痛罵嚴修，大聲地說：

「今日之事，改行帝制，如再談共和，出爾反爾，斷無此理。果有人能擔保取消帝制，袁氏家族，永無危險，那就姓袁的不做皇帝。試問誰人能夠擔保？」

說畢，兩目炯炯，拿著手杖東顛西倒的破口謾罵，把室內窗戶玻璃，全部打破，又把大穿衣鏡擊碎，借此示威洩憤。在座某甲把當時克定的狂言怪狀，走告嚴修。嚴立即乘車返天津。後來老袁雖然卑詞謙函請嚴到京，嚴也置之不理。跟著克定和幾個爪牙，入見老袁，反覆呈述取銷帝制之害。老袁一心要做竊國大盜，不聽老友嚴修的諍言，從此一錯要錯到底。

製造輿論，也是克定的技倆之一。如每天將在北京出版的《順天時報》改頭換面後，送給老袁看。另一份《亞細亞報》的主持人薛子奇（大可），為有名的「臣記者」，每日趨承克定左右，在報上做克定的喇叭手，社會上戲稱克定為「克宗定皇帝」。後來黎元洪明令宣布薛子奇為八大禍首之一，而列名籌安會的嚴復、胡瑛、劉光漢、李燮和反不在內。因此有人替薛呼冤。而好事者卻以薛、子兩字相連則為孽，奇字分開是大、可，薛以大可為號，無疑的天造地設「大可」實在是帝制餘「孽」。

病榻託孤說了約法兩字

老袁臥病時，每天還是舉行「榻前會議」，後來病情惡化，卻由克定主持代行。老袁指定託孤寄命的四人，即：段祺瑞、王士珍、張鎮芳、徐世昌。克定也在床邊參加。老袁吐著低微的聲調說：「我已經不中用了。」

徐即說了兩句安慰的空話，跟著又說，「萬一……不知還有什麼吩咐？」老袁泛著垂死的眼，只說「約法」兩字。

這真把在座的人搞得糊塗了。因為按之舊約法，總統不能行使職權，由副總統依法繼任；若按新約法則將總統繼任人選名單，藏在金匱石室。克定這時不肯放過他「繼承大統」的機會，即補充了一句「金匱石室」。可是老袁卻毫無表示，已經不能說話了。原來老袁初時寫定的人選是袁克定、段祺瑞、徐世昌三人。到了病重時，卻暗中把克定的名字改了黎元洪，此舉連克定都不知道。好像預知克定必不能統馭北方將帥，只會應了帝王子孫必無噍類的成語，所以才決定把它改寫的。

老境太頹唐可憐袁大爺

袁世凱死後，克定還以大爺的身分，奔走各方，經常往來濟南、蘇州、上海等地，吃喝玩樂，招搖過市。隨從十多人，如按摩醫生、廚子、當差、衛士等，還有兩三個幫閒的酒肉朋友。天津淪陷期間，日軍司令坂西和他常有來往，克定兼通英日語，不需傳譯。日本投降以後，他的生活，潦倒不堪。在北京寄居在他的表弟張伯駒（張鎮芳的兒子）的海淀別業，又一度寄居於頤和園內的一間舊軒中。有一次，張國淦（字乾若、湖北人，曾任教育總長，是黎元洪親信）接他到城內閒談，留他吃飯，有張聯棻、惲寶惠等作陪。希望從這個落魄、過氣太子的口中，探得一些內幕史料。結果，這個廢太子支吾其詞，無從探詢。當時克定衣衫破爛，步履蹣跚，儼然一個

袁克定治病記

林熙

編案：袁世凱帝制自為，談者多謂此事之慫恿者，是袁的大兒子袁克定。袁克定曾經墮馬傷足，左足不良于行，因此又有人嘲稱他為跛腳太子。本文作者曾經親聆顏世清說袁克定曾因墮馬而半身不遂，賴一美國醫生為之施手術治愈，卻也不知道那位美國醫生的姓名。最近，作者方從香港大學圖書館中獲得這位美國醫生的自傳，書中，詳述他昔年治愈袁克定的經過，從美國人目光中，看袁世凱的家庭，還談到垂絲診脈等許多可笑的事情。這是一篇有關袁克定治病的第一手資料，也可以說是民國初年的一段文史掌故。

民國四年乙卯（一九一五），袁世凱搞帝制的時候，那批攀龍附鳳的人，已暗中把袁克定當作太子看待了，後來袁世凱的皇帝做不成，而「太子」的諢號，還落在袁克定身上，很多人在背後提到他都叫他為「洪憲太子」，甚至也有人在「洪憲」之上加「跛腳」兩字，以形容這個過氣太子不良於行。劉成禺《洪憲紀事詩本事簿注》說顏世清於洪憲元旦入新華宮朝賀袁世凱後，即往「青宮」賀太子，顏世清微跛，跪拜後，克定還禮的趣事，注文云：

穀梁傳，郤克升堂，婦人笑於房，謂使禿者御禿者，跛者御跛者，故婦人笑於房也。克定左足病曳，顏世清右足不良於行。洪憲元旦，世清朝賀新華宮，禮成，世清退值，疾趨儲宮賀太子。世清行拜跪禮，克定還禮如儀。克定左跛，杖而能起；世清右跛，亦案地良久，身乃成立。左右各留半膝，有如牴角對蹲之戲。克文克良大笑閧堂，克定盛怒，痛責諸弟，謂其兒戲朝儀。克良答曰：「汝真以儲君威權凌辱群季耶？世界上豈有跛皇帝、聾皇后者？」並譏克定婦，吳清卿大澂長女，兩耳實聾，充不聞聲也。克定縱怒擲物，世清又跛跪以求息怒。吳江費樹蔚為清卿次壻，故克定薦授肅政使。（江夏汪曦鸞記事）

劉先生是根據汪君記事的，但這件事並不可靠。顏世清是廣東連平縣人，字韻伯，他的三代一向在北方做官，很少回廣東。他是進士出身，清末受知于肅親王善耆，袁世凱很賞識他的才幹，世凱在北洋任上，世清做直隸道員，後來調任東三省。世清能鑒賞，富收藏，寒木堂藏品是有名於世的。劉成禺這一段文字登載於一九三六年五月五日出版的《逸經》第五期，我讀後即往訪顏先生，問他有沒有這事？他說文人喜聽謠傳，不可信也。我就問他袁克定是怎樣跛腳的？他說似乎是從馬上摔下來暈過去，救醒後發覺半身不遂，袁世凱請了很多名醫為他治療，但總沒有起色，後來經美國駐華公使芮恩施（Dr. Paul S. Reinsch）介紹一位美國大夫到養壽園醫治，果然藥到病除，袁克定的病好了，不過腳有點跛，走起來不大方便。

我聽後趕緊問顏先生那個美國大夫叫什麼名字？他說他也不知道，只知道是美國人罷了。記得五十年前讀袁克文的《洹上私乘》，說他的大哥在河南故鄉送他的母親登程入京後，騎馬回養壽園時墜馬受傷的。一九六四年四月一日香港出版的《春秋》半月刊，載有薛觀瀾遺著〈我所知道的袁大公子〉，中有一段記克定在德國墜馬事，有云：

> 一日，克定與德太子威廉並轡郊外，乘馬受驚，絕塵而馳，克定踣地，被壓馬腹之下，右腿折斷，克定暈去，差幸德醫技術高明，生命得以挽救，出醫院時，兩足皆跛，回國見父，形容憔悴，項城見其吶吶不能出口，不禁聲淚俱咽。……

薛觀瀾是袁世凱第二女之婿，也即是袁克定的妹夫，雖然他和袁家結親時，世凱已經下世，但他和克定兄弟很熟的，何以所說與克文所記不符？可惜薛君已於一九六四年三月死了，不然的話，我很有機會問問他究竟的。

其實，醫好袁克定的並不是什麼「技術高明」的德國大夫，而是在中國的一個美國大夫。近日我從香港大學圖書館見到一冊薩培醫生（Dr. William Sharpe）的自傳，因為三十年來我的腦海中常記有袁克定這件事，故此拿來一看，試翻目錄，則其中第八章叫〈為中國一個貴族動手術〉（Operation on Chinese Royalty），我心中一動，難道這和袁世凱克定父子有關的那個大夫嗎？連忙翻閱一兩頁，果然不錯，大喜過望，便託人把這部書借了出來，詳細一讀（我的閱書證只能在館中看書，不能借出），於是袁世凱怎樣請到這個大夫，他怎樣到洹上養壽園為「太子」治疾，我都清清楚楚了。這一可貴材料，的確是「洪憲」朝一掌故，必為讀者所樂聞，遂參考此書，草為此文，我只譯其大意，但絕對保存作者原意的。

民國二年（一九一三）四月下旬某日早晨，薩大夫正在蘇州一所基督教教會的醫院裏，替一位西洋胖婦割除胆囊。以下便是薩大夫所記的事。

這一天的天氣很溫暖，江南的風景，在暮春時候是特別令人可愛的，我為病家施行的割胆手術已經很滿意的完成了，只是在縫紮傷口時還遇到一些小困難，但我的助手卻能迅速地幫助我做完這項善後工作。正當此時，一位穿著長袍的中國人走到手術室，他把我拉向一個角落裏，放低聲音對我說：「北京袁大總統有急事，要請您入京一行。」

他所說的袁大總統，我是知道的，袁大總統從前是清朝的大臣，一九一二年，他的內閣奉命和南方的革命軍談判，和平轉易政權，結果滿清的皇帝退位，袁世凱水到渠成，做了中華民國的大總統。

我便問那人：「袁大總統為甚麼要叫我入京呢？」

那人說：「沒有什麼重大事情，我猜不過是一些醫學技術問題要向您請教吧。請您放心，沒有什麼麻煩的。江蘇的督軍已經為您安排好專車了。」

我坐上為我準備的專車回到上海。為了入京公幹，我便向學校請假一個月（按：薩大夫在上海創辦哈佛醫學院，後來北京的協和醫學院成立才合併），當晚就乘坐一艘為我服務的專輪駛向黃海而去。

袁大總統不知有什麼重要的醫學問題和我商量，我猜一定是很要緊的，否則就不會花這麼多公家的錢，派專輪來接一個外國大夫了。

航行兩天，我到了青島，火車站上已備了花車，坐上火車，到了濟南府。我這次旅行，行李很是簡單，只帶一隻小皮包和一個小皮篋。

在濟南府停留一宵，第二天我又乘坐花車北駛，到達天津，轉車向北京進發，車將到北京時，我還是不知道我此行的任務是什麼？把我叫到北京看誰人的病呢？如果不是袁大總統本人，又何必如此勞師動眾？假定是他有病，生的又是什麼病，為什麼這樣神神秘秘，陪我同行的人，一絲兒口風都不洩漏？

北京的火車站上，早已有幾個人在迎候我了，我只識其中一人是蔡廷幹，他現任總統府英文秘書長，留美學生，一向追隨袁大總統，是親信人物之一。他招呼我坐上馬車，開到六國飯店，我們進入一間布置很華美的套房。

安頓下來後，房裏只有我們兩人，到此時，蔡廷幹才告知我生病的人是誰，還再三叮囑我保持祕密，不可向外洩露。原來病人是袁大總統的長公子克定。大約兩個月前，袁克定從馬上摔了下來，自此即不醒人事。等到救醒過來，他的左腿左臂已經麻木了。到今日已六十多天，還未能恢復原來狀況。這位三十九歲的袁大公子，聽說很有才幹，能協助他的爸爸處理困難的問題。袁大總統出身於仕宦之家，野心極大，而領袖慾又很強，看他的行事，他很想牢牢抓緊總統寶座，傳之子孫。在他心目中，只有這個跨灶兒才有資格繼承他的「大寶」。現在大公子患上這個半身不遂之症，將來傳託無人，豈不是眼光光把總統寶座讓給別人。有此種原因，不得不保持高度祕密把大公子的病早日醫好不可，如果給人知道，就發生壞影響了。

正在這時候，哈佛大學的校長伊利奧脫到北京遊歷，他偶然和駐華公使芮恩施博士說到我從前在哈金斯大學曾接受古成博士指導，專門研究神經學，對於神經系統的解剖，尤為擅長。芮恩施博士忙把這些話向外交總長陸徵祥說了。原來我這次被召入京是出於我國公使芮恩施博士的推薦。袁大總統是中華民國的統治者，為了要救回他的兒子寶貴的性命，不惜重金禮聘名醫，到現在為止，已有九個醫生在袁大公子左右了，可是他們都束手無策，不能為總統分憂。袁大總統急到要命，知道我薄有技能，就把希望寄在我身上，希望我能夠把他兒子的病醫好。

我了解這個情況之後，不免有多少慌張起來，袁總統既然這樣期望我，教我怎樣才好呢？把他的公子醫好了，當然再好不過，設使不幸出了事，我個人的名譽有損還不打緊，但怎樣對得起袁總統呢？我正在沉思著，翻來覆去的研討這件事情，而蔡廷幹又再三叮嚀，要我保持秘密，因為袁總統不想他的人民知道他的繼承人得到這個病。（按：蔡廷幹，字耀堂，廣東香山人，清同治十二年官費派赴美留學的第二批幼童，時年十三歲。歸國後，初在大沽炮臺魚雷艇服務。甲午中日戰爭，任威海衛魚雷艇指揮，力戰被俘，囚於日本大阪監獄，和議後釋放歸國。光緒三十一年，直督袁世凱奏請，留在北洋差遣，宣統三年任海軍部軍制司司長。辛亥後，任總統府高等軍事顧問，民國十三年任稅務處督辦，民國十五年，杜錫珪以海軍總長兼代內閣總理，以蔡廷幹任外交總長，數月後即下臺，下一年辭去稅務督辦，隱居大連，九一八後回北京，一九三五年九月逝世，年七十五。薩培醫生說他是總統府的英文秘書長，出於誤會。不過袁世凱每與外國人談話，或總統府發出的重要英文函件，都是他草擬，甚至親筆書寫。我曾見袁世凱聘莫理遜醫生為公府顧問的信，就出於蔡的手筆。）

第二天上午，蔡廷幹來陪我一同到南海總統府謁見袁大總統。袁大總統年逾七十（按：袁世凱只活到五十八，未到六十，此時正五十六也），是軍人出身，個子矮胖，看來有些臃腫。

我們談話時由蔡廷幹翻譯。蔡告我，總統多多拜託，請我務必幫忙，盡心醫治他的公子。待斷定是什麼病症後，就決定怎樣著手治療，馬上要向他報告。

當日我和蔡廷幹又乘專車出發，下一天午後，我們到了彰德府的車站，已是黃昏時分。下了火車，乘坐一輛敞蓬的車子，由四頭滿洲小馬拉著走，走了不多久，便到達洹上村的養壽園了。

養壽園是一所頗大的花園，前幾年，當袁總統還是清朝的大官時，攝政王硬說他的腿有病，迫令退休，趕他離開京師，他就在故鄉築這所園林為歸隱之所。據說園子本是天津鹽商何某的別業，前臨洹水，右擁太行，風景幽勝。園的四周，繞以高達十英尺的圍牆，地廣約十六方里。園中的建築很多，有臺榭樓閣，還有湖沼。最使我覺得奇怪的是，園裏不論什麼地方，都有荷槍實彈的兵士巡邏，很像歐洲古代貴族的堡邸。這批武裝軍隊日夜巡察，大批是用來保護袁總統一家人的生命財產吧。（按：養壽園設有衛兵二百名左右，當辛亥革命及京津兵變時，彰德也有亂事發生，故袁世凱要保護他的家族。又，袁寒雲寫過一篇〈養壽園志〉，據言地方百畝，有堂、榭、亭、臺二十餘云。）

我住在湖濱一所中國式高一層樓的房子，共有廳房四間。那一晚，我和住在園裏那九位大夫談話，以便了解病人的情況。這九人中，七位是中國人，兩個是外籍傳教士，一個是法國人，一個德國人。九位大夫中，有三位能講純正流利的英語。他們說：「袁克定是從馬背上摔下來的，頸部受了傷。但除了左臂左腿完全麻木外，病者的精神和肉體和正常人沒大差異。」（按：這七位中國大夫的名字，可惜薩醫生沒有記下來，其中不知有沒有屈永秋大夫？屈大夫是番禺人，字桂庭，久任北洋醫官，受知於袁世凱，慶親王推薦他為光緒帝醫病。民國後，任總統府醫官，一九四五年在北平逝世，年九十一。）

整個晚上我和他們談話，希望得些資料來作參考，但我還不能確定他們的診斷是否正確，因為我還未見到病人，實在無法下一斷語的。病人的母親于氏夫人，是園子裏最高的行政人，換句話說就是一家之主，她具有無上權威，在園裏的人，沒一個胆敢稍逆其意的。我和人們談話中，知道袁大總統有八個太太，于氏是正室，袁克定是她的獨生子。

第二天早上，袁夫人准我和病人見面了。這是第一次診視。當我被領到病房時，前後左右圍著看熱鬧的人可不少啦。有袁夫人，袁總統的兒子們，十來個僕役，還有幾個衛士，當然也有那九位大夫。

置身在牀上的病人神智清醒，和一般人沒大差別。他講得一口頗好的德語和英語，他說：除了頭顱感覺到有些沉重，頸中有些僵硬外，並無任何痛苦，至於他的左臂和左腿是不能活動的。

我聚精會神很小心的為病人檢視一下病況，發覺他的左臉下的筋肉有些不能活動，又看出他的臉肌受到頭部的壓力，而右眼所受的壓力，較左眼尤甚。他左邊的身軀已完全麻木不仁了，就是拿手指輕輕按他一下，或用小針刺他一針，他也沒有些兒反應。

我的同事們都一致認為袁克定的病，完全由於脊髓受傷所致。但我對他們的斷語，不很同意。根據我的診斷，病人受傷之處是右腦，脊髓根本沒有受到影響。

當日下午，我又請求再診一次。事後，我把診斷所得，對那九個同事說了，他們都認為很對。於是我們一同退出病房，到另外一個房間作下一步商討。在過去兩個月中，他們診視病人後，作出診斷報告，一致認為病人患的是「頸脊髓受傷」，他們屢次向北京報告都是這樣。我現在診斷所得的結論，乃是右腦受影響，與前說毫無關係。這麼一來，對那九位大夫多少有點丟他們的臉吧。因此，我們同事之間，就少不了有一場鬥爭了。

就在這個房間裏，我和共事的人談論到神經這個問題。一提到這問題，使我十二分驚訝的是那七位中國大夫簡直不懂得甚麼叫神經中樞組織。至於那兩個外國大夫呢，也許他們客居中國太久了，很少見到西方醫學報道的刊物，要不然，就是把以前學習的有關神經組織的課程忘個一乾二淨了。

我不惜開罪同事，給他們上了一課，拿粉筆寫在黑板上給他們看看神經組織是甚麼樣子的，而脊髓又怎樣不會受到損害。我詳細地解說一番後，作出一個決定：應該馬上把病人送入醫院，接受頭部開刀的治療手術。

開刀施行手術的建議，立刻遇到強烈的反對。反對的人包括病人的母親和那九位大夫。尤其是袁夫人，自從她的獨子得此病後，她簡直寸步不離病房，送往天津或上海醫院進行手術治療，豈不是要她的命嗎？我後來對他們再三譬解，說明非動手術不可，並說，袁總統再三囑付，一經檢驗出病源，就要立刻向他報告，以便決定下一個步驟。現在既然已知是甚麼病，就應馬上向袁總統請示如何辦理了。

我們開會商量了後，結果一致同意，擬好一封電報給袁總統，略說：

我們這群大夫，經檢視袁大公子之後，一致認為他的病，除右腦受傷出血外，脊髓也受影響。為徹底治療起見，非從速把病人送往天津的醫院接受開刀治療，恐不能收效。

電報由我們幾位大夫共同署名，但七位中國大夫中，有兩人不願意簽名在電稿上。他們有其理由的，認為既然袁夫人不肯讓她的兒子離開病房，又何必多此一舉打電報去請示？我到彰德府不過兩天，在此短期間內，便感覺到中國的封建家庭做母親的人是具有這麼大的權力。

遠在北京的袁總統倒也很能合作，也深明事理，他吩咐蔡廷幹覆電，贊同我們的主張，還大張父權說，如果病人的母親反對此舉，不讓兒子離開病房，那麼就動用「軍隊」的力量去執行任務。至此，我又感覺到，中國的封建官僚家庭，父權尤高於一切。

至於病人又有他的一套理論。他對我很誠懇的說：「薩大夫，我很願意聽您的話，我知道，假如我不接受手術，從此我就成為廢人，我又怎能統治中國呢？但是我的母親又反對開刀的手術，我怎忍違背她的心願？這真使我難做啊。」

電報發出後，在等待覆電期間，為了爭取時間上的勝利，我先行一種預期的減輕治療法，其法是：不給含有蛋白質的食物與病人吃，每日飲瀉鹽清潔腸胃，用冰囊放在傷處，大力按摩，運動左面的手足，使血液流通。

那位中國首席大夫，雖然不敢公然反對我這種措施，但他卻事事不願和我合作，不過在我向病人使用瀉鹽後第二日，竟出我意外，他來個大轉變，用很懇切的態度求我一件事，他說：假如我停止再用瀉鹽，他很樂意盡力幫助我。

這位忽然改變態度的大夫，何以忽有此舉，在初時我的確有些莫名其妙，但這個謎不難解答，不久之後，我把事情弄清楚了，說起來倒也很有趣。

我從某人得到了解。原來中國的封建皇帝，他們處在深宮之中，凡事皆與尋常人不同，吃飯吃藥都有一套把戲的。他們生怕有人陷害，在食物裏暗中放毒，所以在進食時，指定一個太監當面將各種佳肴嚐一遍，看過沒有出亂子了，才放心大嚼。至於生病要吃藥，則「消毒」的方法又略有不同了。太醫院的醫生為皇帝切脈開方，方單給皇帝看過後，又給內廷大臣過目，內務府官員把它登記起來，然後發下御藥房，照方撮藥。一共要配兩份，但兩份藥卻又放在同一藥罏裏煮。煮好後，分作兩碗倒下來，一碗由那個處方的御醫和撮的太監分嚐，沒有甚麼毛病了，才將另一碗送做皇帝去喝。袁總統在清朝做了十多年大官，對於這些宮廷制度是習知的，一旦貴為中華民國元首，無異為昔日「九五之尊」，當然在起居飲食方面都要摹仿前代的帝王排場了。

袁克定的母親就是恐怕有人在藥裏下毒，陷害「太子」，故此凡是病人喝進胃裏的藥，她也要照清宮之例，藥配二份，一份給那位首席大夫先嚐，另一份給病人服食。那位首席大夫在此二日間吃過瀉鹽，也許曾把他瀉個不停，實在吃不消了，才肯向我投降的。現在細想起來，真是令人可笑呢。

這一個步驟完成後，第二個又要展開了，我要說服袁夫人，使她不要反對開刀的手術。首先我做一項輕鬆而有趣的試驗，使見到的人對我所做出的甚麼事都有信心，有安全感。我的小提包裏有一個乾電池，又有一具試驗神經肌肉的電極器，想不到小小的這一副機器居然能創造奇蹟。

我拿出這些「道具」後，做些把戲給大家看，我的手指頭放在電極器上面，扭開電掣，手指頭馬上就震動起來。我以身作則，顯示這個玩意於人無害，然後請在場眾大夫輪流試一試。袁夫人親眼看見那些大夫試過後，一些兒都沒有損害，她似乎有些信心了。我立即抓緊機會，對她說，不妨請病人試一下，包管沒有害。她聽了大為震驚，忙問：「大夫，僵硬的手指頭，用這個方法可以使它活動嗎？」我說一定可以的。但她還是不大相信，認為這樣的西洋醫病法，未免太過兒戲。

這麼一來，我幾乎要束手無策了，但仍不放棄希望，耐心地去設法說服她。我花去兩天多的時間，請住在園裏的大夫、管家、僕役、衛兵來試驗一下，在一百多個人中，並沒有一個人受到電氣的傷害。此時，袁夫人才覺得放心，答應不妨讓病人試試。於是她拿起病人的手臂，戰戰兢兢地把它放在電極器的上面，然後輕輕地將手臂放下。

在試驗的時候，病房裏擠滿了人，當我把電極器縛在袁克定的手臂上之時，人們都沉著氣，不敢使呼吸有聲，好像要等候有甚麼奇蹟出現把病人拯救的。我把電掣開動了，就在這一剎那間，聽到了「呀」的一聲，病人的手指頭有點活動起來了。於是我又再掀一下電掣，使機器繼續工作不停。

袁夫人見到這些電氣並沒有使病人受絲毫損害，似乎又驚又喜。至於病人呢，他看見做母親的沒有驚駭之意，他也顯出又驚又喜的神態。大約過了兩三分鐘後，她問病人道：「兒啊，你覺得怎麼樣？」病人說：「媽，很好過，您放心好了。」

初步試驗的反應很好，我便把電極器綁到病人的左腿上，如法炮製。掀動電掣後，不一會，病人的大腳趾能夠活動了。旁觀的人見到這情形，都歡喜到幾乎要發狂起來，而病人和他的母親更是歡喜到笑作一團。自此之後，袁夫人對我有信心了。我在想，這次我可以成功了吧？

然而事情卻不這樣簡單的，一個具有保守思想的人；尤其是女人，很不容易說服的，所以一提到開刀手術這一問題，袁夫人就強烈反對了。

袁夫人很頑固地不許把病人移往有X光設備和附有手術室的醫院治療。醫院的手術室是消過毒的，在裏面進行開刀的手術，包管沒有危險。但她不信這些話，只是死硬地反對到底。我無法可施，幾乎要放棄開刀這個念頭了，但還是作最後一次的努力，希望能把她說服。

我對她說：「既然反對在醫院開刀，那麼，就把這個病房改為手術室吧，我打算用局部麻醉法，在病人的頭部奏刀。」於是我把醫學上的理論全搬出來，慢慢地向她解釋非開刀不可之意。我說，除了用這個方法外，已沒有別的好法子可以阻止袁大公子變成廢人。

她聽後，沒有甚麼表示，但似乎有些活動之意了。我便趕緊把握時機對她說：「我要用一張小小的利鋸向病人頭部的左邊鋸開，這樣便可以減輕大腦向脊髓的壓力，甚而還可以減輕腦子本身的浮腫。」

結果袁夫人同意開刀之舉了。我很高興，立刻準備一切，進行工作。我先從小皮包裏拿出應用的工具，用開水煮了三十分鐘來作消毒，然後用肥皂把手掌、手指、指甲洗滌乾淨，然後又把手指浸在白蘭地酒內約五六分鐘之久，這一切做妥當後，才把病人移近窗前。

首先，我在病人面部右邊太陽穴上的顱頂骨注射一些局部麻醉劑，然後割開一個約二吋大小的傷口，在傷口的兩旁各安上一個牽引器，那位德國大夫用手輕輕地拉著牽引器的一端，另一端則由那位法國大夫拉著。這樣，我就可以清晰地看見病人頭顱內部的一部分。呈現在我眼前的是一塊凝結著的紫黑色淤血，約有兩茶匙之多。

我輕輕地把那些淤血移去後，見到頭顱的弧形骨頭有斷折的形跡，廣約八分之一吋。從這裂開之處再仔細搜尋一下，就發現有些半凝結的塊狀物出現，當然，這也是淤血了。我小心翼翼地拿鉗子把淤血拿出。但拿去一些後，接連著又有一些冒出來。不消說，這是頭顱裏邊的自然壓力，使淤血湧出來的。我認為只要把這些有害的淤血盡行清除，便可以平安無事了。我有了這個信心，就輕鬆得很，於是耐心地繼續工作。

一到我移去的淤血約有四茶匙的分量後，過了一會，忽然又有大量淤血湧出，約有兩安士左右。把淤血全部除清後，功德圓滿，病人的腦不致再受到的毒害，我也不必進一步向深層的地方開刀來探求究竟了。我只用兩個小橡膠的吸乾器放在裂口的兩邊，然後用絲線將傷口略略縫綴。這兩個吸乾器孜孜不倦地工作了整整三天，把傷口裏的淤血全部吸清。這時候，我才把吸乾器拿開。到施手術後的第四天，病人左腳的腳趾，漸漸能活動了，下午的時候，左手的手指頭也能活動了。

到了第八天，袁克定已能夠移動他的左臂、左腳。第十二天，病況大有進步，病人居然能用一根拐杖來幫助，下了病床，就在床前走了幾步。眾人見了無不眉飛色舞，歡喜非常。

這個「奇蹟」出現後，打從袁夫人起以至各位中國大夫，都把我當作活神仙看待。照他們的理論和觀察，一個大夫能在病人的頭顱剖開一小洞，把頭裏的淤血全拿出來，而病人不會因此喪命，那不是「奇蹟」是甚麼？假使依法炮製，不論甚麼病人，只要這個大夫在病者的頭上開個洞，那還不是具有「起死回生」之妙？其實那有甚麼「奇蹟」可言呢？一切都是科學，沒有甚麼「神」在其中主宰的。

做完這件大工作後，我如釋重負。直到今日，我還認為我那一次的嘗試成功，完全要歸功於我的少年氣盛的一股傻勁和愚妄得可以。我以為一個人有經驗便可以為所欲為了。豈知在養壽園裏那個病房來開刀，真是危險萬分呢！然而我竟然沒有闖禍，可說幸運之至。試看看，「手術室」裏擠滿了看熱鬧的人，既沒有消毒設備，又沒有消毒設備和經驗豐富的助手、護士，而且燈光又不夠亮。種種不合做手術室的條件皆備，而我這個大夫竟然胆大妄為，冒險一試，如果稍有差池，不知將發生了甚麼局面，我現在想起來，真有點不寒而慄。那並不是我事後多慮，當我做完這個手術後，那位中國首席大夫靜悄悄地對我恭賀，他說，假如你的手術失敗，病人不幸丟了生命，哼！那時候，他的母親就要為了復仇，立刻命令衛士把我抓去槍斃來償袁克定一命的。

我聽後覺得好笑，世界那有這樣野蠻的事呢，他未免危言聳聽跟我開玩笑了。後來在北京，美國駐華公使對我證實此說之可能性，才把我嚇個魂不附體，深幸沒有闖大禍。

我曾問過那位中國首席大夫，袁克定的母親為甚麼要我償命呢？他說，如果袁克定開刀後忽然死了，她的身分就自自然然降低。因為長子既死，次子袁克文就可以當上中國總統的繼位人，生下次子的那位朝鮮籍姨太太，母憑子貴，到了此時，袁夫人豈不是要讓這個姨太太三分嗎？袁夫人在一家之中，便失去主婦的地位了。（按：封建家庭的制度，嫡庶之分甚嚴，袁世凱的正室于夫人，即使她所生之子克定死去，她的主婦地位並不會因此而動搖的。除非袁世凱不恤人言，寵妾滅妻，那又是另外一件事。至於所謂袁克文在其長兄死後，有資格續承總統之位，這倒是一個有趣的問題。相傳在當日袁世凱也頗有此意，因有此傳說，所以外國人摭拾入文中也。）

手術之後，袁克定休養了一個很短的時間，他左邊的手和腳不但能夠活動如常，就是身體的其他部分也靈活了。袁總統一家人，打從袁太太起，由上至下，無一不感激我，竭力款待我。東方人有一種美德，他們受過人家一些好處，就會終身不忘，一有機會，便要盡其所能使到那個施恩的人歡喜。袁家因為我治療好了他們的少主人，歡天喜地，對我特別客氣，一到晚上，主人就差遣一個年輕貌美的女子到我房裏供我「差遣」，主人的「雅意」何在，並不難明白，他們顯然是以為我在客中寂寞罷了。

這個可憐的少女一踏進我的房間，就一屁股坐在靠近門口的一個墊子上。我們語言不通，沒有甚麼話可談。我就在此時細細的觀看她一下，只見她的臉塗了一層厚厚的白粉，又再塗一遍腥紅色的胭脂，她的纖纖十指，一律留長指甲，塗上了鳳仙花汁，鮮紅如血。她的頭上結了一個長約一吋的髻子，髻子的前後都有黃澄澄的釵環等飾物支持著，使它不會墮下。過分打扮，滿頭滿身都是金銀珠寶，也許是東方女人的一種習慣吧？她往往坐到半夜以後，看看沒有甚麼差遣，她靜悄悄地又溜出去了。

有一天袁總統的第三子克良問我，是否我不喜歡中國女子，每晚派到我房裏的女子，是不是她伺候不周到？他這一問使我覺得很為難，只好含糊其詞地說我生性怪癖，喜歡清靜，但又用盡方法為那個可憐的少女著想，不要使她受到主人怪責，怪她開罪了貴賓。

在我住院期間，也曾到園外騎馬馳騁為樂。初到的日子，我在園外的大路上來往跑馬，有時遇見一些當地人，他們一見到我，大有「生人勿近」之概，好像遇到瘟神一般，避之則吉。曾經有過一次，在路上見到一個做媽媽的婦人，她一看見我，趕快一手把在路上玩耍的孩子拖回家中，口裏喃喃地說了一大堆我不懂的話，但只懂得「洋鬼子啊！洋鬼子啊」那兩句。後來我的開刀手術完成了，我在大路上跑馬，當地的人不再拿我作瘟神看待，反而把我看作活神仙了。先前那個見到我一把拖她的孩子回家的婦人，現在碰到我，一反從前所為，居然抱著孩子的頭朝著我，口中喃喃有詞，好像要我把甚麼靈符或靈魂放進孩子的腦袋那樣。

養壽園外的情形如此，園裏頭的又怎樣呢？我居住在這所像王宮一樣豪華奢麗的地方，可說是享盡人間富貴，冷眼靜觀一下那班公子哥兒的生活，不禁為中國一小撮「人上人」可悲。袁總統的「龍子龍孫」過的是甚麼生活，大概園外的老百姓完全未知的吧。這批「王孫」，在紅日當空時，正擁著如花美眷呼呼熟睡，像躺在棺材裏毫無知覺一般。一到太陽下山，華燈初上，他們一個個都活過來，精神奕奕了。他們群集在一起呼盧喝雉，飲酒猜拳，絲竹雜陳，譁聲震瓦。飲宴的時間往往從晚間九點多鐘開始，吃的東西千奇百怪，有很多是我生平所未見的。這一頓酒菜整整吃三四個鐘頭才完。我坐在筵前覺得這是一件大苦事，但那班公子哥兒卻樂此不疲，好像開家庭會議一般，叔姪兄弟全部到齊，興高采烈地一邊談話，一邊吃酒。酒闌興靜，餘興上場，就是賭錢，賭到甚麼時候才收場，我因為睡去也不管這些閒事了。

這班公子哥兒耽於逸樂，過著不正常的生活，他們看來年齡不過二十歲左右，正是年富力強的青少年，但身體卻非常羸弱，一旦有甚麼疾病向他們侵襲，他們的嬌弱身軀是抵抗不住的。我從未見過他們作戶外活動，有之，就只是當太陽將下山時，他們起床後，各捧著一籠心愛的鳥兒，在池邊漫步，逗鳥兒唱歌，不時放些小蚱蜢入籠中，看小鳥啄食為樂。這就是他們的戶外活動了。不過，他們在戶內的運動多一些，他們高興時，晚晚做「新郎」，請個把女子入園中做侍妾是閒事。

我的工作完成後，要回北京覆命了。動身前一天，袁家的主婦在一所寺廟裏舉行酬神大禮，答謝神恩。神廟和一所寺院相對，圍觀行禮的人擁到水洩不通。行禮之時，作法事的大和尚朝著我說了一大堆話，蔡廷幹譯給我聽了。他說，今日的法事是特別為我而設的，所以神壇上擺設的東西，我喜歡那一樣都可以隨便要，這樣絕對不會對神明有瀆的。我見他們一番盛意，不便辜負，只得指著兩座小神像說：「就這兩個吧。」一個是佛，一個是孔子。一個和尚聽後，連忙將神像拿下來，用紅綾墊子盛著，送到大和尚跟前，大和尚鞠躬如也的接了過來，在神像的額頭，指手劃腳的念念有詞，說的是甚麼，大概是念咒吧？蔡廷幹也沒法翻譯出來，我更不消說了，我根本就不懂。

在我動身回北京那天，我給袁克定作一次最後的全身檢驗，事後，又囑付照料他的那幾位大夫，最要緊的一件事是按時用勁為他按摩手腳。我對袁克定說，不久後他就會復原，行動一如常人了。我們握手道別。他說，他的病是我醫好的，很感謝我，但抱歉的是不能親往車站送行。

火車站上送行的人多如蟻群，密密麻麻的擠滿整個月臺。除了蔡廷幹和我之外，同往北京的還有袁總統的第三子克良和五十名衛兵。袁克良又攜同他今早才娶進門的第四房姨太太。

當我們的專車開往北京時，沿途就有人傳說我把已死的袁世凱總統的大公子醫活了，竟然轟動了每個市鎮鄉村，不少人特地跑到各個車站等候，希望能一見「活神仙」之面。每逢專車停留一個車站，月臺上就滿滿地堆著成千上萬的人，他們呼呼嚷嚷，好不熱鬧。袁克良和蔡廷幹竭力勸我步上月臺，讓好奇的人們飽飽眼福，我只得照辦。

我們到北京後第二天，蔡廷幹來通知我，袁總統約我到中南海的總統府相見。這一天的情景是我畢生不能忘記的。我踏進袁總統的辦公室時，他一眼看見我，就掙扎一下站起身來歡迎我。他坐在一張大椅上，在他的面前是一張很大的黄褐木辦公桌。在他的身後，兩旁分站著兩個武裝侍衛。袁總統請我坐下，喝過了茶，抽著紙烟，然後我才把動手術的經過和善後的方法，逐一向他詳細敘述。最後，我對他說，袁克定的健康不久便可恢復，行動和一般人毫無分別。袁總統聽後很高興。這時候，剛好一個侍應員捧著一隻大木桶，桶中堆滿著雪塊，埋著幾瓶香檳酒。我們先為袁克定的健康乾杯，然後為袁總統乾杯。

乾杯後，我們坐下來，一面啜著香檳，一面談天。蔡廷幹對我說，袁總統叫他問我，他很想我留在北京做他的私人醫生，他很願意給我極可觀的待遇，比我在任何地方服務的薪水高出十倍，只要我答應，甚麼都好辦。

袁世凱是一個古老大國的總統，他統治著四五億人口，有無上權威，名為公僕，實乃皇帝，他以為我能在人的頭顱上開刀，治好了群醫束手的頑症，如果做了他的「御醫」，早晚照料他的健康，這對於身體很好的七十老翁總可以延年益壽，做他的總統到死而仙去吧？（按：作者見袁世凱鬚眉皆白，便以為他是個古稀的人，其實這時候他不過五十多歲，只能算是中年人罷了。五年後袁世凱即「仙去」，未滿六十，更難望七十了。）

這一請求真出我意外，我不得不老實對他說。首先我謙遜了一下，說開刀成功，只不過是僥倖而已，這是客氣話。然後又對袁總統說，我的手術，完全是從科學訓練得來，其中並沒有甚麼神祕之處，任何一個在醫學校受嚴格訓練的學生都可以學得到的。我又說，現在上海的哈佛醫學院也有這種訓練設備，正在訓練第一批學生。那家醫學院也很需要我，所以我不便捨一群莘莘學子而去。

袁總統聽後頻頻點首，連忙叫人拿一幅上海地圖放在桌上。他看了一會，就指點給我看，他很樂意劃出某地區的一幅十五英畝的地皮，用中國政府名義，贈與上海哈佛醫學院，指定為建築新醫院的課堂、實驗室之用。我很感動的多謝袁總統的盛意。

末了，袁總統問我這次的出診手術費一共多少錢，請我開個數目，以便致送。這個問題倒令我有點難以回答了。我躊躇了一會才說，這個問題頗不易答覆，但袁總統高興給多少就給多少，我同樣樂於接受的。

問題似乎得到了解決，大概過了十分鐘左右，蔡廷幹從外面再進來，他遞給我一個信封，彼此心照，我們互相點首為禮，默默無言。我隨手把信封塞進口袋裏，繼續喝酒。我們的酒喝到何時停止，我不知道，只記得下一天我一覺醒來，才知我在總統府過了一夜。

我起床後不久，蔡廷幹來陪我回去六國飯店，稍作休息，他對我說，前清宗室有一個公主病得很厲害，中外名醫都請遍了，但他們一致認為沒法可以挽救她的生命，她的母親聽說我在養壽園表演過「起生回生」的本領，想請我去診視。我答應了，便約定下午前往，蔡廷幹說就三點鐘吧，屆時將有三位大夫來和我一起去。

客人辭出後，我記起口袋中那個信封，就伸手到口袋裏掏出來，打開一看，是一張面額十萬兩銀子的支票，約值美金七萬餘元，自從我執業以來，這是我所收最大的一筆手術費了。

下午，我到了某王府，有人領我走過了好多重門戶，才到達公主的病房，但看不見病人，我正在疑訝之間，有人對我說，公主的母親要「垂絲診脈」。我不懂是甚麼把戲，經解釋後，才知是甚麼一回事。據說古代中國貴族女子，不輕易被陌生人所見，但有起病來，不能不給醫生摸她的手，摸她的額，為避免彼此「授授不親」，發明了一種用絲線按在病人的關寸上，引出簾外，大夫隔簾，按著絲線，便可探出病源是甚麼了。這樣的切脈法是可笑的，我生平未做過，也不信這樣做會有效，當然拒絕了。我說非見病人，無從得知患的是甚麼病，否則我只有敬謝不敏了。結果病人的母親不再堅持，讓我親手摸摸病人。當我的手觸及病人的手時，只覺得它冷冰冰的僵硬地一點生氣都沒有，至少死已兩三天了。她的母親為甚麼要請我醫治，大概以為我是「活神仙」，能起死回生呢？（按：這個「公主」不知是哪個滿洲貴族的女兒，書中沒說明，大抵是王公、貝勒的後人吧，外國人對於王族的女兒一律稱以「公主」，其實此時清室中除了溥心畬那個姑母大公主外，咸豐、同治、光緒都沒有女兒，何來公主呢？）

薩大夫在北京的故事，至此為止。現在略介紹他的生平。他出生於一八八二年，家境不很好。他們一家人先後曾在芝加哥、費城、匹茲堡等大城市的貧民區居住，所以他最憎恨那些歧視黑人的美國人。他在哈佛大學醫學院四年畢業後，往德國柏林大學深造。回國後，在巴的摩爾的哈金斯醫院為非駐院助理醫生，在著名腦病專家以開腦著名的顧申醫生（Dr. Havey H. Cushing）手下工作，因此獲得很多經驗，學業日進，顧醫生倚之如左右手，在顧醫生指導下工作兩年期滿，轉往紐約羅斯福醫院工作。

某日，薩大夫接到他的母校校長伊理略（Charles William Eliot）一封信，說哈佛大學決定在上海辦一所醫學院，他記得當一九〇六年暑假時，薩大夫曾在大學裏為一班中國留學生補習功課，和他們的感情很好，所以聘請他做這所學院的外科主任教授，任期自一九一二年一月一日開始。

一九一二年的元旦，薩大夫到了上海，知道哈佛學院已開課了，校址在租界裏是一所舊式辦公廳的建築，聖約翰大學的課室和圖書館，可以借用，附近一間醫院也可供學生實習。他為袁克定治病後仍回上海繼續教學，一年期滿，他回美國了，醫學院當局希望他在例假之年再來上海教學一次，但沒有實現。後來洛克斐爾基金委員會在北京設立協和醫學院，上海的哈佛學院歸併該校了。（按：光緒三十二年，即一九〇六年，學部已批准協和醫學堂立案，何時始為煤油大王出資辦理，尚待查考。）

袁克定做了我的芳鄰

高山流

民國以來，有所謂「四大公子」，一般的習稱是：袁克定、張學良、張孝若、孫哲生。在這四個人中，除了張孝若於七七抗戰前兩年，在上海私寓被其舊僕所暗殺，死得不明不白外，張、孫二氏如今都在臺灣。惟袁世凱長公子克定陷身大陸，至今生死不明。（編案：袁克定卒於一九五八年）

遷入了頤和園清華軒

在民國以來的「四大公子」中，我原來只認識張學良，當年他開府北平的時候，我還追隨過他一段時間，對於他的一切，我還知道一部分。至於其餘那三位，對於他們的生平事蹟，我只是道聽塗說而已，所知非常有限。

後來在無意之間，我卻碰到了袁克定，我們兩個人比鄰而居，整整的一塊兒過了一個夏天，晨間月下，促膝深談，使我對於他的往事，獲得了不少寶貴資料。

那是抗戰勝利後的第二年，政府在北平成立了一個青年夏令營，召集北平各大學中的優秀男女青年，接受暑期訓練，我被邀擔任講師。夏令營的位置在北平西郊，西郊是北平的風景區，頤和園、玉泉山這些名勝都在那裏，炎暑天氣，在這裏集合青年學生們上上課、講講話，課餘之暇，或遊山、或游泳，這風味，卻也別具一格。

我一來為了授課的便利；二來為了避暑。便把家眷從北平城裏接到西郊去住，同時向頤和園管理當局接洽，希望借住他們園內的幾間房子，承他們的盛情，就把萬壽山排雲殿右側的清華軒，撥給我住了。

清華軒是前後兩進院落，前一進是上房三間，東西兩面是廂房，南面沒有房子，只有一道影壁牆。在上房左右，各開了一道月亮門，住在後院的人，就從那裏走出走進。頤和園管理當局，為了增加本身經費的收入，把園內所有的空房子都闢為公寓性質，分別的向外出租，有些願意躲避市區塵囂的人，或是願意來這裏避暑的人，也都肯花錢租下來居住。

清華軒的比鄰是介壽堂，據說當年滿清慈禧太后的聖駕一到，清華軒等地就成了隨從人員的住所，所以這些地方的建築，都很整齊，在我搬進清華軒去住以前，住介壽堂的是遜清皇裔名畫家溥心畬先生，溥先生是我的老友，我們在北平城裏，是時相過從，不拘形迹，交情可以說得上是「莫逆」兩個字，這次比鄰而居，來往自然更加密切了。

後院住客是袁大公子

我搬進清華軒去住的時候，住的是前一進的房子，後一進的房子，早已有人住在那裏了。同居在一所院子裏，雖然是前後進，總算得上是近鄰。按照長江流域的習慣，後搬進來的人，是應該備點薄禮，送給先住下來的房客，以表敬意的，北方倒沒有這個規矩，但是登門拜訪打個招呼，這種禮節還是不能避免的。不過，這情形也因人地而異，倘或對方孤芳自賞，不願意與世俗往來，那時候登門探訪也許會嚐閉門羹，來個「擋駕」。所以我們在採取這項措施以前，不能不有適當的考慮。

依照我太太的意思，按照「行客拜坐客」的禮節，我們應當首先去拜訪人家，後來我一打聽，住在後院的人，乃當年洪憲皇帝袁世凱的大公子袁克定。我一想此公是「四大公子」之一，當年慫恿他老子「黃袍加身」，而且是出了名的「袁大架子」。雖然時移境遷，今昔情況不同，但在我們沒有對他完全了解以前，還是不要冒昧過訪的為妙。因此，前面那一番計劃，便暫時取消。

為什麼我說袁克定是「袁大架子」呢？我也是聽到許多老前輩說的。以下我特別引證我聽到的幾件小故事，以證明我所說的話，是言而有據。

袁大公子的幾件故事

其一：據說袁世凱稱帝以前，北洋軍系那些人物，脅肩諂笑，見到袁氏公子，早已恢復了跪拜的禮節。小人物倒無所謂，大人物們卻有些不以為然。其中尤以段祺瑞反對最烈，他說：「革命，革命剛剛把辮子剪掉，把三跪九叩禮節取消，現在又鬧這一套了。別的無所謂，唯獨這作揖打恭叩頭的禮節，我不贊成！」

有一天，馮國璋邀同段氏一同到總統府去覲見，段氏就說出來自己的意見，馮氏說：「芝泉！你別任性了，老總就要做皇帝了，你能越過這個禮嗎？再說，作揖叩頭和脫帽鞠躬，又有什麼分別？走吧！走吧！」段無奈只好跟他一塊兒去了。見到袁世凱，馮怕段那個撅脾氣發作，會把事情弄僵，趕忙自己率先倡導，卜通一聲就跪下去，綳冬綳冬的叩起頭來。段見事已至此，也只好依樣葫蘆，作揖下跪，倒是老袁非常客氣，慌忙站起身來，伸手來扶，口中並且連連的說：「不敢當！不敢當！」

馮段兩人走出來，又轉身到袁克定那裏，因為那時他馬上就要成為「太子」了，所以段馮兩人，也只好行跪拜大禮。不想這位大爺，架子非常的大，坐在那裏昂然不動，大模大樣的受之而無愧。這一來，卻把老段弄火了，一出來就埋怨馮說：「你看，老頭子倒還客氣些，這小子卻是架子十足，他要真當了太子，還有咱們的好日子過嗎？」弄得馮也搖頭嘆息，半晌無語。據說老袁後來「粉墨登場」，馮段兩人都明示消極，暗中掣肘，這都是原因之一。

事後有人抱怨袁克定，說他不應該對這二位老將這樣不客氣，因為這是老頭子的左右臂，應該略示優異，以為將來效忠地步。你猜袁克定怎麼說？他說：「老頭子一向把他們嬌寵慣了，我若是不當面折折他們的銳氣，等到日後，我還能駕馭得了他們嗎？」

開罪了陳宧與蔡松坡

其二：據說袁世凱在稱帝之先，在西南方面預先安置的一著棋子是陳宧（二菴）。陳是北洋系的大將之一，那次他是以參謀本部次長的身分，外放為四川督軍的，表面上是一省的軍政大員，實際上則是派他去辦川、滇、黔、粵、桂五省的軍務；大概袁想做皇帝的心事，都透露給陳宧聽了。由此可見袁對他倚畀之殷，付託之重！陳由北平動身之前，謁袁請訓，袁說：「四川為天府之國，明藩遺址猶存，你此去好好的加以修葺，也許將來我叫克定到四川來協助你，你還得給我負更大的責任！」又說：「回頭你去和克定談談，你拿他就當自己親兄弟一樣的看待，我才放心，我才高興。」

陳由居仁堂退出，即到豐澤園去拜訪袁克定，誰想這位大爺，對陳又是哼兒哈兒的，滿臉驕矜之色，把這位即將走馬上任的股肱之臣，弄得一肚皮不痛快。後來還是袁世凱那邊派人傳話來說：「大總統有命，叫大爺和將軍磕頭拜把子，就此結為金蘭之好。」這才把空氣緩和下來。禮畢之後，袁克定總算給了陳宧一點面子，留陳宧在他那裏吃了一頓便飯。

其三：是袁克定與蔡松坡之間的磨擦故事。據說，老袁在稱帝之先，對於蔡松坡將軍是下了一番拉攏功夫的。他叫袁克定拜蔡做老師，而且每天定出一個時間來，請蔡到袁克定那裏去講學，他的用意所在，不過是多給袁克定一個接近蔡松坡的機會，希望他相機把蔡拉攏過來。誰知這位大爺，並不曉得他老子的苦心，對於蔡松坡一點禮貌也沒有，反而把事弄糟了。

有一天，袁克定找來北京幾位唱戲的名角，在他私寓裏清唱，在他客廳裏面有一個小房間，本來是蔡氏講學之所，那天到了預定的講學時間，蔡走進來一看，這樣亂七八糟的情形，心裏已經是老大不痛快了。乃問侍從人員道：「大爺呢？」

侍從人員告訴蔡說：「在小客廳裏。」

蔡還以為是袁克定在裏面等他，乃故意的咳嗽了一聲，掀開了門帘想走進去，豈料克定正擁著一位名旦角，坐在那裏溫存。看見蔡進來，只喊了一聲老師，身子連動也沒動。蔡睹狀，氣得一句話也沒說，便掀開門帘走出來，從此就藉詞請病假，停止了對袁克定的講學。

其四：那是袁世凱死了以後的事了。據說，袁死後，靈柩由北平移往河南彰德洹上村歸葬，這些孝子賢孫，當然扶柩而行。那時，民國當局為了對袁表示敬重，特派河南巡按使田文烈主持彰德的葬禮，如論官階，一個巡按使，比督軍省長的地位還低，是看不在袁克定眼裏的，但田和老袁共過事，等於是袁克定的父執輩；再說，田是國家派來主持總統葬禮的專使，這情形又當別論了。論公論私，袁克定都應當對田表示特別客氣。不料袁克定的積習不改，還是擺出在北京當太子時候那個神氣，對田沒有加以禮貌。這種作法，在田心裏已經覺得不痛快；恰巧有這麼一天，田因為某件事，需要與克定一談，命人持片通報，通報進去，很久很久，才有一個大模大樣的聽差出來，說：「大爺請。」這一來，更把田弄得混身不舒服，心裏暗忖：到了今天，他還擺這麼大的架子，如果他做了皇嗣，又當如何？

以上這些故事，我雖都是耳聞，但談這些故事的人，都是北洋時代的大員，若無多少根據，他們絕不敢造謠。我有了這些「先入為主」的成見，所以我對於這位芳鄰，也就淡然處之，不亟亟的求見了。因為，我去拜訪他，倒不是怕失掉了自己的身分，而是他如果也和我擺起架子來，豈不是鬧過一場沒趣？

可是話又說回來，一個同住在前後院的緊鄰，我們又是後搬進來的，人家是先住在那裏的，要是不去拜會人家一次，好像是與禮節上有虧似的；而且天天出出進進的，難免要碰到面，那時候該夠多麼難為情？別看這麼芝蔴綠豆大的小事，卻也使人左右為難，煞費斟酌。

還好，當我們搬進清華軒那天下午，行裝甫卸，問題解決了。

我對於拜會鄰居的問題，正在躊躇未決，不料袁克定的管家送來一張名片，說是：「敝上說了，聽說你們新搬進來住，非常歡迎，因為他的兩腿有殘疾，行動不方便，不能過來奉看，有空的話，請您到我們那邊去坐坐，大家談談。」

我一想，人家既然先來打通招呼，這問題就好辦了，因就回覆那位管家，叫他回去向貴上致意，停會兒我就會來奉看袁先生。

一位六十多歲老頭兒

我和袁克定在清華軒住的是前後院，只是一牆之隔，飯後，我就去拜訪這位袁大公子了。後院裏，除了景緻和前院微有不同外，其他的房舍建築，和前院並沒有什麼兩樣。上房三間，是個人所住；左右廂房，是他僕人下榻之所。這是自然的格局，倒也用不著加以推測。

清華軒的北房，那是一明兩暗的屋子；所謂一明兩暗，也許住在海外的人們，不知道這是一種什麼格局，但到過北平的人，沒有人不知北平的老式房子。「一明」是指的中間一個大廳，做會客之用；「兩暗」是指在大廳兩面，一面有一個套間，通常都是做臥室用的。

屋子外面是一帶紅漆走廊，看上去非常堂皇壯觀，當管家進去通報的時候，我就在廊外略站片刻，不大的功夫，那管家從屋裏出來，說一聲「大爺請。」我一聽這三個字，心裏覺得好笑，不要這位先生，又把當年對付田文烈那一套，拿來對付我吧！

走進堂屋去，只見左上首椅子前，站著一位六十多歲、個子不高的老頭兒，手扶著椅背，佝僂著一點腰，面帶笑容，想來就是袁克定了。那管家搶在前面給我們介紹，此時袁克定抱拳拱手，連稱「請坐！請坐！」態度表現得非常和靄。

兩腿殘疾氣色非常好

袁克定的兩腿有殘疾，據說是過去騎馬摔壞的，所以走動一下，都必須有人從旁扶持；就是坐下來或站起來，也必須兩手扶著椅子背，慢慢的動作，看那情形，舉動是相當的吃力。他這時的生活，每天都是坐在堂屋裏作畫寫字，很少外出。只有早晚兩次，由他管家扶著他，在走廊下散步三十分鐘，隨即閉門養性，這一天再也不走出屋子來了。我同他在頤和園整整的同住了一個夏天，只在排雲殿門前看見過他兩次，其餘從來沒看見過他出過清華軒的大門。

他是六十歲以上的人了，兩鬢都已斑白，額頭和眼角，都已經有了重重疊疊的皺紋，但他的氣色，卻非常的好，雖然說不上是「童顏鶴髮」，可是兩頰豐滿紅潤，好像他深深懂得養生之道。

他的身軀，只能算是中等身材，一張橢圓的臉形，兩道秀長的眉毛，驟然一看，純粹像個儒者，和他老子那副「豹頭環眼，燕頷虎額」的樣子，完全不同。

在我們初次會面那天，正是六月裏的天氣，外面儘管熱，頤和園內還是比較清涼。那天，他穿著一件灰色紡綢長衫，外罩一件青緞子的大嵌肩，下身穿著白串綢的褲子，腳上穿的是白洋線襪子，圓口青布千層底鞋。至於他頭上，戴的是一頂小骨朵的青緞子帽盔。這種裝束，不但在香港不時興，就是倒數上去，至少也得在民國初年那個時代，才算合適。就憑這一點，也可以看出他的心境是如何的了。

我那時在北平戰區還有一個掛名差事，份屬軍人，自然是全副戎裝，雖然我自己以為我一向不脫離書生本色，但在袁克定眼中，依然把我當做武夫看待，因而在接待之中，不能不對我稍存幾分客氣。一疊連聲的招呼管家「拿烟」、「倒茶」！

他堂屋裏擺的那些陳設，什麼紫檀棹椅、鐘鼎彝器，都是頤和園管理當局的東西，與他根本沒有關係。只有兩邊牆壁上掛著的幾幅字畫，那乃是袁項城的墨蹟。堂屋中間那張大方棹上，擺著滿插著大小毛筆的筆筒，筆筒側，又有硯池、顏色碟、紙張之類的東西，大概他一天的生活，都寄情於這些書畫上面去了。

老管家仍侍候小東人

因為清華軒這些房子，都是大玻璃窗，所以他這堂屋，卻也說得上是「窗明几淨」，在晚年有了這麼一個安靜的環境，讓他自由自在的在那裏作畫寫字，總也算是「老景堪娛」了！

他雖是河南項城人，然而卻是一口地地道道的官話，說起話來，聲帶很低而且吐字緩慢，言說之間，意態蕭然，已毫無當年那種豪情勝概了。

初次會面，我們不過是互道寒暄，各敘仰慕之意，自然談不到別的地方去。但是，我總覺得見了這位袁克定先生，如果不談談洪憲稱帝那回事，等於見了唐明皇不提楊貴妃一樣，豈不是「如入寶山空手回」？不過，我如一見面就單刀直入的問到他那些不願意輕易告人的往事，不僅是大煞風景，而且也是自討無趣，要想和他深談，打聽一些珍貴的掌故，勢必等待機會，慢慢的來談不可。我因為有此一番顧慮，所以在初見面那次，也只略為盤桓一下，即行告辭。

慢慢的，我對於袁的近況，才略為了解。他在頤和園住，只孤身一人，並無眷屬，身邊所用的，有一個管家、一個聽差、一個廚子。那管家除了攙扶他行動之外，還替他經管日常生活帳目，收取房租，袁克定生活所需，就靠城裏有些房產的租金來維持。說一句北平土話，也不算太壞。說起他那個廚子，當時已經七十多歲，是侍候過袁世凱的老人，現在侍候小東人，一半是幫著做做飯、燒燒菜；一半是養老性質。

從表面上看，他主僕四人，生活過得像古廟裏枯僧一般，說不出來的那種冷落寂寞。可是自從我們搬進去住以後，清華軒裏面立刻就顯得熱鬧起來。

袁克定本身有殘疾，行動不很方便，自然難於對外應酬，登門造訪的人，卻也很少見，這情形在我初次搬遷進去，卻也覺得很奇怪！我想袁氏昆季很多，親朋故舊也不在少數，這些人絕對不能不和他互相往來的；後來曉得，他有個四弟名叫克原，住在北平城裏石駙馬大街，偶而來看看他，有時也在這裏寄宿一夜。此外，和他來往的人，就寥若晨星了。

閉門謝客常食窩窩頭

袁克定所以如此冷清的原故，也多半是他自己造成的，親戚故舊和他往來，或是請他吃飯，他都謝絕，因為他那時的生活，是「閉門謝客」性質，他怕為了這些外務，而影響了他養性的身心，不得不這樣做。

舉個例來說：每次我到他那裏去坐，只要功夫稍大，他都吩咐廚房裏做些點心給我吃，但我請他吃東西，他卻完全謝絕，只是由他管家或聽差的，扶著他到我那邊坐一下，表示赴席，算是已經十分客氣了。

他並不是在飲食上有什麼特別的講究，而不肯接受別人的招待，其實他日常所食用的，都是很粗糙的東西。他每天三餐，是用棒子麵做的窩窩頭或貼餅子，再有就是用小米熬成的粥。佐食的東西，是醃的醬蘿蔔、大頭菜，以及豆芽、白菜、豆腐之類，連個炒鷄蛋，都列為上品。由此可見，他的生活是清淡到如何的程度了。

類似這樣的飲食，在北方是貧苦之家才食用的東西，稍微景況好一點的人家，都不肯吃它。像袁克定這種膏粱子弟，過去是「重裀而臥，列鼎而食」，現在天天啃窩窩頭，吃豆腐白菜，真難為他嚥得下去！

他的境況會窮苦到這步田地嗎？我想總不至於如此。然而，他的生活確是如此刻苦，唯一的理由，只好說是他為了「懺悔即往，修心養性」而素食罷了。其實這理由也很勉強，我們所看到過一些吃齋茹素的人，多數只是不吃雞鴨魚肉那些葷腥的東西而已，現在袁克定竟連大米白麵都捨不得吃，這種修行法，未免使人看去有些奇怪之感！主人吃的是如此，僕人們自然不能例外，所以他那些僕人們，就是勉強吃了，也是天天皺著眉頭。雖然他們吃的棒子麵，是經過一番磨細功夫，與市面上所買的不同，但吃久了誰也受不了！

那時他身邊那幾個僕人，每月支給的薪水，仍是幾十年前的稱呼，叫做「關錢粮」，這份錢粮為數甚微，每次關下來，僅夠買一包中等香烟，不知此公是一種什麼想法？因此他那些僕人，也多半不安於位，除去管家廚子還能安之若素外，那個聽差的，就時常更換。多的時候，聽差的有上五六個，少的時候，連一個也成問題。據說，這些人都是袁家的老人，不過他們受不了這種清淡的生活，只好另尋出路，在外邊沒事情可做了，便又回到這裏來啃窩窩頭，領一份錢糧，一旦獲得一項工作，便自動的離去。自來自去，漫無拘束，袁克定對於這些事，也一概不加聞問，完全採取放任態度，使人覺得他的作風，確有些特別的地方。

過去雖享福並不舒服

他不但對於僕人如此，對於吃，作風更特別，每年所食用的口糧，都預先作好準備，每當秋收時節，他就把一年所需的糧食，加一倍的收購進來，儲放在屋子裏。對油鹽醬醋以及柴炭之類，情形也是如此。這或許是他感覺到當時幣值不穩，恐怕物價波動，影響到他的生活預算所致。捨此之外，實在找不出什麼理由來解釋了。

從他的生活情況中，我們可以看出他晚景的凄涼，再想想他當年那種「氣燄萬丈，不可一世」的氣概，真是一個強烈的對照。

他自己閉門習畫，不問外事，打算要和這個世界隔絕。其實，常在言談之間流露出他的勉強，對於自己的情緒，不過是強自抑制罷了。

我們在一起住久了，閒來無事，就找他去閒談。有時我看他生活過得太苦，碰上我領到糧餉時，就派人給他送去幾袋麵粉，他起初堅決不肯接受，後來經我再三說著，他算是勉強收下了，但也只留作待客之用，平常並不肯拿來吃，大概是怕打破他吃粗糧的習慣。

他的朋友雖少，但對於我這位緊鄰，由於相處日子長，好像是特別投緣，不以為我頻頻去打擾他為可厭。有時我事情忙了，隔了幾天不到後院去，他反而打發管家到前院來請我過去談天。

彼此相處熟了，自然無話不說，我常常問他：「這樣的飲食，你如何吃得下去？」他笑笑說：「正因為過去太享福了，這時要刻苦刻苦自己，粗糧素菜吃慣了，腸胃都是清爽的，也並不以為苦哩！」

他又說：「當年的日子，衣錦繡，食膏粱，反而把人鬧得昏天黑地，不知樂趣在何處？像今天這樣的日子，我心裏倒覺得舒服得多。」

我聽見他這樣說，只好順著他的意思說道：「這是因為你把人生的大道理看透了，所以才能說出這樣大徹大悟的話來！」

以寫字作畫消磨歲月

有時，我也故意挑逗他的情緒，叫他談談當年的往事，他嘆一口氣說：「當年的事，過去就過去了，還提它做什麼？」但他有時高興起來，還是願意和我談談過去的一些掌故，話匣一開，他就滔滔不絕地，談得眉飛色舞。不過結論總是說：「年輕的時候，容易受旁人慫恿，至今想起來，那簡直是愚不可及，就是老頭子（指袁世凱）又何嘗不是上了人家的當！這些話，今天也就不用再去說它了。」

我們在閒談之中，對於洪憲「六君子」、「北洋三傑」、「嵩山四友」、「十三太保」等等這些洪憲時代風雲人物，只要碰著他高興，他都一個一個的，如數家珍。就是對於項城稱帝的往事，後來他也不諱言了。除去有關他父子兩人的問題，他有意輕描淡寫、故作遁詞外，其他的問題，他都是侃侃而談，毫無隱飾。

難為他記憶好，談起來是鉅細不遺。所以我覺得他這個人的天賦還是很高的，如果不是他老子想做皇帝，帶累得他見不得人，像他這樣的聰明才智，豈不是國家的一個大好人才？

袁克定每天所寫的是八分隸書，像我這樣的外行人，雖然看不出他的功力在什麼地方，但總覺得他的字大體上看得過去，有時難免讚譽一兩句，他一高興，就給我寫了「高山流水」四字的一張小條幅，我把它裱了起來，掛在客廳裏，朋友見了都認為他寫的字雄渾勁邁，落筆不俗。

他日常寫畫，以山水竹石居多，花卉也有些，用筆賦色，好像很有矩度，大約是畫的日子久、功夫深的原故。

他寫字作畫，目的只在消磨歲月，所以高興起來，就寫兩篇，畫兩筆，不高興時，也許十天半月不臨池的。而且寫畫出來的作品，都是束諸高閣，輕易不肯示人。曾有人建議他訂出潤格來，作鬻字賣畫的打算，他卻認為還沒有這個必要。因此，他的墨跡留在外面的少之又少。

袁大少爺談袁世凱與戊戌政變

高山流

袁克定是一位頗健談的人，我和他即做了鄰居，每天都可見面，在閒話時，我首先卻希望引逗他談些「洪憲稱帝」時的祕辛；而他卻常常詢問我一些八年抗戰時的故事。如此一來，我們談天的資料就相當豐富了。有時話匣一開，我會在他那間書齋裏坐談三四小時，彼此都無倦容。本篇所記的，便是袁克定所談有關戊戌政變的一段話。

康有為三次公車上書

關於袁世凱與戊戌六君子的一件公案，袁克定和我談起來，倒是原原本本、有根有據。據他說：當光緒二十四年（戊戌）前後，他已經是個十七八歲的大孩子了，五年之後，他並且在郵傳部當承參，對於這件事的前因後果，自然知道得比較清楚，而且也近乎事實。以下所記述的，都是袁克定的談話內容：

袁氏劈頭便這麼說：

我父親彼時的處境，確實尷尬到了極點，對戊戌政變的事，如果不向榮祿告密，不但自己的政治生命立刻宣告完結，何況先父即使接受德宗的旨意，盡愚忠愚孝，把個人犧牲在內，在西太后耳目眾多、偵騎遍布之下，也挽救不了當時政變失敗的厄運！

德宗皇帝銳意變法，是光緒廿四年四月下旬的事，四月廿三日下詔定國是，廿五日下詔命康有為預備召見，廿八日召見康有為於頤和園的仁壽殿。召見後德宗命他在總理衙門章京上行走，並准其專摺奏事。其間距康有為公車上書，已經有五個月之久了。

康有為公車上書前後有過三次：第一次早在光緒十四年，他就以布衣臥闕上書，請求「變法維新」，書上，大家都說他是「瘋子」，大臣們也沒有人敢替他轉遞，所以書雖上，皇帝並沒有看到，把他氣得只好回廣東原籍設館授徒去了。第二次是甲午戰爭失敗，割地賠款與日本，舉國騷然，他又於光緒二十一年四月再度抵達京師，二度上書，力陳「變法維新」之不可或緩，書上，這次德宗倒是真的看到了，覺得他說得很有道理，於是命閣臣抄錄副本三份：一份呈給西太后；一份留著自己看；一份分發給各省督撫，用作參考。由此可見，在那個時候，西太后與德宗之間，還沒有因為「變法維新」的事，發生什麼裂痕，否則，德宗又豈能抄個副本送給太后去看呢？

打李蓮英罷斥孫毓汶

西太后為什麼終於反對「變法維新」呢？這是有一種原故在裏面的：原來，經過「太平天國」、「捻匪」等變亂，由於西太后重用曾國藩這些漢人，才完成中興大業。她覺得清朝這搖搖欲墜的天下，是從她手中扶植起來的，如果不是她放心大胆地信賴漢人，清朝的天下早也就完了。因此，在她眼睛裏的德宗皇帝，等於是乳臭未乾的小孩子，什麼也不懂，所以她雖然在光緒十六年，下了還政的詔書，但對於用人行政，她還是毫不放鬆，依然要處處干預。起初，德宗也許不感到壓迫，日子多了，心裏未免要不痛快，有時自己強自主張一兩件事，不是被太后攔阻，就是大臣們不肯聽命，反正總是阻礙難行，碰到這類事，年輕的人那有不發火的，於是太后與德宗之間，摩擦日深了。

那時西太后所布置的黨羽，在內有總管太監李蓮英，在外有軍機大臣孫毓汶，這兩個人也恃著太后的護符，不把皇帝看在眼內，凡百事情，都與皇帝意見相左，所以德宗把他們兩個人也恨透了，抓了兩個錯處，首先把李蓮英打一頓板子（光緒二十年十月的事）；其次，是把孫毓汶予以罷斥處分（光緒二十一年六月的事）。德宗這種處置，直接是對付他們兩個人，間接等於給太后難堪。

西太后在表面上是無可奈何的，心裏卻把德宗恨入骨髓，總想要把皇帝所寵幸的人，也處置幾個，以平平她心中的氣忿。

三年零十個月的鬥爭

憑了西太后當政幾十年的積威，他想要找德宗手下人的麻煩，那豈不是易如反掌，所以自從李蓮英被仗責之後，接二連三的，德宗平日所寵幸的一些人，這時都受到大小不等的處分，如：一、德宗的妃子瑾妃珍妃，在光緒廿一年十一月，被革去妃號，降為貴人；二、禮部侍郎志銳（瑾妃珍妃之兄），在光緒廿一年十二月，被謫於外蒙烏里雅蘇臺，形同放逐；三、軍機大臣兼毓慶宮行走的翁同龢，在光緒廿一年六月，被革去毓慶宮差使；四、侍讀學士文廷式，在光緒廿二年二月，革職回籍，永不錄用。

此外，工部侍郎汪鳴鑾、兵部侍郎長麟，均於光緒廿一年九月，奉旨革職，永不錄用。像這些事情，都很明顯的表示著：西太后與德宗之間，權利的衝突，日漸尖銳，也顯示著德宗雖不甘心屈服，但格於環境，仍然是處處屈居下風。不過有一點是我們應該了解的，那就是：在這個時候，並沒有滲雜什麼「維新變法」等等的事在內，戊戌「維新變法」，只是西太后與德宗決裂的導火線，並不是他們兩個人決裂的主因。

德宗與西太后之間的利害衝突，即是如此的尖銳，如果德宗是個懦弱無能的人，他也就忍氣吞聲算了，偏偏他又不甘心做這種兒皇帝，所以西太后越來束縛他，他自己愈要振翅而飛，所謂壓力愈大，反抗愈強。雙方各走極端的結果，最後才爆出「戊戌政變」、光緒皇帝被囚瀛臺之一幕。

從光緒廿年六月，西太后與德宗發生齟齬起，到光緒廿四年四月，德宗召見康有為下詔定國是之時止，其間有了三年零十個月的功夫，在這段期間，太后與德宗的明爭暗鬥，針鋒相對，為天下臣民所共聞共見。

那時的滿朝文武大臣，真正忠於德宗的，只有一個翁同龢。以翁當時地位之高——德辦大學士，兼毓慶宮行走。然而他終於不免受到「撤去毓慶宮行走」的處分；在兩年之後，就在康有為被德宗召見於頤和園仁壽殿的那一天——光緒廿四年四月廿七日，翁氏甚至被開缺回籍，以示保全了。

由此可見，彼時德宗雖是皇帝，但屬於德宗寵幸的人，沒有一個不觸霉頭的。這種情形，我父親當時自然是看得很清楚明白的。

翁同龢開缺回籍的詔書，不用說是西太后逼著德宗下的，德宗看到這個文件，據說是戰慄變色，痛苦萬狀，然而又無可如何！他內心的難過，自是不問可知。等到翁氏出京回籍那天，西太后的親信大臣榮祿，還趕去送行，除了餽贈一千兩銀子的程儀以外，還一把鼻涕一把眼淚的對翁表示說：「不知道師傅何以把皇上得罪了，受到這樣的處分，我們聽到這個消息之後，心裏萬分難過！」這些貓哭老鼠的把戲，都是西太后玩出來的，其用意所在，不過是想把責任推卸到皇帝身上。

翁狀元奉召入宮趣事

在戊戌變法之前，德宗和翁同龢極其接近的時候，有一年夏天的早上，翁氏在家裏剛剛起床，盥洗方畢，突然接到蘇拉來報（蘇拉是滿洲話，執役人之意，清代內務府中有之，執役於宮禁之中者），說奉到太后的懿旨，請翁師傅即刻進宮，在某處召見，老佛爺已在那兒等著。並且立即等著翁坐轎出發，不容稍待。本來，自從光緒十六年太后歸政以後，她照例是不召見臣工的，但翁同龢在上書房侍讀了多年，乃是兩朝皇帝的師傅，情形又有不同，何況太后經常住在西郊頤和園內，這時忽然在宮內召見，怕是有什麼緊急事情諮詢，所以翁氏連點心也顧不得吃，匆匆的就上轎進宮去了。

翁到了太后所指定的宮殿門外，李蓮英出來接著，說是老佛爺正在接見內務府大臣，請師傅到東邊的屋裏坐一會吧！說完這句話就把翁引到東邊屋裏坐下，又吩咐小太監們倒上蓋碗茶來。李蓮英搭訕著就走出去了。翁獨個兒在那裏足足等了幾個小時，也不見太后有召見的消息，心裏弄得七上八下，摸不清是怎麼回事。隔著窗戶看看院子裏靜悄悄地，連一個小太監的影子都沒有，想要找人問問消息也無可能。這一下子可把翁急壞了，但他又不敢走開，怕是太后要找的話，可擔不起違旨的罪名，只好在屋子裏踱來踱去，這樣一直挨到晌午，還是沒有下文。

翁氏從早上起床，忙著趕到宮裏來，連一點東西也沒有沾唇，肚子裏不免有些餓了。

上了年紀的人，餓的時間太久，是受不了的，這時他放眼看看屋裏，打算找點東西吃，一眼看到那八仙桌子後面的條桌上，有一個黃漆圓形蓋盒，知道這是宮裏邊盛點心用的，便把盒蓋打開一看，裏面剛好放著幾塊御膳房所製的餑餑。翁氏覺得這也許是上頭吃剩下來的東西，太監們留著自己吃的，隨手便拿起來吃了兩個。吃罷，喝了兩口茶，又坐在那裏等了一會，還是沒有動靜。估量著也不過半個鐘頭，只覺得下半個身體火辣辣的，一股熱氣直透丹田，兩頰也像火烤的一般，額上的汗珠向外冒著，那形狀又像喝醉了酒，又像抽多了大烟，一時春情勃發，不可遏止。翁那時已經六十多歲了，想不到忽然返老還童起來，弄得他只好把腰彎下去，兩手抱著肚子，不敢抬頭。

如果這個時候太后忽然召見，管保要弄個「欺上」的罪名，那才吃不了兜著走呢！幸虧他情急智生，整個人爬在坑上哎唷哎唷的哼了起來。其實，他老人家在吃那種特備點心時，躲在窗下的太監們早看到了，這時就走進來幾個太監，問翁師傅這是怎麼啦？他只好說是中暑發痧，肚子疼得厲害，請他們把他抬回家去。

翁同龢雖被太監們搞到狼狽不堪，恨不得插翅飛出宮禁，而這些太監有的還要開他的玩笑，要給他請太醫來急治。翁以為如果那樣，勢必原形畢露，那還了得，便連連的擺手，說是「不必」。

至此，太監們像早有準備似的，替他預備了一副門板，鋪上一條毛毡，叫他爬在上面，由兩個小太監抬著，一路送回家去。翁氏吃了這場大苦，又不敢向外張揚，事後才知道這是李蓮英使的壞，只好吃個啞叭虧算了。

譚嗣同拖老袁入漩渦

自從光緒廿四年四月廿三日下詔定國是，到同年七月底德宗被囚，西太后三度垂簾聽政，其間不過是九十天的功夫，在這九十天裏，有的人以為這就是實行「變法維新」的時期了，其實，這不過是西太后與德宗之間的衝突「短兵相接」的時候。德宗的失敗，並非失敗於「維新變法」解體之後，而實實在在是失敗於宣布「維新變法」之初。也可以說「戊戌六君子」的被殺，在當時的情勢下，是早已註定了的，與我父親向榮祿告密一事，並沒多大關係。

德宗在這短短的幾十天裏，所以能夠自作主張，實行改革大計，而西太后又不予掣肘的原因有二：一方面是德宗抱定以身許國的精神，悍然不顧一切，決心要試他一試；一方面是西太后早已布置下了天羅地網，準備著實行廢立，根本不把德宗放在眼內，覺得由他去鬧，遲早也不過幾天的事，這時又何必去管他，等到時機來臨，不怕他不束手被擒！這種情形，在德宗這一方面的人，也許還矇在鼓裏，懵然不知；可是在重要廷臣方面，早已經是謠言滿天飛了。我父親當時是榮祿的部下，對於這件事，自然已早有所聞。

以我父親當時的官階和地位，本來不致捲入這場漩渦的，其故在於戊戌「六君子」之一的譚嗣同的一薦。譚向德宗推薦我父親說：「袁某人練兵有為，深具將才，請不次拔擢，備為己用。」德宗也信了，於是命我父親入京召見。

翻出了戊戌政變日記

袁克定談到此處，特走到書桌抽屜裏翻出一本手寫的小冊子遞給我看，並說：「這是先父生前寫的一篇〈戊戌政變日記〉，你看過之後，便知道譚嗣同當年是怎樣推薦和逼迫我父親的詳情了。」我接過小冊子，坐在窗前仔細讀了一遍，原來老袁這篇日記的內容是這樣的：

光緒廿四年七月廿九日，予奉召由天津抵京，定八月朔請安。初一日黎明在毓蘭堂召見，上垂詢軍事甚詳，退下，忽有蘇拉來報，已以侍郎候補，並有軍機處交片：「奉旨初五日請訓」。次早，謝恩，召見，陳無尺寸之功，受破格之賞，慚悚萬狀。上笑論：「人人都說你練的兵辦的學堂甚好，此後可與榮祿各辦各事。」

初三晚譚嗣同突然夜訪，謂有密語請入內室，摒去僕丁，心甚訝之。譚云：「公受此破格殊恩，必將有以圖報，上方有大難，非公莫能救。下月天津閱兵，榮祿將廢立弒君，公知之否？」因出一草稿如名片式，內開：「榮某廢立弒君，大逆不道，若不速除，上位不能保，即帝命亦不能保，袁世凱初五請訓，請面付硃諭一道，命其帶本部兵赴津見榮某，出硃諭宣讀，立即正法，即以袁某代為總督，宣布榮某罪狀，即封禁電局鐵路，迅載袁某部隊入京，派一半圍頤和園，一半守宮，如不聽臣策，即死在上前。」並謂：「此乃我即將上呈之奏摺，保公幹此大事，公以為何如？予聞之魂飛天外！」

譚云：「今要公以二事，誅榮某，圍頤和園耳！如不許我，即死在公前。公之性命在我手，我之性命亦在公手，必須今晚定議，我即請旨辦理。」予忙謂：「此事重大，今晚即殺我，亦不能決定，且你今夜請旨，上亦未必允准。」譚云：「初五日定有硃諭一道面交公。」予見其氣燄兇狠，只好設詞推宕，因答以：「青天在上，袁世凱不敢辜負天恩，因恐累及皇上，必須妥籌詳商，以策萬全。我無此胆量，決不敢造次，為天下罪人。」譚再三催促定議，幾至聲色俱厲，腰間似有兇器，予知其必不空回，因告以：「上九月即將巡幸天津，彼時軍隊咸集，皇上只需下一寸紙條，誰敢不遵，何事不成？」譚云：「報君恩，救君難，立奇功大業，天下事盡入公掌握，在於公！若貪圖富貴，告變封侯，害及天子，亦在公，惟公自裁？」

初五日請訓，因奏曰：「古今各國變法非易，請忍耐待時，如操之過急，必生流弊。即變法圖強，亦須老成持重如張之洞者主持，方可仰答聖意。至新進諸臣，閱歷太淺，辦事不能慎密，倘有疏虞，累及皇上，關係極重，臣受恩深重，不敢不冒死直陳！」

上為動容，無答諭，請安，退下。即赴車站，抵津已日落，即謁榮相，略述內情。

越四日，榮相奉召入都，臨行相約，誓以死力保全皇上，良以慈聖祖母也，皇上父親也，處祖母父親之間，為子孫者，惟有出死力以調和，至倫常之變，非子孫所忍言，亦非子孫所敢問！

尹榜眼獻議毋盡愚忠

在老袁的這篇日記上，和袁克定的口述中，都是把「戊戌政變」這件事說成是倫常之變。把一切罪過都推在年少無知的皇上和急進圖功的譚嗣同身上。我看罷這篇日記，當著袁克定的面，自然要表示一番嘆息，其實我內心裏卻另有一個想法：這可能是袁氏父子有意揑造事實和希圖脫卸自己的責任，來洗刷千秋後世的罵名。如果根據袁世凱這篇日記所述，譚嗣同不但不成其為「行誼磊落、驚天動地」的奇男子，而且要變做一個輕舉躁進的「妄人」了，那他的被殺，也就「死有餘辜」。因為根據老袁日記所載，譚不但攛掇皇上派兵包圍頤和園，有弒害西太后的嫌疑，同時他還身懷兇器，逼著袁世凱這樣幹。這在專制時代，一個身為四品京卿的大員，在輦轂之下，無論從法度方面講，或是從人情方面講，都是不允許他這樣做的。

袁大少爺談袁世凱與戊戌政變

至於老袁日記中所述：「面見德宗」那一段話，以及他所說「向榮相略述內情」「相約誓死保全皇上」等語，是否可靠，那也只有天曉得！

袁克定等我讀完這篇日記，正在表示嘆息之際，他似乎談興猶濃，不由自主地又向我說出了另外一項祕聞，袁說：

我父親因譚嗣同的一篇，從天津奉召入京，逐被捲入了戊戌政變的漩渦中，一時曾感到無所措手足，不知怎樣去應付才算是萬全之策，在此際卻是得力於一位幕府中智囊的獻策，而後才加以決定的。這位智囊說起來也並非無名之備，就是尹銘綬，引是湖南茶陵人，當時是以榜眼授翰林院編修，與我父親往來頗為密切。我父親在光緒廿四年八月初三的晚上把那位說客譚嗣同送走之後，就派專差把尹銘綬請過來，和他密商這件大事，經過尹氏分析當時北京內外種種情勢及利害，他終於向我父親獻議，除了向榮祿告密之外，其他都是死路，因愚忠愚孝，無補大局也。尹最後還向我父親鄭重地說出「升官途徑，莫過於此」八個字，後來我父親在閒談中提到這件事時，曾經表示，他除了對於「愚忠無補大局」認為是一針見血的高論外，至於「升官」與否，他根本不曾計及哩！

閒談至此，暫告段落。

北京吉祥茶園初晤袁寒雲記

季子

袁世凱之次子袁寒雲（克文）一生遭遇，極不尋常，在短短數十年中，盛衰懸殊，有如天壤。世人對他的批評，亦毀譽不一，所謂見仁見智，難有定評。筆者此文為記述他的一件瑣事，就是筆者和他的第一次見面時的情形，從這裏也可以約略想見其為人。

孫菊仙演．桑園寄子

約在一九一六、一七年間，我在北京讀書，寓所離東安市場很近，課餘時，常往遊逛。彼時東安市場內有戲院兩所：一名「丹桂茶園」；一名「吉祥茶園」。我因愛看京戲，每到市場，必往兩院門前走走，瞧瞧有沒有愛看的戲目。有一天，看到吉祥門前貼出海報，即晚孫菊仙上演《桑園寄子》，不禁大喜過望。

孫菊仙是清末民初之際的京劇老生宗匠，和譚鑫培齊名，曾充內廷供奉。他的唱工，自成一家，世稱孫派。彼時因年事已高，久未登臺。我因未曾看過孫菊仙的戲，常引為憾事！此次恐怕是孫菊仙最後一次登臺，過後，孫腔將會成為絕響！因此下定決心，必往一觀。

到場雖早．全院爆滿

是日下午，我於下課後，匆匆返抵寓所，吃了一碗麵，抹一抹嘴，便趕往吉祥茶園，雖然到場特早，誰知全院早已滿座，連在過路的地方，臨時加張椅子也絕無可能，不禁大失所望，又不甘就此退出，只好站著向四圍張望，希望可以找出一點辦法來。忽見密密麻麻中，大堂前列似乎還略有小小空隙，於是排除萬難，擠上前去，果然在第三列正中有一張桌子，還沒有人坐（當時北京戲院的大堂，擺的全是桌位，就是在桌子的三面，圍放著六個座位，兩張有靠背的椅子，並排著放在中間，兩旁各放著兩張沒靠背的凳子），我因這是唯一的機會，於是絕不猶疑地就在當中的一張靠背椅子上坐下。案目看見了，慌忙上前，婉言攔阻，說是老早有人預定下的座位，萬萬不能賣出。我說：「等定座的人來了，我自有理會，請放心，包管沒你的事。」案目大概見我衣冠楚楚，說話斬截，不知我是什麼來頭，再也不唯唯而退。

同聲喝彩．相視一笑

孫菊仙的戲剛上場了。在滿院彩聲雷動中，我的桌子前被案目引來三個人。第一個約有三十左右年紀，身穿灰布長袍，態度高貴，儀表甚都；後隨兩人，都穿絲綢長袍，穿著雖較前者華麗，但丰度卻大大不如。穿灰布袍子的（以下稱他）走到座前，看了我一眼，微笑點頭，便在靠著我的那張椅子上坐下，其餘二人分坐兩旁的凳子。

他坐下之後，凝神地在聽戲，很少開口，隨來的那兩人對他容色頗恭。

北京人看戲，喜歡喝彩，不喜鼓掌。喝彩時，又不限在唱完一節之後；但也不會邊唱邊喝彩，致礙聽戲。總之，喝得恰到好處，不會叫人視為外行。他有時也同大家一齊喝彩，我卻是雖在最欣賞時也絕少喝彩的。這晚孫菊仙唱的戲，有兩句特別唱得出色，令人聽了，盪氣迴腸，如飲醇醪。我不期然也大大喝了兩聲彩。最奇的就是全場都沒有同時喝彩的人，只有他與我兩人不約而同地喝了兩聲。於是，彼此相視一笑，立刻便交談起來。

黃鐘大呂·將成絕響

互問「貴姓」之後，他便問我對孫菊仙唱工的批評。

我說：「這是黃鐘大呂，不同凡響。工固極佳，但仍可以學而致之；最可貴的是那種雄渾之氣，那是孫的異稟，沒有此氣，不能唱出此腔，這是無法學的。當代祖有以學唱孫腔而成名的伶工，多不過是形似而已，氣韻完全不同，孫過世後，此腔恐成絕響了。」

他聽罷連說佩服。又說：「你年紀輕輕，聽口音不像北京人，但聽戲程度之高，生平少見，孫的長處，卻被你數語道盡了。」

袁氏一語·意味深長

這時，原本放在桌子中間的茶壺、茶杯、果碟等等物事，都已分別移開，桌子中間空了，露出了一張小黃紙條（這是預早定座的紙條），這張紙條我一直都沒有看見，這時我才向條子上一望，上面寫著「袁二爺定」數字。我登時心中一動，他剛才說是姓袁，莫非就是袁老二。當即指著字條問他道：「可是寒雲先生？」他微笑點頭。我則連忙站起身來，向他點首為禮。我們就是在這樣情形之下結識的。

我當時頗有愧色，向他略致佔座的歉意，他笑著說：「小事，小事！難得，難得。」他連說難得難得，我雖然未明其用意所在，只覺得這句話說來頗有意味，頗耐人尋思。而今事隔數十年，這句話在我的腦海中，還像當年一樣的新鮮活躍。

自命為「風月盟主」的袁寒雲

西山一皓

《春秋》第五四一期所載季子先生大作〈北京吉祥茶園晤袁寒雲〉一文，內容生動而風趣，讀後不覺引起筆者諸多回憶。

有關袁寒雲的軼事，海內外報章雜誌上紀述已多，惟筆者在本文所引述的片斷，似尚未見刊露，草成之後，乃投寄《春秋》，希能作為補白耳！

才氣橫溢．名士風流

袁寒雲為袁世凱之次子，他自始即不贊成老袁做皇帝，而他自己卻一心想做一位名士，與乃兄袁克定之夢想做太子，大異其趣！茲先錄其諷父稱帝之七律二首如下：

乍著吳棉強自勝，古臺荒檻一憑陵。
波飛太液心無住，雲起魔崖夢欲騰。
偶向遠林聞怨笛，獨臨靈室轉明鐙。

絕憐高處多風雨，莫到瓊樓最上層。

另有一首是：

小院西風送晚晴，囂囂恩怨未分明。
南迴寒雁掩孤月，東去驕風黯九城。
駒隙去留爭一瞬，蛩聲吹夢欲三更。
山泉繞屋知深淺，微念滄波感不平。

在袁氏諸子中，克文才氣最為橫溢，民初即與易實甫、樊樊山時有唱和，自因這兩首詩被乃兄克定斥為瘋話之後，好開玩笑的龍陽才子易實甫，遂戲稱他為陳思王，比為曹家的老二。

書畫金石‧無所不精

袁克文本字豹岑，後改抱存，號寒雲，又號龜厂主人。生於清光緒十六年庚寅（一八九〇）陰曆七月十六日，出生地為朝鮮的漢城。據說他的母親金氏將分娩時，夢見一隻大斑豹猛投入懷，一驚而醒，胎兒便出世了。金氏算是袁世凱的第三如夫人，和第二如夫人白氏、第四如夫人李氏，同屬三韓望族，為朝鮮國王李熙所贈給袁世凱者。

寒雲生長富貴家庭，又是「名父」之子，但畢竟是舊式的公子哥兒。他的長兄克定，是嫡母于夫人所出，與他性情不甚投合。克定早於光緒卅二年便做了官，他雖在十八歲也以蔭生授法部員外郎，但一心卻喜歡做玩世不恭的名士。自幼天資聰穎，從江都方地山讀書，捷悟異於常童，詩文詞曲，書畫金石，靡所不精，旁及聲色犬馬，他無所不好。方地山原是個風流不羈的才人，所以師弟之間，更屬沆瀣一氣，徵歌選色，絕無避忌。洪憲挫敗之後，克文俯仰家國，不無私恫，而潦倒無俚中更以醇酒婦人自晦，應屬別有雅抱，固不同於一般紈褲子弟也。

精於音律・崑亂不擋

寒雲很早結婚，娶的是貴池劉氏女，名女丹，字梅真，出身豪富家庭，生性賢淑，婚後伉儷甚篤，克文雖多外寵，她也不妒，但對這風流自喜、揮霍無度的濶少丈夫，錢財方面卻看得很緊。

寒雲精於音律，尤擅崑曲，當項城全盛時，即時延名曲家趙子衡等在中南海流水音，擫笛彈箏，擒脣辨韻，寒雲於亂彈則工文丑，和紅豆館主溥侗溥五爺，尤稱同嗜。

袁世凱逝後，寒雲與諸弟僦居天津日租界百花村袁宅，為寒雲之八弟克軫所居，文士伶工時有雅集，女伶碧雲霞及于紫雲、紫僊姊妹及名琴師蘇少卿等，時為座上客。某夕，寒雲與方地山亦在座，蘇少卿和一個老笛工同來，大家知道這袁二爺精於詞曲，崑亂不擋，寒雲酒已半醺，微吟著：「舊人惟有何戡在，更與殷勤唱渭城。」遂煩擫笛按絃，高歌著《千鍾祿》〈慘覩〉一折：「收拾起大地山河一擔裝，四大皆空相……」不禁淚隨聲下。一九一七冬間，河南水災，北京各地發起演劇義賑，寒雲與韓世昌串演長生殿驚變，時馮國璋當國，此公以老袁新喪，頗不欲袁二公子粉墨登場，演出之夕，特遣副官駕車延寒雲入府，意欲阻其登臺。這副官找到寒雲，寒雲問：

「他幹麼請我？今兒晚上我要參加豫賑演出的，他知道不知道？」副官說：「知道。總統和夫人（周道如，名砥，曾為袁家女教師）提起二爺呢！」寒雲頓悟，變色道：「請你給我回一回，我不去啦……我唱我的，他管得著嗎？」卒不往。又一天，寒雲在宣武門外江西會館彩串崑曲《狀元鑽狗洞》，同日，紅豆館主傅五爺（溥侗）則唱亂彈《連營寨帶哭靈牌》。毛壯侯聞之，為撰一聯云：

公子寒雲煞腳無聊鑽狗洞；
將軍紅豆傷心亡國哭靈牌。

煞腳者，土語末路之意。徐凌霄以專電拍致上海《時報》登載，寒雲見報，為之拊掌，不以為忤。

投身幫會．屬大字輩

寒雲的生活，可稱為多采多姿，一九一九至二〇年間，曾數度南來上海，而且投身「青幫」，為「大」字輩人物，並廣收門徒，聲勢頗盛。他以貴介子弟，而慕游俠行為，其動機自不是想藉以凌人，更不是因而為利，一般人有緩急，反而每由他一言為解，所以一時春申文士，多與交往，他也欣然相接。他的詩詞書畫碑版金石古泉，件件精通，聲色狗馬乃至喫喝嫖賭吹，也樣樣來得。

每次南遊，來時裘馬豐都，歸去則典賣俱盡。他除了揮金如土之外，又染上了鴉片嗜好。公子哥兒的脾氣，伸手不來，開口不便，到了沒錢的時候，好生尷尬！他在上海時，有一年住在大東旅館裏，看看過不下去，因想到煮字療饑，自寫潤格，開頭說：

「二月南遊，羈遲海上。一樓寂處，囊橐蕭然。已貧典裘，更愁易。米拙書可幫，阿堵儻來。用自遣懷，聊將苟活。嗜痂逐臭，或有其人。廿日為期，過茲行矣。彼來求者，立可待焉。」

就這樣十兩八兩銀一副對聯，居然求者相踵，廿日之期走不成，有了錢也不想走了。他的書法峭拔雋逸，篆隸行草，任意揮來，自成家法，有時似若腕力不勁，則是就烟榻上，臥著著仰書，懸筆上掃的作品了。

姬妾眾多．尹去邢來

在十里洋場中，他以風月盟主自命，而惜玉憐香似生與俱來的情性。

寒雲的侍妾中，似無坤伶，卻多是青樓中人，或小家碧玉，總共娶過多少，也沒有確實資料可尋。陳定公所著《春中舊聞》，〈袁寒雲遊俠北里〉中說：「夫人梅真，貴池劉公魯胞姊！……不幸萎謝。寒雲續有所歡，為平湖小家女，字眉君，失其姓，寒溺愛之，嘗為居平湖多時，後復仳離，平生所蓄僅餘之古錢，皆化青蚨隨之飛去，遂悔恨終身。」

又云：「寒雲中年多奇遇，嘗三宿靈隱酒家；後復至，則已成陰抱子矣，寒雲亦以為恨，嘗屬余為靈隱感舊圖並詩紀其事。……」

步林屋甲子九月所作〈憐渠錄序〉，亦略有記，劉聲木曾林屋之序錄入其《萇楚齋隨筆》中，原序開頭云：「憐渠錄者，寒雲主人為朱姬月真作也。寒雲諸姬，至是凡七，……」按甲子為民國十三年，寒雲所納，其數已有七人，似猶在定公所記之前。林屋山人並曾說到他旋娶旋離原因。

步林屋曾說：「寒雲姬妾尹去邢來，並時常少，何哉？新人初至，寵愛方濃，有所欲為，不忍少咈；恃寵而驕，逞驕而悍，勃谿詬誶，漸不能堪。始而甘飴，繼如飲酖，一旦決裂，無可挽回矣。」又說：「諸姬多樂籍，淫佚性成；自其始合，或別有所圖，非出情愛，反顏為仇，不足怪也。」

但據周瘦鵑所輯寒雲家人感時遺興之作的《豕尾集》所載，集中作者計有：「夫人梅真、志君二女士，令妹綠弗，長公子伯崇，伯崇夫人初觀，次公子仲燕，三公子叔選，高足林一，並寒雲凡九人。」可知其晚年，劉夫人梅真之外，還有一個志君。

票戲高歌．藉消塊壘

寒雲三子均留美國，長子伯崇，名家嘏，少於長房克定所出的家融一歲，故在大排行為老二；次子仲燕，名家彰，大排行為老三；三子叔選，大排行是老四，即中外知名的物理學博士袁家騮是也。

梅真夫人習禮明詩，雅擅章句，與寒雲輒多唱和，所作如〈與外子曉望〉云：

小樓迥合碧闌斜，曙色蒼濛織萬家。
昔日都勞心繾綣，那堪回首憶京華。

〈清明〉云：

柳陰深處畫橋橫，水自潺潺草自生。
春盡吹殘桃李色，和風微雨釀清明。

寒雲自一九二四年秋末，由上海移居北京。又在一九二六年，遷到天津居住。翌年，又從天津移居上海。一九二七年冬，再遷回天津，以至謝世。當其第一次從滬上倦遊北歸時，雖是裘敝金盡，但對於金迷紙醉之場，還是不勝惓惓，有願重來。

自一九二四至一九二七這幾年間，國內軍閥不斷爭戰，文士則活該倒霉了。寒雲以信陵君自況，其實何嘗不是所謂窮大爺的排場？那些年裏，他有限的金石碑版泉幣以至宋版書，給人騙的騙了，賣的賣了，以支持他的豪侈放縱生活。他喜好詞曲連帶也喜好崑弋皮簧，所以票戲真是他的唯一娛樂。從前，票友大爺們是花錢講氣派的，票一次戲便要花一些錢來打賞前後臺的，因此也是一筆開支；在揚州夢覺的晚年，更喜引吭高歌，藉消胸中塊壘。

身後蕭條．僅餘日記

一九二七春初，楊哲子在濟南，寄食張宗昌幕中。正月十五日上元節，是張宗昌的生日，先期約集北國名伶梅蘭芳、余叔岩、李萬春、藍月春、姚玉芙等十餘人，準時到濟南演戲祝壽。張長腿一時興發，談起袁二公子和溥五爺來，哲子很湊趣，邀同教育廳長王狀元聯電敬邀寒雲赴濟一遊。寒雲對長腿沒有交情，但票戲卻是他所高興的，便應邀而往。那一晚他就和程硯秋合演《琴挑》。之後，他沿津浦路南下，又到上海，和一般文士名伶逍遙飲讌。

不久，國民革命軍底定東南，有人以寒雲和張宗昌有勾結之嫌，他的名字，也在軍閥餘孽之列遭了通緝，並禁其所著《洹上私乘》一書的發行。他住在上海租界裏，靜臥烟霞，自有聞人大亨為他奔走疏通，經過若干時日，這事也就過去了。是年六月初五日，他又在上海百星戲院，和當時電影明星王漢倫合演《遊園驚夢》。可知此時已告無事了，但未幾又遷居津門，以迄於死。

寒雲是一九三一年陰曆三月廿二日死於天津，享年四十二歲。他是七月十六日生的，實計年齡只是四十一。他的死，是患羊毛疹，醫治罔效。當他伸著腿走了之後，一棺附身，蕭條之極，幾乎無以為殮，還是由潘馨航（復）出來，料理他的身後事；他的親戚張伯駒，也送了一筆不菲的賻儀，並打算收集他的遺文刊印專集，但結果卻沒有實現。開弔之日，以詩文聯語弔者很多，陳誦洛輓聯云：

家國一淒然，誰使魏公子醇酒婦人以死？
文章餘事耳，亦有李謫仙寶刀駿馬之風！

在眾多輓聯中，以陳氏輓語推為首選！

一代清才，無用於世

寒雲身後，僅餘幾本日記，自一九二四至一九三〇，每年一冊，算來應共有七冊，據說甲子、乙丑兩年所記，為張學良借去，九一八之後，迄無下落，不知有無喪失；戊庚以後至庚午三冊，也沒有出現過，想來也是散佚了。僅有丙寅、丁卯兩冊，於寒雲死後，展轉流到上海，為嘉興劉秉義（字少巖）所得，於一九三七年在上海出版，由上海山西路二五六號大吉祥印刷廠承印，照原本大小影印，封面用磁青紙，線裝包角，題簽是褚德彝寫的篆文《寒雲日記》四字，下方楷書題「少巖藏，丙子春，褚德彝」九字，旁蓋「松窗」二字白文小印，印得很精雅。第一冊扉頁，為寒雲自為《甲寅日記》四字篆書，為第二冊所無。

寒雲以一代清才，竟無用於世。自稱情種，或誚狂生。雖窮愁從不牢騷，論綺障亦關慧業。他的胞妹子韞和乃兄同具有倜儻不群的豪性。自幼許配楊毓珣（字琪山），婚後，感情不恰，各行其是。毓珣留學德國，曾做過北洋政府時代的陸軍部次長，對日抗戰時，出任偽山東省長，勝利後判處徒刑，庾死南京監獄中。子韞於北京陷在日寇時，尚在華北，對我國志士，掩護營救，不遺餘力，俠聲義氣，播於遐邇。勝利後，薛子奇遇之於上海，贈詩四絕，錄其二：

河山破碎幾經秋，一室操戈未肯休。
惟有蛾眉解憂國，彌天烽火走幽州。

曠代名媛俠氣充，高名久已震江東。
虬髯豪客閨中秀，莫不低頭拜下風。

因述寒雲，並及其事，為附於此。

Do歷史19　PC0421

袁世凱的開場與收場

作　　者／薛觀瀾　等
主　　編／蔡登山
責任編輯／陳佳怡
圖文排版／高玉菁
封面設計／陳佩蓉

出版策劃／獨立作家
發 行 人／宋政坤
法律顧問／毛國樑　律師
製作發行／秀威資訊科技股份有限公司
地址：114 台北市內湖區瑞光路76巷65號1樓
電話：+886-2-2796-3638　傳真：+886-2-2796-1377
服務信箱：service@showwe.com.tw
展售門市／國家書店【松江門市】
地址：104 台北市中山區松江路209號1樓
電話：+886-2-2518-0207　傳真：+886-2-2518-0778
網路訂購／秀威網路書店：https://store.showwe.tw
國家網路書店：https://www.govbooks.com.tw

出版日期／2014年10月　BOD一版　定價／500元

獨立作家
Independent Author
寫自己的故事，唱自己的歌

袁世凱的開場與收場 / 薛觀瀾等著. -- 一版. -- 臺北市：
獨立作家, 2014.10
面； 公分. -- (Do歷史 ; PC0421)
BOD版
ISBN 978-986-5729-32-5 (平裝)

1. 袁世凱 2. 傳記

782.882 103016382

國家圖書館出版品預行編目

讀者回函卡

感謝您購買本書，為提升服務品質，請填妥以下資料，將讀者回函卡直接寄回或傳真本公司，收到您的寶貴意見後，我們會收藏記錄及檢討，謝謝！如您需要了解本公司最新出版書目、購書優惠或企劃活動，歡迎您上網查詢或下載相關資料：http:// www.showwe.com.tw

您購買的書名：________________________________

出生日期：________年________月________日

學歷：□高中（含）以下　□大專　□研究所（含）以上

職業：□製造業　□金融業　□資訊業　□軍警　□傳播業　□自由業

□服務業　□公務員　□教職　□學生　□家管　□其它_____

購書地點：□網路書店　□實體書店　□書展　□郵購　□贈閱　□其他

您從何得知本書的消息？

□網路書店　□實體書店　□網路搜尋　□電子報　□書訊　□雜誌

□傳播媒體　□親友推薦　□網站推薦　□部落格　□其他__________

您對本書的評價：（請填代號　1.非常滿意　2.滿意　3.尚可　4.再改進）

封面設計____　版面編排____　內容____　文／譯筆____　價格____

讀完書後您覺得：

□很有收穫　□有收穫　□收穫不多　□沒收穫

對我們的建議：________________________________

____

____

____

請貼
郵票

11466
台北市內湖區瑞光路 76 巷 65 號 1 樓
獨立作家讀者服務部 收

(請沿線對折寄回，謝謝！)

姓　　名：＿＿＿＿＿＿＿＿＿＿　年齡：＿＿＿＿　性別：□女　□男

郵遞區號：□□□□□

地　　址：＿＿＿＿＿＿＿＿＿＿＿＿＿＿＿＿＿＿＿＿＿＿＿＿＿＿

聯絡電話：(日)＿＿＿＿＿＿＿＿＿＿＿＿(夜)＿＿＿＿＿＿＿＿＿＿＿＿

E-mail：＿＿＿＿＿＿＿＿＿＿＿＿＿＿＿＿＿＿＿＿＿＿＿＿＿＿